KRÜGER

Helga F. mit Sabine Weigand

Helga

Als es noch keine Worte dafür gab
Mein Weg vom Mann zur Frau

✤ | KRÜGER

Erschienen bei FISCHER Krüger
2. Auflage August 2016

© 2016 S. Fischer Verlag GmbH, Hedderichstr. 114,
D-60596 Frankfurt am Main

Bildnachweis: alle Fotos privat
außer S. 264, 277, 279, 281
© Gaby Gerster
Satz: Pinkuin Satz und Datentechnik, Berlin
Druck und Bindung: CPI books GmbH, Leck
Printed in Germany
ISBN 978-3-8105-2525-3

Prolog

Es ist Sommer 1936 in Nürnberg. Ein Arbeiter-Wohnviertel in der Südstadt. Durch die Haslerstraße marschiert in kurzen dunklen Hosen und braunen Hemden ein Trüppchen Hitlerjungen, angeführt von einem strammen blonden Kerl mit Schiffchenmütze. Eine alte Dame sieht aus ihrem Fenster und winkt lachend hinunter. Die Pimpfe stimmen ein Lied an, hell klingt die Melodie: »Ich hab mich ergeben – mit Herz und mit Hand – dir Land voll Lieb und Leben – mein deutsches Vaterland.«

Droben im zweiten Stock, im Schlafzimmer einer kleinen Dreizimmerwohnung, steht ein fünfjähriger, schmächtiger Bub nackt vor dem Spiegel. In der Hand hält er eine Rasierklinge, die er am Morgen aus dem Küchenschränkchen gestohlen hat.

Liedfetzen dringen an seine Ohren, aber er hört gar nicht hin. Ganz versunken ist er in sein eigenes Spiegelbild. Er sieht einen hübschen Jungen mit blassem Gesicht, dunklem, über den Ohren gestutztem Haar, dünnen Armen und Beinen. Und zwischen den Beinen, da sieht er das, was nicht zu ihm gehört. Was falsch ist an ihm, ganz falsch.

Er schluckt. Er nimmt seinen kleinen, schlaffen Penis in die linke Hand, zieht daran, bis die Haut glatt und stramm ist. Dann setzt er die Rasierklinge an. Eine klitzekleine Bewegung – und er zuckt zurück. Schreit überrascht auf. Da, wo die Klinge die Haut geritzt hat, läuft hellrotes Blut heraus, rinnt ihm über den Schenkel. Es tut so weh. Der Junge fängt an zu weinen, wirft die Rasierklinge weg und hockt sich auf den Boden, ein Häuflein Elend.

Dies ist die Geschichte eines ganz besonderen Lebens.
Die Geschichte eines außergewöhnlichen Menschen.
Eines Menschen, der im falschen Körper geboren wurde, in einer Zeit, die für solche wie ihn noch nicht einmal einen Namen hatte.
Der schließlich den Mut aufbrachte zu einem damals noch kaum vorstellbaren Wagnis: zur Operation, die ihn vom Mann zur Frau machte.
Von Hermann zu Helga.

Ich bin unehelich geboren, zu Nürnberg, am 22. Mai 1931. Ein lediges Kind, so hat man damals gesagt. Meine Mutter hat sich mit einem Schausteller eingelassen, und der hat sie sitzenlassen mit mir im Bauch. Da hat sie mich auch nicht mehr haben wollen. Jemand vom Amt ist gekommen und hat die Vaterschaft eingetragen und ihren Familienstand ledig, und dann hat sie mich mit vier Wochen hergegeben. So eine Mutter war das. Ich hab mir oft gesagt, sie war halt noch jung und dumm, sonst wär sie doch nicht mit einem von der Kirchweih mitgegangen, jeder hat doch gewusst, was das für Lumpen waren. Auch später hab ich sie nie gefragt, warum sie mich nicht behalten hat, aber da hab ich's mir schon denken können.

Meine ersten Pflegeeltern waren die Weidingers in der Linnéstraße, das waren freundliche Leut. Viel Erinnerung hab ich nicht an sie, ich war ja noch ganz klein, aber die Weidingers-Mutter ist eine gute Frau gewesen. Einmal hat sie Papiersterne aus alten Tüten ausgeschnitten, die hat sie dann vom Fenster in den Hof runtergeschmissen. »Schau,

Hermännle, da sind Sternle vom Himmel gefallen«, hat sie zu mir gesagt, »such nur schön, wo die hin sind.« Ja, da hab ich's gut gehabt.

Aber die Weidingers-Mutter war bald zu alt, vielleicht ist sie auch krank gewesen. Jedenfalls hat sie mich nicht mehr recht versorgen können. Da bin ich dann zu anderen Leuten gekommen. Ich war vier Jahre alt.

Die anderen Leute, das waren die Schmidts. Er war gelernter Kürschner, und seine Frau, die Schmidti, war eine geborene Hupfer und kam von Hessen drüben. Mormonen waren die, das hab ich damals gar nicht verstanden. Es war ja das »Dritte Reich«, wie man es genannt hat, und die Nazis hatten die Macht. Die haben ja schon das Christentum nicht gewollt, und die Mormonen bestimmt erst recht nicht. Zu uns sind dann immer Leute gekommen, heimlich. Die haben sich nämlich gegenseitig in ihren Wohnungen besucht, damit ihnen keiner draufkommt. »Bruder soundso« und »Schwester soundso« hat's dann geheißen. Aber was die geredet haben, davon hab ich nichts mitbekommen. Des ist ganz geheimnisvoll gegangen bei denen. Ich bin ja auch kein Mormone geworden, dazu haben die mich nicht erzogen. Aber wenn ich das Wort Mormonen höre, dann schüttelt's mich heut noch.

Die Schmidts haben damals auch meinen Bruder Erwin genommen. Ich hab ihn da überhaupt erst kennengelernt, vorher hab ich nichts von ihm gewusst. Der Erwin ist zwei

Jahre nach mir geboren und ist von einem anderen Vater. Unsere Mutter hat ihn auch gleich weggegeben, er war ihr genauso im Weg wie ich, so seh ich des heut. Eine Matz war das, hat sich mit jedem eingelassen, und die Kinder waren ihr ganz egal. Ein billiges Leben hat sie führen wollen.

Bei den Schmidts, des war die Hölle. Wenn der Erwin nicht gewesen wär, ich weiß nicht, ob ich das alles überstanden hätt. Die haben uns behandelt wie die Tiere. Wenn wir was falsch gemacht haben, hat die Schmidti uns in den Schwitzkasten gezwungen, ein Messer verkehrt herum in die Hand genommen und uns dann mit dem Knauf ein paarmal auf den Kopf geschlagen. Auf uns rumgehaut hat die wie auf einer Trommel. Des hat immer richtige Hörner gegeben. Unsere Köpf waren voll davon. Einmal waren wir beim Friseur, der hat sich recht gewundert über unsere »Nüss«. Von da an hat uns die Schmidti immer selber die Haare geschnitten.

Er, der Karl, hat überhaupt nichts zu sagen gehabt. Sie war eine böse Frau. Margaret hat die geheißen, und wir haben Mutter zu ihr sagen müssen. Arbeiten hat die uns lassen, von früh bis spät. Des war eine schwere Zeit. Schon mit fünf Jahren bin ich im Waschhaus gestanden und hab bei der Wäsche mitgeholfen, wir Buben haben Kohlen geschleppt zum Schüren, da mussten wir immer in den Keller, Allmächt, dabei haben wir uns so gefürchtet. Finster war's da, und es hat Ratten gegeben, die haben uns eine Heidenangst eingejagt. Einmal haben alle Frauen im

Mietshaus eine Ratzenjagd im Hof veranstaltet. Da standen sie alle in ihren Arbeitsschürzen, Kopftüchle umgebunden und alle möglichen Geräte in der Hand: Besen, Schaufeln, Schrubber. Der Ratz ist in wilder Flucht im Hof umeinandergerannt und konnte doch nicht hinaus, weil drumrum ja die Mauer war. Alle Weiber sind gerannt und haben geschrien und das Viech gescheucht, und am Schluss hat ihn dann die Schmidti mit einer Art Heugabel aufgespießt. Der hat vielleicht geschrien! Wie ein kleines Kind, so hat des geklungen. Ich hab dann jahrelang geträumt, dass die mich jagen und dass die Schmidti mir mit dem Dreizack in den Bauch sticht. Überhaupt hab ich viel Albträum gehabt, meine ganze Kindheit durch. Manchmal hat's mich so gegraust davor, ins Bett zu gehen, und dann hab ich versucht, mich ganz lang wach zu halten, dass der grauslige Traum von der letzten Nacht nicht wiederkommt.

Der Erwin hat noch viel mehr Angst gehabt vor der Mutter als ich, na ja, er war ja auch zwei Jahre jünger. Ach, mein Erwin, der hat halt immer gleich gepflietscht, sogar wenn amal bloß geschimpft worden ist. Es hat ja ständig Schläge für uns gegeben, wegen nix und wieder nix. Wenn der Erwin ins Bett gemacht hat, hat sie ihm des nasse Laken aufs Gesicht gedrückt, bis er keine Luft mehr bekommen hat. Spielen haben wir überhaupt nicht dürfen. »Was wollt ihr?«, hat's da geheißen. »Die Hausordnung ist noch net gemacht. Geht Treppen putzen, ihr faulen Säu!« Dann sind wir halt ins Treppenhaus, haben erst mit dem Rasch die Holzstufen gescheuert, dann nachgekehrt und dann gewischt. Wachsen haben wir auch müssen, damit's am Schluss schön ausschaut. Der Erwin hat mit einem alten Fetzen das Wachs verteilt, und ich bin dann mit dem Blocker hinterher, bis alles geglänzt hat. Ich hab dabei immer geschwitzt wie ein Aff, das Raschen mit dem Fuß war g'scheit anstrengend, und so ein Blocker war ja auch schwer. Aber danach hat alles gut gerochen. Einmal ist dann die Nachbarin auf der frisch geblockerten Treppe ausgerutscht, da hat mich die Schmidti mit einem Stecken grün und blau geprügelt, weil ich das Schild »Vorsicht, frisch gewachst« vergessen hatte.

Wenn die Pflegeeltern fortgingen, haben sie uns Kinder nie mitgenommen. Und damit wir nichts anstellen konnten, haben sie mich und den Erwin immer in der Küche an zwei Stühle gefesselt. Erst die Hände zusammengebunden und dann uns an die Stühle. Stundenlang haben wir so sitzen müssen und uns nicht rühren können, bis die halt wieder da waren. Mein Lieber, da juckt's dich irgendwann überall, und du kannst doch net kratzen! Und wehe, einer hat pieseln müssen und es net so lang ausgehalten. Dann ist wieder der Stecken geschwungen worden, und wir haben beide kein Abendessen gekriegt. Das war eine Tyrannin, kann man sagen, eine Hex. Einmal haben wir aus lauter Langweil mit den Stühlen vor und zurück gewippt, und ich bin dabei umgefallen, mit dem Kopf auf den Kartoffelkorb. Der ist umgekippt, und so hab ich dann die ganze Zeit daliegen müssen, mit dem Kopf mitten zwischen den Kartoffeln. Eine Angst hab ich gehabt, dass die Margaret mich so findet. Gott sei Dank ist der Karl eher heimgekommen, und als der mich gesehen hat, da hat er was zum Lachen gehabt. Aber wenigstens hat's keine Prügel gesetzt.

Ja, heut würden sich die Kinder so was nicht mehr gefallen lassen. Die würden ihre Eltern anzeigen! Da gibt's ja Gesetze. Aber damals, ach Gott, da hätten wir uns niemals getraut, aufzumucken. Des waren halt andere Zeiten.

Mit dem Essen war des auch so eine Sache. Wir Buben haben immer extra gekriegt, nie zusammen mit den Pflegeeltern. Da war dann Schmalhans Küchenmeister. Früh eine Scheibe Schwarzbrot mit so dünn Marmelade oder Honig drauf, dass man's kaum gesehen hat, dazu eine Tasse Milch oder einen verdünnten Zichoriekaffee. Mittags eine Suppe ohne Fleisch, das haben sie danach selber gegessen. Und abends wieder ein Stück Brot, wenn wir Glück gehabt haben mit Margarine und Zucker oder, wenn die Schmidti gut gelaunt war, mit Butter und Senf drauf. Ja, das hat uns damals geschmeckt, wir haben doch immer einen Hunger gehabt, der Erwin und ich. Nur am Sonntag, des war ein Fest, da hat's für uns Kloß mit Soß gegeben, und der Karl hat uns manchmal, wenn die Hex net hingeschaut hat, ein Bröckle Schweinefleisch unterm Sauerkraut versteckt. Der Karl wär ja vielleicht gar net so verkehrt gewesen, aber sie hat ihn unter der Fuchtel gehabt. Hörig war der seiner Frau, des sagt man doch so. Und er hat's mit den Nerven gehabt. Der war so aufgeregt, dass er im Sitzen die Beine aneinandergerieben hat, andauernd. An der Stelle haben seine Hosenbeine richtig geglänzt, so hat der gerieben. Manchmal, wenn er ein paar Bier intus gehabt hat, hat er Lieder gesungen, dann ist er rührselig geworden. Und wehe, wenn er was gesungen hat, das der Schmidti net gepasst hat! Da ist die auf ihn losgegangen und hat zugeschlagen. Uns hat der Karl nie was getan, aber geholfen hat er uns auch net.

Wenn die zwei gegessen haben, mussten der Erwin und ich uns immer mit dem Rücken zum Tisch vor die Balkontür stellen. Und damit wir im Fensterglas net wie in einem Spiegel sehen konnten, was sie essen, hat uns die Schmidti schwarze Tücher über den Kopf geworfen. So mussten wir dann stehen, bis sie fertig waren. Meineherren, ist uns da manchmal vom Geruch das Wasser im Mund zusammengelaufen, und unsere Mägen haben geknurrt wie Nachbars Struppi. Wir haben hören können, wie die zwei gekaut und geschmatzt haben, und haben uns vorgestellt, was des alles Gutes ist. Manchmal, aber des war net oft, haben wir dann die Reste gekriegt, hei, da ging's uns gut! Einen Batzen Kartoffelstopfer, ein Stück Schweinsrüssele oder einen Schnerpfel Krakauer, da haben wir bald gestritten, der Erwin und ich, dass jeder gerecht sein Teil bekommen hat.

Ich weiß auch noch gut, dass die Schmidti oft beim Essen am Tisch gesessen hat, und ich hab zugeschaut, in der Hoffnung, dass für mich auch was abfällt. Da hat sie immer gegrinst: »Jetzt ess ich, und du schaust zu – und dann schaust du zu, und ich ess!« Ich hab dann nur gesagt: »Ja,

Mutter!« Wenn ich heut dran denke, muss ich fast heulen. So was vergisst man nicht.

Ab und zu ist unsere leibliche Mutter zu Besuch gekommen. Else-Mama haben wir zu ihr gesagt. Manchmal hat sie uns mitgenommen und ist mit uns a weng spazieren gegangen, meistens in die Anlage an der Landgrabenstraße, da war ein Sandkasten und eine Rutschbahn. Sie hat sich dann auf ein Bänkle gesetzt und Zigaretten geraucht, und wir haben spielen dürfen. Einmal sind wir sogar mit der Straßenbahn an den Dutzendteich gefahren zum Entenfüttern. Und zum Geburtstag vom Erwin waren wir im Tiergarten und haben die Elefanten angeschaut. Schön war des, und die zwei steinernen Löwen am Eingang zum Tiergarten, Mensch, die haben uns schwer imponiert.

Na ja, des war schon komisch, dass da auf einmal noch eine zweite Mama war, aber wir haben's ja net anders gekannt und auch net weiter darüber nachgedacht. Was haben wir denn verstanden? Wir haben uns einfach gefreut, wenn sie vorbeigeschaut hat. Sie hat uns beim Gehen oft noch ein Zehnerle geschenkt, aber wehe, die Schmidti hat's gesehen. Dann hat die uns das Geld gleich abgenommen.

Die vom Jugendamt sind auch vorbeigekommen, zum Nachschauen. Das hat die Schmidti natürlich vorher gewusst, und dann hat sie den Erwin und mich immer schön hergerichtet. Da ist im Zinnzuber gebadet worden, Fingernägel geschnitten und Haare mit der parfümierten »Wichs« glattgekämmt, die der Karl immer benutzt hat. Wir haben uns dann brav hinsetzen müssen und ruhig sein.

Einmal hat der Erwin vom Hauen mit dem Stecken blaue Flecke auf den Oberarmen gehabt, da musste er mitten im Sommer eine dicke Strickweste anziehen, damit keiner was merkt. Hinterher, wenn die Frau vom Amt wieder fort war, da hat's geheißen: »Ausziehen, ja, was glaubt ihr Bankerten denn, wie ihr rumlaufen könnt, wie die feinen Herren?« Und wir haben wieder unsere alten, gestopften Hosen mit dem Gummizug um die Knöchel angezogen und die Hemden mit den abgewetzten Krägen.

Ja, das Geld haben sie genommen, das sie vom Amt für uns gekriegt haben, da haben sie die Händ aufgehalten. Ich kann nicht sagen, wie viel das war, aber gebraucht haben sie's wohl zum Leben, ich denk, weil der Karl schon alt war und nimmer gearbeitet hat. Sonst hätten die uns bestimmt nicht aufgezogen. Aber Gutes getan haben sie dafür an uns nicht viel.

Dass es Mädchen und Buben gibt und dass die unterschiedlich sind, hab ich freilich gewusst, wie alle Kinder des halt so wissen. Und dass die Mädchen kein Zipfelchen haben, des war mir schon auch klar. Die anderen Buben in der Haslerstraße haben immer die Ida von der Wirtschaft am Eck aufgezogen. »Ich hab dei' Unterhosn g'sehn«, haben sie gesungen, wenn die sich beim Wäscheaufhängen gebückt hat. Dann haben wir alle gekichert, und die Ida ist uns mit dem Teppichklopfer nach.

Dass der Erwin einen Zipfel hat, daran hab ich mich nie gestört, das war halt so und hat seine Ordnung gehabt. Bei

Hermann und Erwin mit der Else-Mama 1939

mir selber war das anders. Zu mir hat des irgendwie nicht gehört. Ich wollt des blöde Zipfelchen net haben, des war falsch, wie des da an mir dranhing. Ich weiß net, warum, aber ich wollt halt immer rund sein, untenrum. Einfach rund. Es war damals noch nicht so, dass ich direkt ein Mädchen hätt sein wollen. Bloß rund, des war mein Gedanke. Und je mehr ich drüber überlegt und je öfter ich an mir heruntergeschaut hab, desto mehr hat mich des garstige Ding gestört. Einen immer stärkeren Widerwillen hab ich gekriegt, richtig geekelt hab ich mich. Na ja, irgendwann hab ich dann gedacht, man kann's vielleicht wegmachen. Abschneiden, so wie man ein Würstle abschneidet. Also bin ich in der Früh, wie der Karl aus dem Haus und die Mutter beim Bettenmachen war, in die Küche. Ich hab gewusst, wo die Rasierklingen sind, in dem kleinen Hängeschränkle beim Guß, und hab eine davon genommen. Die hab ich dann versteckt, ganz hinten in meinem Nachtkästchen. Und als die Mutter dann einmal mit dem Erwin bei der Nachbarin war, da hab ich mich ins Schlafzimmer geschlichen. Da hat es immer ganz komisch gerochen, irgendwie muffig und süßlich, und wir durften nie hinein, das war streng verboten. Ich hab mich ausgezogen und vor das niedrige Schränkchen mit dem großen Spiegel hingestellt. Des werden wir gleich haben, hab ich gedacht, gleich bin ich das Ding los. Eine Freud hab ich gehabt. Ich hab das Zipfelchen mit der einen Hand genommen und stramm gezogen, und mit der anderen Hand hab ich die Rasierklinge angesetzt. Die war sauscharf, und bevor ich noch richtig geschnitten hab, hat's schon höllisch weh getan. Und geblutet hat's auch. Ich bin so erschrocken, da hab ich angefangen zu greinen. Auerlauerlau! Die Klinge hab ich weggeschmissen und mich auf den Linoleumboden gehockt. Ich hab das Schnupftuch vom Karl genommen, das ich schon hingerichtet hatte, damit ich mein abgeschnittenes Schnerpfelchen drin einwickeln kann, und hab mir damit das Blut weggetupft. Der Schmerz ist dann Gott sei Dank auch vergangen. Bis die Schmidti und der Erwin wieder zurückgekommen sind, war ich schon wieder angezogen. Angesehen hat man mir nichts, aber ich war furchtbar enttäuscht, dass mein Plan net geklappt hat. Die Rasierklinge hab ich abgewaschen und zurückgelegt und das blutige Taschentuch am nächsten Tag, als ich den Abfall auf die Straße getragen hab, mit weggeworfen. Die Kehrichtbauern haben alles mitgenommen, und die Schmidti hat nie gemerkt, dass eins vom Karl seinen Rotzfahnen fehlt.

Ja, das war mein erster Versuch. Damals war ich fünf Jahre alt und hab überhaupt noch von nix was gewusst.

Dann bin ich in die Schule gekommen. Jeden Früh bin ich ins Melanchthonschulhaus marschiert, das war nicht weit, vielleicht fünf Minuten. Ich kam in eine reine Bubenklasse, da war oft was los! Mein erster Lehrer hat Nachtmann geheißen, der war ein richtiger SA-Mann. Wenn einer zu viel gezappelt hat oder aufgestanden und rumgerannt ist, hat ihn der Nachtmann einfach mit den Hosenträgern an den Stuhl geschnallt, da war's dann aus mit den Faxen.

»Pfötchen« haben wir auch gekriegt, mit dem »spanischen Röhrchen« auf die Finger, wenn wir die Hausaufgaben nicht gemacht haben. Wer schwätzte, musste sich in die Eselsecke stellen. Jeden Morgen zu Unterrichtsbeginn mussten wir uns alle aufstellen und sagen: »Heil Hitler, Herr Lehrer«, und am Schluss wieder. Wer dieser Heil Hitler war, des haben wir schon so ungefähr gewusst, aber als Kinder haben wir darüber nicht viel nachgedacht. Unser Führer halt. Wie er aussieht, hat man an dem Bild erkennen können, das hinter dem Lehrertisch an der Wand hing. Er hat dem Kohlenfahrer ähnlich gesehen, der bei uns einmal im Monat die Kohlen geliefert und zum Kellerfenster hineingeschippt hat und der immer so schön schwarz im Gesicht war. Daheim haben wir über den Hitler nie geredet, für mich war der so weit weg wie der liebe Gott.

Wenn ich es mir recht überleg, war ich in der Schule eher ein Ruhiger, der sich immer am Rand gehalten hat. Nicht weil ich dümmer gewesen wär als die anderen, ich hab schon ganz gute Noten gehabt, und manchmal hat mich der Lehrer sogar gelobt. Meine Noten lagen meistens so zwischen einem Zweier und einem Dreier, bloß in Religion, da hatte ich immer eine Eins. Aber so ein Hansdampf in allen Gassen, des war ich nie. Die anderen, die haben schon ab und zu miteinander gerauft, aber ich war immer eher einer vom Zuschauen, ich hab mich rausgehalten. In der Pause, da mussten wir immer raus in den Schulhof, ob Sommer oder Winter, und da ist immer

Fußball gespielt worden. Der Schneiders-Gerch hat einen alten Lederball von seinem Vater mitgebracht, damit war er der König, und alle haben sich darum gerissen, sein Freund zu sein. Ich war net besonders gut beim Fußballen. Bei der Spielerwahl sind immer die zwei besten Stürmer aufeinander zugegangen und haben Fuß vor Fuß gesetzt. Wer den letzten Fuß vollständig hineingebracht hatte, durfte mit der Wahl anfangen. Ich war halt immer der Letzte, den sie genommen haben, weil ich kein guter Spieler war. So richtig Spaß hat's mir net gemacht, und da hab ich mich einfach net ordentlich angestrengt. Höchstens Torwart, das ist noch gegangen, da hat man net so viel rempeln müssen. Eigentlich wäre ich viel lieber hinüber zu den Mädchen gegangen und hätt bei denen mitgemacht. Die haben so Klatsch-Spiele mit den Händen gemacht oder Gummihupfen oder Schleuderfigur gespielt. Oder sie haben mit einem Ziegelscherben auf den Boden Felder gemalt und dann drauf Himmel und Hölle gehüpft. Aber da konnt ich natürlich net hin, da hätten mich ja alle ausgelacht. Ich fand auch damals schon die Haare von den Mädchen viel schöner. Die hatten meistens Zöpfe, und auf dem Kopf oben einen »Gockel«. Mir hat die Schmidti einen Topf aufgesetzt und dann alles abgeschnippelt, was drunter vorstand. Mitte Hinterkopf haben die Haare aufgehört, Militärschnitt. Ja, damals war des modern. Eigentlich hätt ich mir gern Zöpfe wachsen lassen, aber des hab ich niemandem verraten.

Nach der Schule rannten wir Buben erst einmal in die Anlage zum Melanchthon-Brunnen. Da sind wir dann auf die »steinernen Männer« geklettert, das waren riesige Statuen. Denen haben wir uns auf den Schoß gehockt und allen möglichen Unsinn mit denen getrieben, bis uns einer heruntergescheucht hat. Danach sind wir heimgegangen, da hat schon das Mittagessen gewartet. Einen Hunger hab ich immer gehabt, weil ich meistens kein richtiges Vesper mitgekriegt hab, sondern bloß einen kalten Kartoffel oder ein Knerzle Brot. Oft hab ich dann das Verdorbene von den Tagen vorher essen müssen. Eine angeschimmelte Kartoffelsuppe, wo vorher schnell der Schimmel weggekratzt wurde, oder sauer gewordene Milch mit einem eingebrockten Weckle, das war mein »Mittagsmenü«. Na ja, der Hunger hat's reingetrieben. Dann schnell Hausaufgaben gemacht und der Schmidti bei der Arbeit geholfen, was halt so angefallen ist, abstauben und kehren und so. Jeden zweiten Tag hab ich den Abort saubermachen müssen, der war sogar mit Wasserspülung. Andere haben damals meistens bloß ein stinkiges Plumpsklo auf dem Zwischenstockwerk gehabt, zur Gemeinschaftsbenutzung. Klopapier hat's auch net gegeben, da hat man immer eine Zeitung kleingeschnitten und die Papierstückle im Abort auf einen Nagel an der Wand gespießt. Und neben dem Klo stand ein Eimer Wasser, mit dem hat man dann nachgeschwenkt.

Wenn hinterher, nach der Hausarbeit, noch Zeit war, durfte ich mit dem Erwin vor dem Abendessen noch zum Spielen gehen. Wir sind dann meistens zum Melanchthonplatz gelaufen, der war ja gleich schräg gegenüber. Dort haben sich alle Buben aus der Nachbarschaft getroffen, zum Räuber-und-Schander-Spielen. Oder Wäppeln. Dabei haben wir Pfennigstücke so ähnlich wie beim Schussern gegen eine Hauswand geschossen. Den nötigen Pfennig zum Mitmachen hab ich verdient, wenn ich ab und zu für den Karl im Bergbräu-Stüberl an der Gassenschänke abends ein Bier geholt hab. Des hat aber die Schmidti nicht wissen dürfen. Wenn ich gewonnen hab, bin ich mit dem Erwin zur Ida ins Stüberl, und wir haben dafür einen Brocken Bärendreck gekriegt oder einen Lutscher. Des haben wir dann gerecht miteinander geteilt, am Lutscher haben wir abwechselnd geschleckt. Wir haben uns immer eins a verstanden, mein Bruder und ich. Aber ich hab auch Freunde unter meinen Schulkameraden gehabt. Die hab ich immer beneidet, weil die ein richtiges Elternhaus hatten und ich nicht. Am besten hab ich mich mit dem Wollenschlägers-Herbert aus der Charlottenstraße verstanden, den hab ich manchmal vor der Schule die Hausaufgabe abschreiben lassen. Der Herbert und sein Vater haben mich einmal nach Zabo mitgenommen, zum Club-Training. Das war ja damals die berühmteste Fußballmannschaft in ganz Deutschland! Nicht so wie heut, wo der FCN in der zweiten Liga rumplempelt und net merkt, dass der Ball rund ist und wo der überhaupt nei muss. Jedenfalls damals, während wir zwei Buben beim Trainieren zugeschaut haben, ist der Wollenschlägers-Vater weggegangen und mit zwei Bratwurstweckle zurückgekommen, die hat er uns hingehalten. »Da!«, hat er gesagt, »Haut euch o!« Ich hab's mich erst gar net nehmen trauen. Dass mir einer so was Gutes tut! Bis heut hab ich des net vergessen. Wenn man so einen Vater hat, hab ich mir gedacht, jeden Tag, des muss doch sein wie im Himmel.

Jeden Sonntag sind ich und der Erwin zum Kindergottesdienst in die Christuskirche geschickt worden. Da hat es mir gut gefallen, das war eine schöne Kirche, und der Pfarrer war freundlich zu uns. Ich hab dort immer zum lieben Gott gebetet, dass er uns doch liebe Eltern schenken soll und wir von der bösen Schmidts-Mutter wegkommen. Aber genutzt hat's nix.

Einmal, ich kann mich noch genau erinnern, da haben wir Weihnachten gefeiert. Das war schon im Krieg. Da hat's vom Winterhilfswerk Geschenke für arme Kinder gegeben, und die Schmidti hat für mich eine Mundharmonika gekriegt. Am Heiligen Abend haben dann die Schmidti und ihr Karl im Wohnzimmer gesessen, zusammen mit ihrer erwachsenen Tochter, dem Schwiegersohn und der Enkelin, Hilde hat die geheißen und war ein Jahr jünger als ich. Bei denen drin in der Stube war's warm, aber ich, ich hab in der kalten Küche auf einem Schemel sitzen müssen, ohne Licht. Da hab ich im Finstern auf der Mundharmonika herumgeblasen, ganz allein, und die anderen haben sich drüben die Bäuche vollgestopft und gefeiert. Irgendwann ist dann die Schmidti gekommen und hat gesagt:

»Hopp jetzt, Schluss mit der Katzenmusik, jetzt wird ins Bett gegangen!« Wo der Erwin an dem Abend war, weiß ich nicht mehr. Aber ich weiß noch, dass wir im Bett oft einen furchtbaren Durst hatten. Wir haben nämlich abends nichts mehr trinken dürfen. »Damit ihr Saubären net ins Bett brunzt«, hat die Schmidti immer gesagt. Vor lauter Durst haben wir uns dann heimlich nachts aus unserem Zimmer geschlichen und haben das Wasser aus der Abortschüssel getrunken. Na ja, manchmal haben wir auch was anderes als Wasser erwischt, wenn einer nicht nachgeschwenkt hat. Da hat's uns dann geschüttelt, so grauslig hat des Brunzi geschmeckt, pfui Teufel! So was vergisst man im ganzen Leben nicht.

Die erste Lederbox'n hab ich zu meinem achten Geburtstag bekommen, da war ich schon stolz! Und Kniestrümpfe dazu. Bis dahin hab ich immer lange Strickstrümpfe anziehen müssen, im Winter unter der langen Hose und im Sommer zur kurzen. Bis Mitte Oberschenkel sind die gegangen. Damit die oben geblieben sind, hat man dazu ein Leible getragen, das hat kurz unter der Brust geendet. Daran waren Strapsbänder befestigt, an die wurden dann die Strümpfe hingeknöpft. Das war so ähnlich wie später beim Hüfthalter für die Frauen. Na, heut möcht ich einen Buben sehen, der noch mit so was rumlaufen würde! Mir war das einerlei. Am liebsten hätt ich sowieso ein Schürzle angehabt wie die Mädchen.

Irgendwann haben der Erwin und ich uns dann doch gewundert, warum wir mit Nachnamen F. heißen und nicht Schmidt, wie es auf dem Klingelschild stand. Weil, bei den anderen Kindern war des nicht so. Ich hab nachgefragt, der Erwin hat sich nicht getraut. »Wieso kommt des, dass ich zwei Mütter hab und bloß einen Vater?«, wollte ich wissen. Und: »Warum heiß ich F.?« Da hat's nie eine Antwort drauf gegeben, bloß Ausreden. Wir wussten überhaupt keine Zusammenhänge, niemand hat uns was erzählt. An eine Antwort kann ich mich noch erinnern: Als ich gefragt hab, wie ich auf die Welt gekommen bin, hat die Else-Mama gesagt: »Du bist vom Himmeleinsbrunnen herausgezogen worden.« Am nächsten Tag bin ich dann losgezogen und hab den Brunnen gesucht. Ich hab die Leute auf der Straße danach gefragt, aber alle schauten mich bloß mitleidig an und haben geseufzt, ach Gott, der Bub! Unverrichteter Dinge bin ich dann wieder heimgegangen. Erst viel später hab ich die Wahrheit erfahren über meine uneheliche Geburt, und dass ich ein weggegebenes Kind war. Da hab ich dann gedacht, vielleicht bin ich deshalb innerlich so. Schau her, des ist doch ganz falsch, wenn man einem Kind so was net sagt. Des will doch auch wissen, wo es herkommt. Da hat doch jeder Mensch ein Recht drauf. Aber der Schmidti und meiner Mutter war des wurscht, die haben mir lieber Märchen erzählt. Hauptsache, sie haben ihre Ruh gehabt.

Dass wir im Krieg waren, hab ich in der Schule erfahren. Viel Gedanken haben wir Kinder uns nicht gemacht, aber gewinnen wollten wir schon. Ab da haben wir meistens Soldat gespielt, mit einem Holzstecken als Gewehr. Der Sohn von unserer Nachbarin, der Ludwig, der kam dann als erstes an die Front, und plötzlich waren ganz viele Männer aus der Haslerstraße nicht mehr da. Wir Buben haben uns wenig Gedanken über die Gefahr gemacht. Zugeschaut haben wir, der Erwin und ich, als sie den großen Hochbunker in der Landgrabenstraße gebaut haben, des war interessant für uns. Dann kamen die Bombenangriffe. Die Nürnberger Südstadt war auch ein Ziel, weil da gab es ja Industrie. MAN, Siemens-Schuckert, das waren ja Rüstungsbetriebe. Immer öfter haben wir die Nacht im Luftschutzkeller verbracht, der lag unter unserem Haus. Unter dem Bett hatten wir Buben immer unser gepacktes Köfferle mit Unterhosen drin und Socken und Waschzeug. Wenn dann die Sirenen geheult haben, haben wir uns des Köfferle geschnappt und sind mit in den Keller gerannt. Da hockte dann die ganze Hausgemeinschaft beisammen und hat gewartet bis zur Entwarnung. Die einen haben gebetet, die andern gegrienen, und manchmal hat man die nahen Einschläge gehört. Da hat dann der ganze Boden gezittert, und von der Decke ist der Staub gerieselt. Der Erwin und ich waren meistens nicht direkt im Keller drin, sondern in dem Gang davor, der hatte ein Gewölbe, und der war auch sicher. Für den Erwin und mich war das jedes Mal ein angstvolles Erlebnis, wir hatten Herzklopfen, und unsere Knie zitterten. »Lieber Gott, beschütze uns«, haben wir gebetet. Wir sind später auch in die Häuser und die Keller rein, die Treffer abgekriegt haben, das war natürlich verboten, aber grad deswegen war's ja spannend. Dass des alles über uns hätt einstürzen können, daran haben wir nicht gedacht. So sind halt Kinder.

1942, ich war gerade in der fünften Klasse, sind wir dann evakuiert worden. Wir haben unsere wichtigsten Habseligkeiten gepackt und sind mit dem Leiterwagen aus der Stadt. Die Schmidts hatten entfernte Verwandtschaft in Pyras, das ist ein kleines Dorf vielleicht 50 km im Süden von Nürnberg, und bei denen auf dem Bauernhof sind wir untergekommen. Des waren selber arme Leut, geben konnten die uns nicht viel außer einem Dach über dem Kopf. Zwei Zimmer haben wir im Haus bewohnt. Aber wir waren ja froh, dass wir überhaupt eine Bleibe hatten und noch am Leben waren. »Seid froh, dass wir überhaupt noch beieinander sind«, hat der Kurt gesagt, »die, wo Pech gehabt haben, die liegen jetzt unter den Trümmern.«

In Pyras, da ging es anfangs noch ganz gut, da haben unsere Pflegeeltern anscheinend noch ein bissle Geld gehabt. Wir Buben waren begeistert vom Landleben, da gab es Enten und Hühner und Katzen, einen Hofhund, zwei Rindviecher und eine Sau. Da waren auch noch zwei Mädchen, die Gunda und die Frieda, aber die waren schon viel älter als wir und haben sich nicht viel mit uns abgegeben. Der Kurt hat in der Landwirtschaft mitgeholfen, weil der Bauer an der Front war, und wir haben auch geholfen, beim Misten und auf dem Feld, Kartoffelklauben und Tabakblätter zupfen und alles. Damals ist in der Gegend noch viel Tabakanbau gewesen und Hopfen fürs Bier. Oft sind wir auch mit einer Karre in den Wald gefahren zum Holzsammeln. Lustig war's, wenn wir zur Kirschenernte auf den Baum haben klettern dürfen. Und im Herbst sind wir barfuß über die Stoppelfelder um die Wette gerannt, mein Bruder und ich. Aber am allerschönsten war im Sommer das Baden im Karpfenweiher, der war am Schegel, drei bis vier Meter tief. Da hab ich dem Erwin das Schwimmen beigebracht, im grünen Wasser sind wir herumgestrampelt, und die fetten Karpfen haben mit ihren Rückenflossen unten unsere Bäuche gestreift.

Eines Tages hat mich die Schmidti in der Früh mitgenommen, wir sind nach Thalmässing zum Einkaufen. Da gab's ein schönes Modegeschäft, wo alle Bauern ihre Sachen gekauft haben. Aber sie hat gar nicht mir was kaufen wollen, sondern ihrer Enkeltochter, der Hilde. Die hat neue Sommersachen gebraucht, weil sie aus den alten herausgewachsen war. Ich sollte die ganzen Sachen anziehen, weil das Mädle so groß war wie ich und die Schmidti sehen wollte, wie alles angezogen aussieht. So hab ich halt die Kleidle anprobiert. Da hab ich mich so wohl gefühlt, des kann ich gar net sagen. Ich wollt mich gar nimmer ausziehen. Zum ersten Mal hab ich mich schön gefunden. Drehen hab ich mich sollen, vor dem Spiegel, das hat die Schmidti mir nicht zweimal sagen müssen. Wie eine Prinzessin hab ich mich gefühlt. Aber am End hab ich natürlich alles wieder ausziehen und in meine Hosen schlupfen müssen. Bald geheult hab ich. Ich hätt wer weiß was dafür hergegeben, wenn ich wenigstens ein Schürzle hätt behalten dürfen. Aber gesagt hab ich natürlich nix. Die hätten ja gemeint, ich spinn. Also bin ich recht traurig wieder mit der Schmidti heimgelaufen. Wenigstens hab ich das Paket mit den Mädchensachen unterm Arm tragen dürfen. Ja, des ist ein ganz besonderer Tag für mich gewesen. Ab da hab ich immer daran denken müssen, wie schön des war in den Kleidchen und Schürzchen.

Da draußen in Pyras haben wir Kinder gar nicht mitgekriegt, dass mit der Zeit ganz Nürnberg in Schutt und Asche versunken ist. Bloß dass immer wieder die Bomber gekommen sind, das haben wir gesehen, manchmal sind über uns am Himmel ganze Staffeln geflogen, Lancaster-Bomber und Moskitos. Die Bauersleut haben dann jedes Mal gebetet. Und dann, am Abend des 2. Januar 45, da gab es den schlimmsten Angriff auf die Stadt. Wir sind alle miteinander auf einen Hügel gestiegen und haben den Himmel angeschaut. Der war feuerrot vom großen Brand, gespenstisch hat das ausgesehen. Am Tag darauf bin ich mit dem Kurt nach Nürnberg gefahren, um nach unserem Haus zu schauen. Die verbrannten Leichen sind auf der Straße gelegen und haben noch geleuchtet vom Phosphor. Wo die Melanchthonschule gestanden hatte, war bloß noch ein Trümmerhaufen, von der schönen Christuskirche stand nur noch der Turm, und unser Haus war auch weg.

Von da an hat die Schmidti den Erwin und mich alle zwei Wochen in die Stadt geschickt. Wir sollten nach brauchbaren Sachen in den Trümmern schauen. Da sind wir dann in der zerstörten Südstadt herumgegogert und haben irgendwelches Zeug auf unseren Leiterwagen geladen, Blecheimer, Lampenschirme, eine Schachtel mit Sicherheitsnadeln, was halt noch gut war. Sogar eine Armbanduhr haben wir in einer zerbombten Wohnung gefunden, die hat noch funktioniert. Und einen Fuchspelz für Damen zum Um-den-Hals-Legen, mit Kopf und Glasaugen, alles noch dran.

Einmal kamen wir auf das Gelände einer Süßwarenfabrik. Das war lustig: Überall zwischen den Trümmern lagen viele, viele bunte Bonbonpapierchen und Stanniolpapierfetzen. Das hat so schön geglitzert! Die Fetzchen haben wir dann aus lauter Gaudi gesammelt, der Erwin und ich, da kam auf einmal die Polizei. Die haben uns beschimpft und aufs Revier mitgenommen, du heiliger Strohsack! Wir hatten so furchtbaren Schiss, dass sie uns einsperren, uns ist das Herz in die Hosen gerutscht. Der oberste Schutzmann dort hat uns dann belehrt, dass die Papierle Volkseigentum wären und wir uns des Diebstahls schuldig gemacht hätten. Er wollte aber noch einmal Gnade vor Recht ergehen lassen, hat er gesagt, weil wir halt noch Kinder sind. Wir haben dann die Taschen ausleeren und die Papierle dalassen müssen. Dann sind wir heimgeschlichen wie die begossenen Pudel.

Eines Tages hat der Kurt gesagt, dass der Krieg verloren ist. Angst haben wir alle gekriegt, dass der Russe kommt. Es sind dann auch immer mehr Städter zu uns aufs Land zum

Hamstern. Alles Mögliche wollten die gegen Lebensmittel tauschen, Bilder oder Porzellan oder auch richtig wertvolle Sachen wie Pelzmäntel oder Schmuck. Da haben wir Kinder die Augen aufgesperrt! Die Bäuerin hat schon oft was hergegeben, des war eine brave Frau, aber irgendwann war dann halt auch Schluss. Und später, als der Krieg vorbei war, ist es erst richtig schlimm geworden. Auch wir haben dann genug damit zu tun gehabt, dass wir was zwischen die Zähne gekriegt haben. Unsere Pflegeeltern hatten kaum das tägliche Brot, und davon haben wir Buben noch das Allerwenigste abbekommen. Sogar die Gunda, die sich sonst nie um uns geschert hat, hat Mitleid mit uns gekriegt. Ab und zu hat sie den Erwin und mich in die Küche gewunken und jedem ein Scheible Brot gegeben mit Milchhaut drauf vom Milchabkochen. Da haben wir geschleckt! Es gibt ja viele Leut, die graust's vor der Milchhaut, aber für mich ist des bis heut eine Delikatesse. Einmal, da hat die Schmidti den Erwin erwischt, wie er die Gunda um eine Birne angebettelt hat. Da hat sie seine Hände genommen und ihm die Finger bis ganz nach hinten umgebogen. Das hat sie oft gemacht. Der Erwin hat dabei jedes Mal vor Schmerzen geschrien, des hör ich heut noch. Gefoltert hat die ihn richtiggehend. Hat ihm immer mit Gewalt die Goschen auseinandergezogen bis zu den Ohren, bis das Blut gekommen ist. Des hab ich alles mitanschauen müssen und hab dem Kleinen nicht helfen können. Aber was hätt ich denn machen sollen? Ich war doch selber noch ein Kind!

Am End hat uns die Schmidti dann immer öfter zum Hamstern zu den Bauern geschickt, weil Kinder leichter was geschenkt kriegen als Erwachsene. Da sind wir dann herumgegangen und haben gesagt: »Gelobt sei Jesus Christus. Könnten wir vielleicht ein Ei haben oder ein Stückle Brot?« Oft sind wir weggejagt worden, aber manchmal waren wir auch erfolgreich und haben was heimbringen können. Wenn zufällig irgendwo Kirchweih war oder gar eine Hochzeit, des war für uns das Höchste. Wir haben dann mittags um einen Teller Suppe gefragt, weil wenn's was zu feiern gibt, sind die Leut spendabler. Mein Lieber, da haben wir uns angefressen, der Erwin und ich, so viel, wie in unsere Bäuche hineingegangen ist.

Einmal waren wir in Weinsfeld, am Sonntag früh, als alle in der Kirche bei der Messe saßen. Wir sind zu einem Bauernhaus und haben geklopft. Kein Mensch da. Aber die Tür war offen, also sind wir hinein. In der Küche – keiner da. In der Wohnstube – keiner da. Oben – keiner da. Und dann haben wir die Speis entdeckt. Allmächtiger Gott, wir haben gemeint, wir sind im Schlaraffenland. Rauchfleisch und Würste hingen da von der Decke, und im Regal stand ein schöner, frisch gebackener Gesundheitsschatt. Und ein Henkelkorb mit Eiern, bestimmt dreißig, vierzig Stück! Wir haben uns bloß einmal angeschaut. Ich hab mir den Schatt gepackt und das Geräucherte, der Erwin hat sich die Eier geschnappt, und dann sind wir stiften gegangen. Ich weiß noch ganz genau, dass wir wie der Blitz bis zu einer Wiese gerannt sind, durch die ein Bächlein geflossen ist. Dort haben wir den Schatt in zwei Teile gebrochen und alles in uns hineingestopft, bis zum letzten Brösel. Alles andere haben wir heimgebracht. Davon haben dann die Schmidti und der Kurt ein paar Tage in Saus und Braus gelebt, aber wir haben davon nix bekommen. Das Gehamsterte hat sie in den Brotkessel getan, an dem war ein Schloss angebracht, damit wir Buben nicht herankamen. Eine Woche später hab ich dann auf dem Fensterbrett das letzte Stück von unserem geklauten Rauchfleisch gefunden, da waren aber schon die Maden dran. Die haben gar nicht alles fressen können, was wir mitgebracht hatten. Aber lieber haben sie's liegen lassen, bis es schlecht geworden ist, und dann weggeworfen, als dass sie es dem Erwin und mir gegeben hätten.

In die Schule bin ich nach Eysölden gegangen, da gab's nur eine einzige Klasse und einen Lehrer. Also hatte ich mit dem Erwin gemeinsam Unterricht, aber der saß zwei Bänke vor mir, bei den Jüngeren. Die Bauernbuben haben uns zuerst gehänselt, weil wir »Stodterer« waren, aber das hat sich dann bald gegeben, und wir sind eigentlich recht gut miteinander ausgekommen. Im Winter hat jeder von uns täglich zwei, drei Scheitle Holz mitbringen müssen, damit hat unser Lehrer Heinlein das Schulhaus geheizt. Gefroren haben wir trotzdem, weil das kleine Öfele im Eck für das große Zimmer net ausgereicht hat. Außerdem haben wir keine ordentlichen Wintermäntel gehabt und bloß leichte Schuhe, die hat uns die Schmidti mit Zeitungspapier ausgestopft.

Mit den anderen Buben hat's damals keine Schwierigkeiten gegeben, die haben mich schon mitkommen lassen, die waren alle schwer in Ordnung. Ich hab mir ja auch nie was anmerken lassen meinen Freunden gegenüber. Im Winter sind wir oft mit der Gambel auf Eichhörnchen, da hab ich sogar einmal eins getroffen, aber des arme Viech hat mir dann so leidgetan, dass ich's nicht mit heimbringen hab wollen. Das hat dann halt der Spachmüllers Egon mitgenommen und seine Tante hat's in die Suppe geschmissen, aber ich konnt's einfach nicht mehr anfassen.

Und dann ist es losgegangen, dass wir alle miteinander um die Wette onaniert haben, da waren wir vielleicht zwölf, dreizehn Jahre alt. Da hab ich schon mitgetan, ja freilich, aber ich war nie einer von denen, die angefangen haben, und ich hab mich dabei immer schön im Hintergrund gehalten. Beim Längenvergleich, da war ich ganz gut dabei. Ich war ja net schlecht ausgestattet, ach wo, mein Problem war ja bloß innerlich. Vor den anderen hab ich des immer versteckt. Im Gegenteil, ich hab mich ganz besonders männlich gegeben, damit mir keiner draufkommt. Es ist dann aber schlimmer geworden mit der Pubertät.

Und dann bin ich konfirmiert worden. Es hat einen großen Gottesdienst gegeben, die Kirche war voll bis auf den letzten Platz. Sogar die Else-Mama war mit dabei. Eigentlich soll das doch ein schöner Tag sein für einen jungen Menschen, aber ich hab mich die ganze Zeit so zurückgesetzt gefühlt. Ich stand im umgenähten »Gehst-Hinteri« vom Kurt – des war ein Frack mit Schoßzipfeln – neben den Mädchen am Altar und hab bloß geweint. Mein einziger Gedanke war nur: »Warum darf ich net so wie die Mädchen im Konfirmandenkleid da stehen?« Die Worte des Pfarrers hab ich gar net mitbekommen, so schlimm war des für mich. Die Leut haben hinterher gesagt, ach der Bub, der war so ergriffen vom Wort Gottes, des ist fei selten, der wird bestimmt amal Pfarrer. Wenn die gewusst hätten!

Ach, mir sind die Kleidchen die ganze Zeit nicht aus dem Kopf gegangen, die ich in Thalmässing hab anprobieren dürfen. Und nach der Konfirmation hab ich immer noch mehr dran denken müssen. Mir wurde jetzt immer klarer, dass ich eigentlich ein Mädchen sein wollte. Irgendwann hab ich dann in einer Kammer unter dem Dach eine Truhe entdeckt, in der die alten Anziehsachen von der Frieda und der Gunda waren. Da hab ich net anders gekonnt, ich hab mir ein geblümtes Kleid genommen und es unter meiner Matratze versteckt. Da lag's dann, und ich hab mich lang nicht getraut, es anzuziehen, hab's immer bloß angefasst und gestreichelt. Einmal hab ich mich endlich so lang wach gehalten, bis alle schliefen. Ich bin in das Kleid geschlüpft, es war fast zu eng, aber es ging grad noch. Und dann hab ich mich aus dem Haus geschlichen, mitten in der Nacht. Ich bin barfuß durch die schlafende Ortschaft spaziert, das war ein unglaubliches Gefühl. Einerseits war ich richtig glücklich, andererseits hab ich eine Heidenangst gehabt, dass mich einer erwischt. Bevor es hell wurde, bin ich wieder heim, hab mich umgezogen und wieder ins Bett gelegt.

Ja, und das hab ich dann immer wieder gemacht. Es hat mich einfach dazu gedrängt. Und nie hat mich einer gesehen. Bloß einmal, da ist der Erwin aufgewacht, als ich heimgekommen bin. Aber im Dunklen ist ihm gar net aufgefallen, dass ich ein Kleid anhatte. Ich hab gesagt, ich war auf dem Abort – das Häusle stand ja im Hof hinter dem Misthaufen –, und da war er auch schon wieder eingeschlafen.

Ich hab niemanden gehabt, mit dem ich über meine Veranlagung hätte reden können. Ich war ganz allein mit dem Problem. Selbst mit meinem Bruder hab ich nie gesprochen, weil ich mich so vor ihm geschämt hab. Ja, was hätt ich denn sagen sollen? Ich hab doch überhaupt net gewusst, was mit mir los ist. Aber dass des nicht normal war, ja, des war mir schon klar. Und dass ein Bursch so was nicht macht. Dass des alles ganz falsch war, und schlecht. Ich hab mich so gefürchtet, wenn des rauskommt, was ich in der Nacht mach. Wie hätt ich des jemandem erklären sollen? Ich hab's mir ja selber nicht erklären können. Da war einfach was in mir drin, des war übermächtig. Ich hab mir dann immer wieder eingeredet: Du musst dich mit deinem männlichen Körper abfinden, es gibt keine andere Wahl. Ich war so unglücklich, des kann ich gar net sagen. Nur bei meinen Spaziergängen, da hab ich mich wohl gefühlt. Dass mich das alles seelisch so mitgenommen hat, das hat niemand mitgekriegt, es war mein Geheimnis vor der Gesellschaft.

Nach dem Krieg ist unsere leibliche Mutter wieder einmal zu Besuch gekommen und hat gemerkt, wie arg mein Bruder und ich misshandelt worden sind. Da hat sie wohl einmal in ihrem Leben ein schlechtes Gewissen bekommen und hat zu uns gesagt: »Ich nehm euch mit zu mir!« Ich hab gar nicht gewusst, ob ich mich freuen soll oder nicht, ich hab doch vorher nie daran gedacht, dass wir ja auch zur Else-Mama ziehen könnten. Uns hat doch nie einer gefragt. Aber der Erwin, der war ganz weg vor lauter Begeisterung. Als dann unsere Sachen gepackt waren und wir nach unten gegangen sind, um uns von der Schmidti zu verabschieden, da hat die in der Küche einen wahren Veitstanz aufgeführt. Geheult und geschrien hat die wie eine Irre, die war ganz außer sich, dass wir es mit der Angst bekommen haben. Am End ist sie mit dem Kopf gegen die Wand gerumpelt. Als sie dann so dagestanden hat mit dem ganzen Blut auf der Stirn, da hab ich plötzlich ein solches Mitleid bekommen, ich weiß auch nicht, warum. Ich hab ganz vergessen, wie sie uns Buben die ganzen Jahre über behandelt hat. Ich bin zu ihr hin und hab gesagt: »Mutter, dann bleib ich halt bei dir.« Da wollte der Erwin wegen mir auch nicht mehr fort, und die Else-Mama ist ohne uns nach Nürnberg zurück. Ich kann des heut nicht mehr verstehen, was damals in mich gefahren ist. Da hätt ich einmal die Chance gehabt, dieser Hex zu entkommen, ein einziges Mal! Und ich Doldi bleib freiwillig dort! Des gibt's doch gar net! Ich glaub, ich war der Frau genauso hörig wie der Kurt. Vielleicht ist des so, wenn man als Kind immer unterdrückt und gedemütigt und misshandelt wird und sich dauernd fürchten muss. Da wird man wie der Hund, der die Hand von seinem Herrn dafür schleckt, dass er ihn getreten hat. Bis zum heutigen Tag leid ich noch darunter, und der Erwin auch. Die Schmidti, die hat uns auf dem Gewissen. Eine unheimliche Frau war das. Ich seh sie heut noch vor mir, unten hat die nur zwei Zähne gehabt, wenn sie die gebleckt hat, da haben wir gewusst, jetzt geht sie gleich auf uns los, jetzt kriegen wir wieder Saures.

Mit sechzehn war ich dann mit der Schule fertig, das war im Jahr 1947. Die Bauernsöhne in meiner Klasse, die haben nicht lang überlegen müssen, was sie machen. Die sind auf ihre Elternhöfe und haben mitgearbeitet und irgendwann später sollten sie die Landwirtschaft übernehmen. Bei manchen ist auch der Vater nicht mehr aus dem Krieg heimgekommen, die waren dann gleich eigenständige Landwirte. Wir anderen haben halt schauen müssen, wo wir bleiben. Manche sind nach Nürnberg auf den Bau, da gab's nach der schrecklichen Zerstörung ja genug zu tun, es war ja alles kaputt, die ganze Stadt war ein Schutthaufen. Andere haben eine Metzgerlehre gemacht oder sind ins elterliche Geschäft eingestiegen. Einer ist sogar ins Kloster nach Plankstetten. Ich wollt so gern was Handwerkliches machen, mit den Händen war ich immer geschickt. Also hat sich der Lehrer Heinlein überall erkundigt, und er hat tatsächlich einen Schreiner gefunden, der mich genommen hätt, in Heideck. Eine Freud hab ich da gehabt! Ich hab schon mit der Berufsschule angefangen, und es ging bloß noch darum, in Heideck ein Zimmer zu finden, denn es war zu weit, um jeden Tag hinzulaufen, vor allem im Winter.

Aber dann ist meine leibliche Mutter in Pyras aufgetaucht. Einen Tag lang hat die auf mich eingeredet. Des is doch nix, eine Schreinerlehre, hat sie gesagt. Da musst du die ganze Zeit nix als schuften und wirst doch bloß ausgenutzt als Lehrling. Und was willst denn du überhaupt in Heideck, da hast du doch nix verloren. Nein, du kommst zu deinem Vater, des is des Beste. Bei dem kannst alles lernen! Da kannst Nägel in die Wand schlagen und Zeug zusammenbauen und alles machen, was du willst. Der bringt dir alles bei. Und du fährst in der Weltg'schicht rum. Was du da alles zu sehen kriegst! Und du hast des ganze Jahr Kirchweih! So lang hat die mich weichgeklopft, dass ich am End halt nachgegeben hab. Dabei ist es der bloß darum gegangen, dass sie das Zimmer in Heideck nicht bezahlen muss. Da hätt ich sie ja Geld gekostet.

Ja, so war des. Meine eigene Mutter war schuld, dass ich um meinen Beruf gekommen bin. Der war es ganz egal, dass sie mir meine Zukunft versaut hat. Des muss man sich amal vorstellen, da hätt ich eine schöne Lehrstelle in Aussicht gehabt, wo sich andere die Finger danach abgeschleckt hätten. Und ich, ich war so blöd und hab mir des ausreden lassen. Ich versteh mich heut nimmer. Warum hab ich mich damals nicht durchgesetzt? Aber mir hat ja auch keiner geholfen, die Schmidti nicht und der Karl auch nicht. Denen war des wurscht, die haben ja von Amts wegen kein Geld mehr für mich gekriegt, weil ich mit der Schule fertig war. Und meiner Mutter, der ist es immer nur darum gegangen, dass sie mich losgebracht hat. Bei deinem Vater, da kannst du alles lernen! Ja, Pfeifendeckel!

Und so bin ich zum Büttner gekommen, zu dem Erzeuger da, ein Vater ist das ja nicht gewesen. Vorher nicht und nachher nicht. Ich hab also meinen Erzeuger zum ersten Mal gesehen mit sechzehn Jahren. Der Büttner Friedl war Schausteller, eine Berg-und-Tal-Bahn hat der gehabt. Vorher hab ich ja nicht einmal gewusst, wie der heißt; der hat für mich gar nicht existiert. Und auf einmal hat der jetzt gewollt, dass ich »Vater« zu ihm sag, aber ich hätt mir lieber die Zunge abgebissen. Ich hab's einfach nicht fertiggebracht, der war doch für mich ein wildfremder Mann! Ich hab ihn am Anfang sogar mit Sie angeredet, so fremd war der mir. Und behandelt hat der mich auch nicht wie einen Sohn. Ausgenutzt hat der mich, genauso wie die anderen. Er hat mich als Schaustellergehilfen angemeldet, für zehn Mark Lohn im Monat, aber von den zehn Mark hab ich nie was gesehen. Wenn ich einmal ins Kino gehen wollt, hab ich ihn jedes Mal um ein paar Pfennige anbetteln müssen. Die Jugendvorstellung im »Film-Eck« hat damals 45 Pfennig gekostet, und immer am Donnerstag war Filmwechsel. Manchmal hat er mir dann was gegeben, mein Erzeuger, aber sonst hat er alles Geld selber eingesteckt. Das war eine einzige Erniedrigung.

Das einzig Gute war die Verpflegung, des muss ich sagen, der hat mich gut gefüttert. Dem Büttner seine Frau, die Rosa, die hat prima kochen können, und am Essen ist nicht gespart worden. Und vorher hab ich ja nie was Gescheites gekriegt. Da hat's mir schon imponiert, dass ordentlich Fleisch auf den Tisch gekommen ist. Ein fettes Bündle mit Kraut oder eine schöne saure Leber oder ein eingemachtes Kalbfleisch mit Nudeln. Da hab ich zum ersten Mal im Leben richtig zulangen dürfen, und die Rosa hat's gefreut, dass es mir so schmeckt. Ja, die Rosa, die hab ich gerngehabt, die war wie eine Mutter zu mir. Die hat mit dem Büttner einen Sohn gehabt, der war im Krieg gewesen. Das war ja mein Halbbruder, aber der hat schon nicht mehr daheim gewohnt, als ich gekommen bin, deshalb hab ich den auch bloß ein paarmal gesehen. Die Rosa, die hat auch einmal einen Spaß gemacht und hat auf mich geschaut. Die hat mich mitkommen lassen. Und gelobt hat sie mich, wenn ich was ordentlich gemacht hab. Mit der hätt ich mich schon verstanden, das war eine gute Frau. Bloß wegen der hätt ich mich schon an mein neues Leben gewöhnen können. Aber die Rosa ist dann gestorben, kaum dass ein Jahr vergangen war. Ich weiß noch, dass sie ins Theresienkrankenhaus musste, zu einer Ausschabung. Und dann stand auf einmal die Polizei vor der Tür: »Die Frau Büttner ist verstorben.« Wir sind gleich ins Krankenhaus gefahren, der Erzeuger und ich, und da haben wir sie gesehen, in der Leichenhalle im Keller. Sie war auf der einen Seite ganz rot unterlaufen und tot. Da war's dann wieder vorbei mit meinem Glück.

Mir hat's auch nicht so gefallen, dass ich im Winter in einem Zimmer mit der Großmutter schlafen hab müssen, der Mutter von meinem Erzeuger. Die war ganz schwerhörig und war auch sonst schon ziemlich alt und tattrig, und geschnarcht hat die wie zehn nackerte Neger. Ich hab mir Watte in die Ohren stecken müssen, nachts, damit ich überhaupt einschlafen hab können. Aber die Oma war zu mir auch gut, des muss ich sagen. Die hat ja bis dahin überhaupt net gewusst, dass sie mich als Enkel hat, und hat mich trotzdem angenommen. Manchmal, wenn sie gesehen hat, wie ich den Büttner um Kinogeld anbettel, hat sie mir heimlich ein Märkle in die Hand gedrückt, dabei hat sie doch selber nix gehabt außer einer ganz kleinen Rente.

Mein einziges Vergnügen damals war das Straßenbahnfahren. Schon als kleines Bürschle bin ich ab und zu mitgefahren, schwarz, einfach so, weil man da so schön schauen hat können und weil ich dann von der Schmidti weg war. In meiner Zeit beim Büttner hab ich das wieder gemacht, aber zum Schauen gab's da nimmer so viel. Die Strabo ist mitten durch Trümmer gefahren. In der Innenstadt ist kein Stein mehr auf dem anderen gestanden. Ich bin dann auch oft über die Schuttberge gelaufen, manchmal hat man da immer noch was gefunden, was brauchbar war.

Fast jeden Abend, wenn ich ins Bett gegangen bin, hab ich eins von der Großmutter ihren Kleidern angezogen und mich vor den Spiegel gestellt. Die Großmutter hat nie was gemerkt, und ich hab gewusst: Solang die schnarcht, kann neben ihr die Welt untergehen, und sie kriegt davon nix mit. Manchmal hab ich auch in den Kleidern geschlafen, des war so richtig schön. Bis mich eines Tages mein Vater erwischt hat. Er hat mich geschüttelt und angebrüllt: »Ich glaub, dass du spinnst!«, und wollt wissen, was des zu bedeuten hat. Ich konnt ihm doch keine Antwort geben, hab ihm doch die Wahrheit net sagen können. Da hat er mir die Kleider vom Leib gezerrt und mich windelweich geprügelt, dass ich Rotz und Wasser geheult hab. Die Großmutter war dabeigestanden und hat die Händ gerungen. Jaja, der war ein Mordskerl, der Büttner, und hat schon einen Schlag am Leib gehabt, mein Lieber. Aber die Schmerzen waren es gar net. Es war die Demütigung, die Erniedrigung, und weil sich alles so verkehrt an mir angefühlt hat. Ich war völlig am Boden und hab mir geschworen, ich mach's nie wieder. Nie wieder, ganz bestimmt. Aber es hat nichts geholfen, bei der nächsten Gelegenheit hab ich mich wieder als Frau verkleidet, und wenn der Büttner mich totgeschlagen hätt. Mein Drang ist immer stärker geworden.

Mein Erzeuger hat mir dann einen Anzug gekauft. Er hat gedacht, dann will der Bub keine Weibersachen mehr, wenn der einen anständigen Anzug hat. Dann hört sich des auf mit der Spinnerei. Ja, wenn's so einfach gewesen wär! Inzwischen war ich 18 Jahre. Ich wollt es ja versuchen, mit den Mädchen. Vielleicht, hab ich gedacht, verliert sich dann des Problem von selber. Damals bin ich oft mit dem Reinhold zusammengesessen, der war Schaukelbursch, mit dem hab ich mich gut verstanden. Der wollt mir helfen. »Menschenskind«, hat der zu mir gesagt, »warum tust denn du nix mit den Weibern?« Ich hab dann bloß ein bissle verlegen gelacht und gesagt: »Tät ich ja gern, aber ich trau mich halt net.« Na ja, der Reinhold hat mir dann eine 36-jährige Kriegerwitwe verschafft, die zwei Kinder gehabt hat. Die hätt mir des beibringen sollen. Die kam dann auch und ging mit mir ins Bett, die war recht nett und hat sich alle Müh mit mir gegeben. Ich hab ja überhaupt nicht gewusst, wie das geht, und mir ist das alles irgendwie lächerlich vorgekommen. Ja wirklich, ich hab dabei lachen müssen. Ich hatte keine Erektion und keine Empfindungen, und als eine geraume Zeit vergangen war, da hat sie aufgegeben und gesagt, dass es keinen Zweck hat. Heiliger Gott, hab ich mich geniert! Und hinterher hat sich dann herausgestellt, dass des eine von den Ami-Huren war, die's damals gegeben hat, und sie hat mir auch noch den Tripper naufgehängt. Ja freilich, da könnt man eigentlich lachen, aber ich war doch so unglücklich. Ich musste dann auch noch zum Arzt gehen und mir was verschreiben lassen, des war mir unendlich peinlich. Immer wieder hab ich's dann allein versucht, mit der Hand, aber es ist meistens net gegangen. Einmal, das war 1949, da hab ich ein hübsches Mädchen kennengelernt, die Betty. Der gefiel ich auch gut, die war schon in mich verliebt. Ich war ja ein sauberer Kerl, groß und schlank. Und schöne Haare hab ich gehabt. In der Betty hab ich eine echte Freundin gesehen, wir sind oft spazieren gegangen oder haben Gesellschaftsspiele gemacht, Mensch-ärgeredich-nicht oder Mühle. Es war alles in Ordnung, bis wir eines Abends in einer Grünanlage waren und sie schwach geworden ist. Ich hab versucht, mit ihr Verkehr zu haben, ich wollt ja auch unbedingt, aber ich hab's einfach nicht zusammengebracht. Sie hat mich gefragt, was los ist, aber was hätt ich ihr denn zur Antwort geben sollen? Nix, hab ich gesagt. Früh um drei Uhr hab ich sie dann vor ihrer Haustür abgesetzt. Das war das letzte Mal, dass ich sie gesehen hab. Sie muss sehr enttäuscht gewesen sein, sie hat sich nie mehr bei mir blicken lassen. Des hat mir arg leidgetan, aber ich konnt es halt nicht ändern.

Mir ist dann die Hoffnung geschwunden, dass des noch was wird mit den Mädchen. Das Empfinden war einfach nicht da. Ich hab bloß noch daran gedacht, dass ich körperlich eine Frau sein will. Viel geweint hab ich damals, wenn ich allein war, aus lauter Verzweiflung.

Obwohl ich fleißig gearbeitet hab, hat mich mein Erzeuger nie akzeptiert. Wir haben auch nicht mehr über den Vorfall mit den Frauenkleidern gesprochen, haben die Sache einfach totgeschwiegen. Vielleicht hat der Büttner auch deswegen kein Vertrauen zu mir gehabt. Er hat mich nie allein zum Kassieren ins Glashäuschen gelassen – da hätt ich ja die Leut fahren lassen und das Geld für mich behalten können. Das Misstrauen hat mir so weh getan. Ich bin doch ein ehrlicher Mensch, hab ich gedacht, und da hat mein eigener Vater Angst, dass ich ihn bestehlen könnt? Gelernt hab ich bei ihm auch nix. Beim Auf- und Abbauen hab ich halt geholfen, und hier und dort was repariert und am Karussell herumgebaut. Und kontrolliert hab ich, ob die Fahrgäste auch richtig sitzen. Manchmal bin ich auch mitgefahren, wenn ein Kind allein Angst gehabt hat. Die Berg-und-Tal-Bahn war schon was Besonderes, »Hollywood« hat die geheißen. In der Mitte war eine große Pressspanplatte, da hat der Büttner Bilder von amerikanischen Schauspielern draufmalen lassen. Amerika stand ja hoch im Kurs bei uns damals. Und des hat schön ausgeschaut, mit lauter bunten Glühbirnchen drum herum.

Die meisten Leute sind ja ganz begeistert von einer Kirchweih, die freuen sich das ganze Jahr drauf, und dann gehen sie hin zum Karussellfahren, auf die Schießbuden, zum Lose-Ziehen, zum Hau-den-Lukas und so weiter. Danach essen sie ein Fischweckle, oder die Kinder kriegen eine Zuckerwatte, und dann gehen sie zufrieden wieder heim. Aber für die Schausteller ist das schon harte Arbeit, und man ist halt immer unterwegs. Mir hat's immer gefallen, wenn die Leut sich amüsiert haben, aber hinterher bin ich auch wieder recht traurig geworden. Alle haben eine Gaudi, hab ich gedacht, bloß ich hab dieses Zeug in mir drin.

In der Saison haben wir gelebt wie die Zigeuner. Von einem Ort zum nächsten sind wir gezogen, heut noch kenn ich jedes Kaff in ganz Mittelfranken und drüber hinaus. Ich hab mit noch einem Burschen im Packwagen geschlafen, und die anderen im Wohnwagen. Die Oma war um die Zeit schon nimmer dabei, die hat der Büttner ins Wastl gesteckt, gleich nach dem Tod von der Rosa. Da ist sie dann gestorben.

Der Büttner hatte einen Bulldog, Marke Hanomag, mit dem bin ich gern mitgefahren. Einen Führerschein hatte ich damals noch nicht, den hab ich erst zehn Jahre später gemacht, als ich's mir hab leisten können. Aber damals hab ich immer aufgepasst, wenn einer von den Schaustellern seine Zugmaschine oder den Motor von einem Karussell repariert hat, des hat mir gefallen, und ich hab mir viel gemerkt. Einmal, da waren wir auf Kerwa in Adelsdorf, da hat die Schaltung vom Hanomag den Geist aufgegeben. Mein Erzeuger hat dran rumgeschraubt und geschwitzt und geflucht, aber hinbekommen hat er's nicht. Da hab ich es probiert. Ich hab die Schaltung ausgebaut und alles wieder gerichtet. Zufällig ist der Bürgermeister von Adelsdorf dazugekommen und hat nur so gestaunt. Zum Büttner hat er gesagt: »So ein tüchtiger Kerl! Ist das wohl Ihr Sohn?« Und mein Vater hat zur Antwort gegeben: »Nein, bloß ein Angestellter.«

Des hat mich so tief getroffen, das kann ich gar nicht sagen. Dass der eigene Vater einen verleugnet! Ich war so vor den Kopf geschlagen, ich hab bloß noch das Werkzeug hingelegt und bin in den Wagen. Mich hat noch nie einer gewollt, hab ich gedacht. Drum will ich mich vielleicht auch selber nicht so haben, wie ich bin.

Mit meinem Erzeuger ist das Verhältnis dann immer schlechter geworden. Immer wieder hab ich meine Fotzen gekriegt von dem, nie hat dem was gepasst, ich konnt ihm nichts recht machen. Des war ein richtiger Unmensch. Deshalb hab ich dann auch versucht, meine eigene Sache zu machen. Im Winter, da hatten wir einen festen Wohnsitz in Nürnberg, in der Fürther Straße, das waren ganz primitive Holzbaracken ohne Bad. Viele Schausteller haben da gewohnt, die kalten Monate über, dazu noch Flüchtlinge und Heimatvertriebene und Ausgebombte, die noch nichts anderes gefunden hatten. Dort im Barackenlager hat der Büttner dann einfach herumgelungert und gar nichts gearbeitet. Den ganzen Tag ist er dagehockt und hat sein Bier getrunken. Aber ich wollt das nicht. Ich bin auf die Berufsschule für ungelernte Kräfte gegangen, und von dort aus hab ich mir eine Stelle gesucht. Meine Mutter hat mich schließlich beim Schuckert reingebracht, ich bin als Hilfsarbeiter in der Gießerei untergekommen. Das war eine harte Arbeit, und es war für mich eine schwere Zeit. Ich fand den Anschluss zu den Männern nicht, und die haben mich nur veräppelt und gehänselt. »Schiffschaukel-Bremser« haben die mich geschimpft, dabei war ich nie bei der Schiffschaukel. Ich war ein Außenseiter und immer für mich. Ja, heut nennt man so was »Mobbing«, gell? Und man meint, des ist was ganz was Neues, dabei hat's des damals auch schon gegeben, da kann ich ein Liedle davon singen. Bloß zum Vesperholen, da haben die anderen mich gebraucht, da bin ich zum Metzger geschickt worden und hab dort für den einen ein Zehntel Göttinger, für den andern ein Fünftel gekochte Krakauer, für den

Nächsten ein Zehntel weißen Presssack holen müssen, und so weiter. Das hat allerdings den Vorteil gehabt, dass mir der Metzger jedes Mal Wurstabschnittle geschenkt hat, da hab ich ordentlich reingespachtelt. Aber obwohl ich immer alles richtig gebracht hab zur Brotzeit, haben mich die anderen nie angenommen. Mir hat nie einer geholfen, wenn ich was nicht gekonnt hab, und in der Pause hab ich mein Vesper allein essen müssen. Mir ist gar nix anderes übriggeblieben, als mich einfach nur in die Arbeit zu stürzen. Ich hab's dann in drei Wintern auch weit gebracht, erst zum Maschinenformer und dann bis zum Handformer. Das wär ja eigentlich ein Lehrberuf gewesen, aber ich hab des als Ungelernter geschafft. Da war ich schon stolz. Ich hab endlich Geld verdient, und die Arbeit hat mir Spaß gemacht.

Aber dann, das war im Winter 1950, hat mich der Büttner zur Rede gestellt. Er hat sich nämlich die ganze Zeit über, in der er daheim rumgesessen hat, von den Leuten anhören müssen, dass er ein fauler Socken ist und sich das halbe Jahr von seinem Sohn aushalten lässt, der fleißig auf die Arbeit geht. Des hat ihn wahnsinnig gewurmt. »Entweder du hörst auf beim Schuckert«, hat er zu mir gesagt, ganz angesoffen war er, »oder du kannst gehen.« Ich hab zur Antwort gegeben: »Dann entscheid ich mich für des Zweite. Ich geh! Beim Schuckert, da krieg ich nämlich ein Geld, und bei dir bin ich bloß ein Sklave!« – »Des wirst du bereuen!«, hat er gebrüllt. »Des dauert net lang, dann bist du wieder da!« Darauf ich zu ihm: »Pass auf, ich sag dir was: Bevor ich zu dir zurückkomm, da fress ich lieber den Fensterkitt aus den Ritzen.«

Dann hab ich meine paar Siebensachen gepackt und bin gegangen, nach drei Jahren. Ganz stark hab ich mich gefühlt, weil ich mich endlich einmal gewehrt hab. Ab jetzt war ich kein kleiner Karussell-Schieber mehr, der für seinen Alten die Drecksarbeit macht!

Als ich mit meinem Koffer um die Ecke war, hab ich mich erst einmal auf ein Mäuerchen gesetzt und überlegt. Da war ich dann schon nicht mehr so stolz. Ja, wo geh ich denn jetzt hin?, hab ich mich gefragt. Ich war ja noch nicht volljährig, mir hätte doch niemand ein Zimmer vermietet. Also ist mir nichts anderes übriggeblieben, als bei meiner Mutter unterzuschlupfen, die hat damals in der Katzwanger Straße gewohnt, in einer Mansarde. Ja, ich bin halt immer von einem Loch ins nächste gefallen. Erst die Schmidti, die hat mich misshandelt, dann der Büttner, der hat mich ausgenutzt, und dann meine Mutter. Die war auch net besser.

»Ja, wie stellst du dir des vor?«, hat sie zu mir gesagt. »Ich kann dich net brauchen!« Aber sie hat mich am Ende doch aufgenommen. Mir war damals schon klar, dass sie ihre Ruhe haben will, damit sie's mit ihren Mannsbildern treiben kann. Die hat immer einen Stecher gebraucht. Und spielsüchtig war sie auch, des hab ich dann herausgefunden. Sie hat ja auch beim Schuckert gearbeitet, in der Stanzerei, und wenn es Lohn gegeben hat, war sie erst einmal weg, da ist sie nämlich in die Spielhöllen gegangen. Oder in die Wirtschaft zum Geißmann-Quell, da stand bei der Garderobe neben dem Eingang so ein elektrischer Spielapparat. Alles hat die verspielt, und dann hat sie wieder was von ihren Mannsbildern geschnorrt oder von mir, damit das Geld bis zum Monatsende gereicht hat.

Ich hab was dazugezahlt zur Miete, und weil ich viel Überstunden gemacht hab und inzwischen ein guter Handformer war, hab ich ein schönes Geld verdient. Wenn ich dann das Kostgeld abgezogen hab, das meine Mutter verlangt hat, ist immer noch ein bisschen was übrig geblieben. Das hab ich dann gespart und mir einen anständigen Wintermantel gekauft, ein feiner grauer Stoff mit Fischgrätmuster, das war damals der letzte Schrei. Auf den Mantel hab ich mir was eingebildet, mit dem bin ich herumgelaufen wie Graf Koks vom Gaswerk!

Eines Tages komm ich dann heim von der Arbeit, schau in den Schrank – und der schöne Mantel ist weg. »Den hab ich in die Reinigung, der hat einen Flecken gehabt«, hat mir meine Mutter erklärt. Das war eine blanke Lüge, mitten ins Gesicht nei. Nach ein paar Tagen hab ich nämlich den Zettel vom Leihhaus in der Schublade vom Küchenbüfett gefunden. Sie hat einfach meinen Mantel versetzt, damit sie weiter in die Spielhölle gehen kann. Mich hat so ein dermaßener Zorn gepackt! Erst einmal hab ich mein Geld zusammengekratzt, bin ins Leihhaus marschiert und hab den Mantel wieder ausgelöst. Danach hab ich meine Mutter zur Rede gestellt. Ich seh sie heut noch vor mir: Im Bett hat sie gelegen, und sie hat immer noch gelogen. »In der Reinigung ist der«, hat sie gesagt, und: »Des geht dich gar nix an.« Da hab ich ihr den Mantel gezeigt und ihr gesagt, dass sie ein gemeiner Mensch ist und keinen Anstand hat. »Eine Frechheit ist des von dir!«, hab ich gesagt. Beschimpft hat sie mich daraufhin, mich einen rotznäsigen Saubankert genannt und einen elenden, undankbaren Frecker. Da ist mir dann die Hand ausgerutscht, ich hab ihr eine geschmiert, zum ersten und einzigen Mal.

Von da an hab ich alles, was mir gehört hat, in meinen Schrank eingesperrt. Ich hab meiner eigenen Mutter nicht mehr über den Weg trauen können.

Wir haben uns dann schon wieder vertragen, na ja, was ist uns schon anderes übriggeblieben? Die Mutter hat sich ein bisschen zusammengerissen und ich auch. Wenn sie abends Männer dagehabt hat, hab ich mich halt in der Stadt rumgetrieben, hab mir manchmal im Ka-Li-Kino am Plärrer einen Film angeschaut. Jetzt hab ich mir des ja leisten können. Einmal wollte ich in »Die Sünderin«, das war damals Tagesgespräch. Aber vor dem Kino haben lauter Katholiken protestiert, mit Plakaten und Kirchenliedersingen – da hab ich kehrtgemacht und bin lieber in die nächste Wirtschaft. Da hab ich dann zwei Bier getrunken, damit ich erst ganz spät heimkomm. Ich hab damals in der Wohnküche auf dem Schesslong geschlafen, es gab ja bloß ein Schlafzimmer. In der Früh sind dann die »Übernachtungsgäste« an mir vorbeigeschlichen. Schön war des nicht, ich hab halt immer so getan, als ob ich noch schlafen würde.

Das einzig Gute in dieser Zeit war, dass der Erwin öfters vorbeigeschaut hat. Der war jetzt nämlich auch in Nürnberg. Nachdem ich zu meinem Vater gegangen war, hat er es allein nicht mehr ausgehalten bei der Schmidti. Er ist davongelaufen und bei meiner Mutter aufgetaucht. »Else-Mama, lass mich doch bei dir bleiben«, hat er gesagt. Aber die Else-Mama hat ihn nicht nehmen wollen, lieber hat sie ihn in ein Waisenhaus gesteckt, so eine Mutter war des. Da musste er dann bleiben, bis er später seine Bäckerlehre angefangen hat. Im Waisenhaus, da haben sie ihn auch schlecht behandelt und geschlagen, recht viel besser als bei der Schmidti hat er's da auch nicht gehabt.

Der Erwin und ich haben die Mannsbilder nie gemocht, die bei meiner Mutter grad an der Reihe waren. Am allerwenigsten den Hartl, der war aus Schopfloch und hat in Nürnberg gearbeitet. Da hat er sich an unsere Mutter rangemacht, damit er unter der Woche einen Schlafplatz hat. Dafür hat er dann ab und zu großzügig was zu essen mitgebracht. Wir haben ihr immer gesagt: »Der nutzt dich bloß aus, und du lässt dir des gefallen!« Dann waren wir natürlich die Bösen. Beschimpft hat sie uns und erst recht zum Hartl gehalten. Aber recht haben wir behalten. Später hat sich nämlich herausgestellt, dass der Kerl daheim eine Frau und drei Kinder gehabt hat. Ein Windhund war des, weiter nix.

Meiner Mutter ist es irgendwann schon komisch vorgekommen, dass ich nie was mit Mädchen angefangen hab. »Du musst dir jetzt auch amal eine suchen«, hat sie gesagt.

Hermann mit seiner Mutter, Sommer 1951

»Bist doch ein Kerl und verdienst gut.« Die hat's eigentlich gar nicht schlecht gemeint, aber sie wollt natürlich auch, dass ich eine zum Heiraten find und dann auszieh, damit sie wieder ihre Ruh hat. Also hat sie irgendwann eine junge Kollegin aus der Stanzerei mit heimgebracht, Lotte hat die geheißen, mit der hat sie mich verkuppelt. Die hab ich eigentlich gar nicht gemocht, die war überhaupt net mein Typ, aber ich wollt halt meiner Mutter einen Gefallen tun. Und ich hab ja immer noch versuchen wollen, ob des nicht doch geht mit einer Frau. Na ja, die Lotte hat mir schöne Augen gemacht, der hätt ich schon getaugt. Äußerlich hat man mir ja nix angesehen, ich war richtig männlich, da hat keiner was gemerkt. Und die Lotte, die wollt halt unbedingt einen Mann abkriegen. Wir waren dann ab und zu im Kino oder in der Eckwirtschaft. Irgendwann sind wir dann an einem Sonntag am Valznerweiher spazieren gegangen und haben im Biergarten ein paar Seidle getrunken. Und zu jedem einen Schnaps hinterher. Da war ich dann so weit. Bei der Lotte war keiner daheim, und wir sind miteinander ins Bett von ihren Eltern gegangen. Ich kann gar nimmer sagen, wie oder warum, aber da hat's zum allerersten Mal bei mir geklappt, obwohl die mir doch eigentlich gar nicht gefallen hat. Da war ich so froh, einen Luftsprung hätt ich machen können. Des geht doch! Jetzt hab ich den Dreh raus! Vielleicht, hab ich gedacht, wird jetzt alles anders, und ich bin doch ein echter Mann.

Aber beim nächsten Versuch war's wieder nix, und die nächsten paar Male auch nicht. Und dann kommt die Lotte und sagt mir, sie ist schwanger. Zum allerersten Mal Verkehr hab ich mit der gehabt – und hab sie gleich »obrennt«! Mein lieber Herr Gesangsverein, so viel Glück muss einer haben! Ja, wie hat das denn jetzt weitergehen sollen? Ich hab die Lotte von da an nimmer anfassen können. Mit dem Reden, des war auch nix, sie hat nix weiter gesagt, und ich auch net. Wir waren aber noch offiziell beieinander. Ich wollte sie eigentlich nicht heiraten, und sie mich dann auch nimmer. Vielleicht hat sie ja gemerkt, dass an mir was anders war. Manchmal hat sie mich ganz scheel angeschaut. Sie hat dann das Kind gekriegt, es war ein Mädchen. Des hab ich genau einmal im Arm gehabt. Dabei hab ich mich schon richtig wohl gefühlt, weil das ja die Bestätigung dafür war, dass ich ein Kind zeugen kann wie alle Männer. Ich hab schon überlegt, sollen wir doch heiraten, aber gleich danach hat mir die Lotte gesagt, dass sie mit mir Schluss machen will und ich für das Kind zahlen soll. Des hat mich schon arg getroffen, aber ich war auch froh drum. Also haben wir uns voneinander getrennt. So war des, und es stimmt schon: Kupplerei hält net, des sagt man doch immer. Ja, alles, was meine Mutter an mir getan hat, war nix.

Später hab ich erfahren, dass die Lotte gleich nach der Geburt zu ihrer besten Freundin gesagt hat: »Der muss bluten, den zieh ich aus bis auf die Unterhosen! Zahlen soll der, bis er schwarz wird.« Des hat mir schon weh getan – die 35 Mark, die ich ihr jeden Monat geben hab müssen, waren damals ein Haufen Geld, aber ich war schließlich der

Hermann als Zwanzigjähriger

Kindsvater, und dem Kind hat es auch nicht schlechtgehen sollen. Des hat ja für gar nix was gekonnt.

Ein Gutes hat des alles gehabt: Über die Lotte hab ich dann meine Edith kennengelernt. Ich bin nach der Geburt einmal zu ihr und hab ihr das Unterhaltsgeld gebracht, und da sitzt auf dem Küchenstuhl ein wunderschönes Wesen. Schöne, schwarze, lange Haare! Große Augen! Ein rosa Kleid hat sie angehabt und Schuhe mit hohen Absätzen. Wie ein Märchen, einmalig! Die Lotte hat uns vorgestellt: »Des ist der Hermann, mein Kindsvater. Und des ist meine Freundin Edith, die Patin von der Kleinen.« Die hat mich so lieb angeschaut, dass ich kaum ein Wort herausgebracht hab. »Grüß dich Gott, Edith«, hab ich gesagt, »des freut mich.« Und gedacht hab ich: Des ist die Erlösung! Jetzt komm ich um die Kurve! Bei der fühl ich mich nimmer als Frau, die hilft mir, die heilt mich von dem Gschmarri!

Ja, für mich hat's in meinem ganzen Leben nie eine schönere Frau gegeben, nie. Wie ein Engel! Und des war die Edith auch innerlich. Ein Engel. Eine Frau, sagenhaft! Die hat mich genommen, obwohl sie das mit der Lotte und dem Kind gewusst hat, des muss man sich amal vorstellen. Andere hätten einen Bogen um einen wie mich gemacht, aber die Edith, die hat mir das nachgesehen. Eine Traumfrau war des, wirklich wahr. Ich hab sie erst zum Kaffee eingeladen und dann ins Kino, und so sind wir zusammengekommen.

Ein halbes Jahr sind wir miteinander gegangen, bevor wir Verkehr gehabt haben, die Edith war so anständig, die wär nie gleich mit mir ins Bett. Ich hab so gehofft, dass alles gutgeht, und tatsächlich hat's geklappt mit dem Verkehr. Aber nicht so, wie ich mir's vorgestellt hab. Es war nämlich doch ein Trugschluss, dass ich geglaubt hab, die Edith macht mich jetzt zum Mann. Ich hab trotzdem immer noch eine Frau sein wollen, der innere Drang war einfach stärker als mein Wille. Und plötzlich war mir klar: Des kannst du der Edith net antun. Ich hab solche Gewissensbisse gekriegt, ich wollt die Edith doch net unglücklich machen. Die hab ich so lieb, dass ich ihr die Enttäuschung ersparen will, hab ich mir gedacht. Des hat die net verdient. Na ja, und darum hab ich ihr dann gesagt: »Edith, des wird nix mit uns. Es liegt net an dir, ganz bestimmt, und ich hab dich auch gern. Aber es geht halt einfach net.«

So sind wir dann auseinandergegangen, und ich war bloß noch niedergeschlagen. Da hab ich so große Hoffnungen gehabt, aber es war einfach umsonst. Die Edith hat mich auch nicht ändern können, obwohl sie doch meine Traumfrau war.

Dann eines Tages, wir waren schon fast ein Vierteljahr auseinander, da kommt in der Arbeit die Liesel aus der Galvanik zu mir, eine Arbeitskollegin von der Edith. »Ich soll dir was ausrichten: Die Edith will mit dir reden!« Da hab ich mich wirklich gefreut. »Selbstverständlich«, hab ich gesagt, »herzlich willkommen.« Dann haben wir uns getroffen, auf dem Dächle, wo wir sonst immer in der Mittagspause gevespert haben. »Ja, Edith«, hab ich gefragt, »was ist denn los?« Da hat sie gemeint: »Hermann, ich muss dir des sagen: Ich bin schwanger.« Mich hat bald der Schlag getroffen, ich hab gar nix zur Antwort geben können, bloß ein »Entschuldigung« hab ich herausgebracht. Und dann ist die ganze Erinnerung wieder über mich gekommen an meine elende Kindheit, wie schlimm des alles war, ohne einen Vater und ohne eine richtige Mutter. Und die Edith, die hat sich so gefürchtet vor ihrem Vater. »Der erschlägt mich«, hat sie gejammert. Ja, du lieber Gott, ich wollt doch nicht, dass es der Edith schlechtgeht, und noch viel weniger, dass sie unser Kind vielleicht weggeben muss und dass es dann so viel leiden muss wie ich. Des hätt ich net auf mein Gewissen nehmen können.

Also hab ich der Edith einen Antrag gemacht, gleich dort droben auf dem Dächle vom Schuckert. »Wenn du einverstanden bist, Edith«, hab ich gesagt, »dann heiraten wir vorher. Das Kind soll net außerehelich auf die Welt kommen.« Die Edith war dann auch einverstanden. Na ja, besonders romantisch war des net, das geb ich schon zu. Aber es war damals das Richtige, und ich hab's nie bereut.

Drei Tage drauf haben wir das Aufgebot bestellt, es musste ja alles ganz schnell gehen, bevor man die Schwangerschaft sieht und damit der Edith ihr Vater nix merkt. Da hat's zuerst ein großes Problem gegeben. Die Edith ist nämlich in Beuthen geboren, in Oberschlesien. Flüchtlinge waren des, die ganze Familie. Und die Geburtsurkunde ist bei der Vertreibung verlorengegangen. Das war ein Hin und Her, bis wir nachweisen haben können, dass die Edith Deutsche ist. So ein Krampf, als ob des wichtig wäre beim Heiraten, wo einer herkommt. Aber wir haben's geschafft, und dann konnten wir einen Hochzeitstermin festlegen.

Wie es auf den entscheidenden Tag zugegangen ist, hab ich mich immer schlechter gefühlt. Jetzt werd ich Ehemann und Vater, hab ich mir gedacht, und weiß doch gar net, wer ich überhaupt bin. Manchmal hab ich mich ausgezogen und vor den Spiegel gestellt, und dann hab ich einfach nur ein Mannsbild gesehen. Des hat mich jedes Mal fertiggemacht. Ganz durcheinander war ich. Am Tag vor der Hochzeit war es am schlimmsten. Ich hab mich heimlich in die Wohnung von meiner Schwiegerfamilie geschlichen, als die noch irgendwo bei den Vorbereitungen waren. Ich hab gedacht, des wird jetzt das letzte Mal sein, dass du dich als Frau geben kannst. Dann hab ich der Edith ihr Hochzeitskleid angezogen – des hat zwar hinten und vorn net gepasst, aber ich hab mich irgendwie reingezwängt – und hab ein Kopftüchle aufgesetzt. Ich hab mich im Spiegel angeschaut und mir vorgestellt, ich würde geheiratet werden und geliebt und umsorgt von meinem Mann. Rotz zu Wasser hab ich geheult, so verzweifelt war ich. Und Angst hab ich gehabt, wie denn des alles bloß werden soll. Dass alles in einer Katastrophe endet. Ich hab sogar daran gedacht, alles aufzugeben, einfach fortzugehen, irgendwohin. Aber das konnt ich doch der Edith nicht antun, dass ich vor ihr davonlauf. Mit schwerem Herzen hab ich mich am End wieder ausgezogen und beschlossen, mein Geheimnis mit in diese Ehe zu nehmen.

Also haben wir geheiratet, am 4. Oktober 1952, in der Gustav-Adolf-Kirche in Nürnberg. Es war ein schöner, feierlicher Gottesdienst. Meine Mutter war dabei und der Erwin und die Familie von meiner Braut. Mit denen sind wir dann zum Feiern heim. Die haben damals noch in einer Flüchtlingsunterkunft gehaust, in einem Zimmer mit 20 Quadratmetern für die ganze Familie: die Eltern, die Edith und ihre zwei Geschwister. Dort haben wir nach der Hochzeit beieinandergesessen. Als Geschenke haben wir bekommen: ein altes Bügeleisen, eine Brotschneidmaschine zum Kurbeln und eine Zinkwanne mit Blumen drin. Es wurde dann spät, und irgendwann bin ich aufgestanden und hab gesagt: »Jetzt geh ich heim.« Da hat meine Schwiegermutter ge-

Hochzeit mit Edith 1952

meint: »Das kommt überhaupt nicht in Frage. Ihr zwei seid jetzt verheiratet, und du musst bei deiner Frau bleiben!«

Da hab ich natürlich nicht widersprechen können. Und so haben wir dann unsere Hochzeitsnacht verbracht: Sechs Leute auf fünf Matratzen in einem Raum. Ja, so stellt sich heut keiner mehr das Heiraten vor. Aber für uns war's trotzdem schön. Wir haben uns ja liebgehabt, und von da an haben wir zusammengehört.

Mein Schwiegervater hat danach immer felsenfest daran geglaubt, wir hätten unser Kind in dieser Nacht gezeugt. Was anderes hat er gar nicht wissen dürfen. Der war ja ganz streng katholisch. Aber sonst war der Josef ein herzensguter Kerl. Er ist auf dem Rückzug von der Ostfront schwer verwundet worden, in Danzig ist ihm eine Granate mitten ins Gesicht explodiert. Ganz schlimm entstellt hat er ausgesehen, und er ist dann auch zwei Jahre später an den Folgen der Verletzung gestorben, mit 47. Ich hab mich gut mit ihm verstanden und sein Tod hat mir sehr leidgetan. G'scheit gereut hat mich der arme Mensch, des war ein Vater, wie ich ihn mir gewünscht hätt.

Gleich nach der Hochzeit hab ich mich aufgemacht, um ein Zimmer für die Edith und mich zu finden, damit wir zusammenwohnen konnten. Des war gar nicht so leicht. Billig hat es sein sollen, und die Vermieter durften um Gottes willen nichts von der Schwangerschaft wissen, sonst hätten wir nie was gekriegt. Da war ich froh, als ich endlich ein kleines Zimmer für uns zur Untermiete ergattert hab.

Damals haben viele Leute noch untervermietet, weil sie das Geld gebraucht haben, vor allem viele Frauen, denen der Mann im Krieg geblieben war. Unser Vermieter war aber ein älterer Mann, der Herr Grief. Bei dem sind wir dann eingezogen, in die Gabelsberger Straße 68. In dem Zimmer standen ein Bett, ein Stuhl und ein Herd zum Kochen, das war alles. Wir haben dann auf Pump einen Tisch erstanden, der hatte eine Schublade mit zwei Schüsseln zum Abwaschen. Fünf Mark haben wir jeden Monat abbezahlt. Danach haben wir wieder auf Raten einen Schrank gekauft, bis dahin hingen unsere Kleider einfach an Nägeln an der Wand, das ging auch. Ja, und so ist eins zum anderen gekommen. So ist das halt, wenn man nix hat. Aber wir waren zufrieden. Und wir haben uns auf des Kind gefreut.

Wie dann die Schwangerschaft bei der Edith schon sichtbar war, hat mich unser Vermieter drauf angesprochen: »Sie, das haben Sie mir verschwiegen!« – »Ach, Herr Grief«, hab ich da gesagt, »wir haben des Zimmer doch so notwendig gebraucht. Und wenn Sie's gewusst hätten, hätten Sie uns nie und nimmer zur Untermiete genommen. Haben Sie halt ein Einsehen!« Gezittert hab ich schon, dass er uns rausschmeißt. Aber er hat sich dann tatsächlich erweichen lassen. Da ist mir ein riesengroßer Stein vom Herzen gefallen. Sonst hätten wir noch wie Maria und Josef auf Herbergssuche gehen müssen.

Im März 1953 war das Wernerle dann da. Ich bin beinah geplatzt vor Stolz. Ein Sohn! Ich hab mir gedacht, jetzt ist der Spuk vorbei. Jetzt kann ich als Mann leben. So vernarrt war ich in den Buben, dass ich mich sogar mit meiner Schwiegermutter gestritten hab. Sie war nämlich die Patin, und es ist ja schon immer so gewesen, dass einen der Pat zum Taufstein trägt. Aber ich hab mir des nicht nehmen lassen, ich hab meinen Sohn selber getragen und übers Wasser gehalten. Da war die Elfriede beleidigt, aber sie hat dann schon verstanden, dass ich das bloß aus lauter Liebe gemacht hab.

Damals waren wir miteinander glücklich, die Edith und ich und der Bub. Ich hab mich auch wirklich zusammengerissen, hab gekämpft. Ich wollt unbedingt diesen Drang verlieren. Für mein Wernerle, hab ich mir gedacht. Und eine Zeitlang ging es dann auch. Der kleine Zwetschger hat uns ja ganz schön auf Trab gehalten in den ersten Wochen. Wir saßen in unserem Zimmer und wollten eigentlich mucksmäuschenstill sein, damit unser Vermieter sich nicht belästigt fühlt. Aber so ein kleiner Wurm schreit halt, wenn er Hunger hat oder wenn ihm in der Windel der Bobbers weh tut. Ich muss sagen, der Herr Grief hat sich damals hochanständig verhalten. Der hat sich nicht beschwert und hat uns auch nicht gekündigt. Ein feiner Mann war der.

Ich bin dann aber trotzdem auf die Suche nach einer anderen Wohnung gegangen. Wir haben uns ein eigenes Bad gewünscht, mit Toilette, das war das Wichtigste. Zufällig haben sie damals vis-à-vis von uns gebaut, und ich hab mich für eine Wohnung in dem neuen Haus beworben.

Viel Hoffnung hab ich ja nicht gehabt, aber der Mensch muss halt auch einmal Glück haben. Und tatsächlich, das Wernerle war kaum ein paar Monate alt, da konnten wir in unser erstes richtiges Heim einziehen, eine Einzimmerwohnung in der Gabelsberger Straße 67, im Parterre. Vierundzwanzig Quadratmeter! Ein Schlafzimmer zum Hof hin und eine kleine Wohnküche, alles schön hell. Und tatsächlich: Ein extra Bad mit Toilette! Wir haben uns gefühlt wie im Paradies. Möbel und Hausrat hatten wir nicht viel, aber es hat gelangt. Das Beste war sowieso das Kinderbettchen, das der Onkel Julius, der Bruder von meiner Mutter, für das Wernerle gebaut hat. Das Bettle haben wir dann in der Küche aufgestellt. Und dann war da noch unser einziger Luxus: Ein altes Radio, das hat uns unser Vermieter zum Abschied geschenkt. Da sind wir jeden Abend davor gesessen, des war unsere Unterhaltung. Den Kulenkampff, den haben wir gern gehört als Sprecher, und natürlich den Peter Frankenfeld. Und da gab's beliebte Hörspiele. Zu »Gestatten, mein Name ist Cox« sind immer die Nachbarn zu uns gekommen, damals hat man sich halt vor dem Radio getroffen, später war es dann das Fernsehen.

Die schöne Wohnung konnte ich natürlich nicht allein bezahlen, da hätte mein Verdienst nicht gelangt. Also hat die Edith mitarbeiten müssen. Der Schuckert war damals schon eine moderne Firma, das glaubt man nicht. Da gab es einen Kinderhort, auch für die ganz Kleinen. In den fünfziger Jahren, da hat man die Frauen gebraucht in der Industrie, es waren ja so viel Männer im Krieg geblieben.

Da haben sich die Firmen wie Siemens oder MAN eben was überlegen müssen. Die Edith hat also das Wernerle abgestillt, das ist ihr schon schwergefallen. Aber der Bub hat sein Milupa gern genuckelt und hat überhaupt keine Schwierigkeiten gemacht. Obwohl er damals grad erst zwei Monate alt war. Er hat sich brav abgeben lassen bei den Kindergärtnerinnen, und die Edith hat Vollzeit arbeiten können. Abends sind wir dann zu dritt einträchtig heimwärts marschiert, mit einem alten Kinderwagen aus Plastikgeflecht, den wir gebraucht von einer Nachbarin erstanden haben und auf den ich vier Rädle vom Trödler montiert hab.

Das war eine schöne Zeit. Zum ersten Mal in meinem Leben hab ich erlebt, was eine Familie ist. Viel haben wir nicht gehabt, außer uns selber. Mit den Eltern und den Geschwistern von der Edith waren wir oft beieinander, die haben uns immer geholfen, wo es ging. Meine Mutter hat sich wenig blicken lassen, die war froh, dass ich jetzt woanders untergekommen bin. Ihr erster Enkelsohn hat sie genauso wenig interessiert wie ihre eigenen Kinder, aber ich hätt auch gar nicht gewollt, dass unser Wernerle öfter bei ihr ist. Die hat immer bloß an sich selber gedacht. Und der Erwin, der war damals recht mit sich beschäftigt. Ich weiß net, warum, aber er hat einfach die Edith net gemocht. Heut glaub ich, dass er vielleicht eifersüchtig war auf unser Glück, weil er selber noch keine Familie gehabt hat. Wenn er da war, hat er an allem was auszusetzen gehabt.

Des hat sogar das Wernerle gespürt, der Bub hat schon gebrüllt, wenn er ihn bloß gesehen hat. »So ein Fratz«, hat der Erwin dann gesagt. Ja, mein Bruder, der hat halt auch viel mitgemacht als kleines Kind, das hat ihn später dann bitter werden lassen.

Weil die Edith und ich zu zweit verdient haben, haben wir uns bald zwei gebrauchte Fahrräder leisten können, das war eine prima Sache. Ich hab ein Kindersitzchen gebastelt, ähnlich wie ein Körble, da konnte das Wernerle drin erst so halb liegen und später dann sitzen und sich mit beiden Händchen am Lenker festhalten. So sind wir im Sommer am Sonntag – Samstag war ja noch Arbeitstag – zum Flachweiher gefahren oder zum Silbersee. Die Edith hat Vesperbrote geschmiert, eine karierte Decke haben wir auf den Gepäckträger geschnallt, und los ging's. Am See hat's in einer Bude Getränke und Wurstweckle gegeben, da haben wir uns manchmal ein Bier oder ein Radler gegönnt. Die Edith hat für sich einen himmelblauen Badeanzug gehäkelt aus einer speziellen Wolle, die sich im Wasser zusammenzieht, und ich hab eine alte Hose kurz abgeschnitten, und dann haben wir mit dem kleinen Nackichfrosch geplanscht, hei, das war eine Gaudi! Richtig schwimmen konnten wir nicht, das hat uns keiner gelernt, als wir Kinder waren. Es gab ja noch kaum Freibäder oder gar Hallenbäder. Ich hab als Bub in der Pegnitz den Hundstrab gelernt, das war schon alles. Hauptsache, oben bleiben. Tja, und dass Baden nicht ungefährlich ist, auch wenn man schwimmen kann, das haben wir damals miterlebt, am Silbersee. Ein dicker Mann ist hinausgeschwommen, gewunken hat der noch zu den Leuten am Ufer, und dann war er auf einmal weg. Der Besitzer von der Bierbude und sein Sohn sind dann an die Stelle hingekrault, die konnten das, und haben ihn herausgeholt. Aber da war er schon tot. Erst viel später haben die Nürnberger erfahren, dass der Silbersee ein kreuzgefährlicher Badesee ist. Der ist ja entstanden aus der Baugrube für das »Deutsche Stadion« vom Adolf, und bei Kriegsende hat man da Kampfstoffe und anderes Zeug hineingekippt, Nervengifte waren angeblich auch dabei. Als sich der See danach mit Grundwasser gefüllt hat, sind dann immer wieder giftige Blasen hochgestiegen und haben die Leute betäubt, die im Wasser waren. Da sind damals regelmäßig Menschen so zu Tode gekommen, und alle haben gedacht, die konnten halt nicht richtig schwimmen oder haben einen Hitzschlag gekriegt. Dabei waren die vergiftet! Wir sind jedenfalls nach diesem Erlebnis nicht mehr hingefahren.

Und dann kam einmal eine gute Nachricht: ein Schreiben vom Vormundschaftsamt. Die Lotte, die Mutter von meinem unehelichen Kind, hat geheiratet, und ihr Mann will das Mädchen adoptieren, hat es geheißen. Die haben gar nicht gefragt, ob ich einverstanden bin. Aber freilich wär ich einverstanden gewesen! Und wie! Damit sind dann die 35 Mark monatlich weggefallen, die ich für die Kleine hab bezahlen müssen. Jetzt können wir des Geld für unser Wernerle verwenden, hab ich zur Edith gesagt, die Sache ist abgeschlossen, und für das Mädle ist gesorgt. Das war eine Erleichterung!

Um diese Zeit hab ich auch meinen Erzeuger zum letzten Mal gesehen. Der hat mich abgepasst nach der Arbeit, hat auf mich gewartet vorm Werkseingang vom Schuckert. Er wollt, dass ich mit ihm mitfahre auf Kerwa nach Wunsiedel, weil ihn sein Bursch hat hocken lassen. Da hat er mich gebraucht. Und ich, weil ich so gutmütig war, hab gesagt, also gut, ich helf dir. Am Wochenende sind wir dann losgefahren, immer noch mit dem alten Hanomag. Ich hab gedacht, jetzt hat der Büttner Respekt vor mir, schließlich bin ich jetzt erwachsen und steh auf eigenen Füßen und hab eine Familie. Aber es war genauso wie früher: Er hat mir nicht getraut, mich bloß verächtlich gemacht, und Geld hat er mir am Schluss auch keins geben wollen. Da hab ich gesagt: »Mit dir will ich nie mehr was zu tun haben, du hast nix dazugelernt. Du brauchst nie mehr zu mir kommen!«

Und so war's dann auch. Das war das letzte Mal, dass ich den Büttner gesehen habe. So einen Vater braucht keiner.

Einen anderen Abschied hat's bald darauf auch noch gegeben. Meine Mutter ist im Herbst zu uns in die Wohnung gekommen: »Ich wollt dir bloß sagen, deine Pflegemutter ist gestorben. Die Beerdigung ist übermorgen, und der Erwin geht hin.« Ich war ganz wie vom Schlag gerührt. Die Tyrannin lebt nimmer, war mein einziger Gedanke. Alles ist da wieder hochgekommen, die ganze Angst, in der ich immer vor der Frau gelebt hab, so viele Jahre lang.

Da sind mir die Tränen gekommen. »Um die brauchst du nicht greinen«, hat die Edith zu mir gesagt, die wusste ja alles über meine Kindheit. Dabei hab ich gar nicht um die Schmidti geweint, sondern um mich selber.

Erst wollte ich nicht zur Beerdigung, aber die Edith hat gemeint: »Des gehört sich so. Und im Tod sind alle gleich, die Bösen und die Guten.« Also bin ich hin. Der Kurt war da, die Tochter mit ihrem Mann, die Hilde mit ihrem Verlobten und sonst noch ein paar, die ich nicht gekannt hab, des waren bestimmt welche von den Mormonen, aber genau weiß ich des nicht, des ist ja immer ganz geheimnisvoll gegangen mit denen. Der Erwin und ich sind in der hintersten Bank von der Aussegnungshalle gesessen und haben uns abseits gehalten. Am Schluss ist dann der Kurt auf uns zugekommen, ganz alt und klapprig war der inzwischen und ist am Stock gegangen. »Dank schön, dass ihr gekommen seid, das ist anständig von euch«, hat er gesagt. Und: »Ich weiß schon, dass ihr viel habt aushalten müssen.« – »Hätt'st uns halt geholfen, damals«, hab ich zur Antwort gegeben. Da hat er genickt, vor lauter schlechtem Gewissen.

Nach der Aussegnung hat uns die Hilde eingeladen zum Leichenschmaus. Also sind wir in der Wirtschaft um den Tisch gesessen, alle miteinander, und haben nicht gewusst, was wir reden sollen. Schöne alte Geschichten hat ja keiner erzählen können. Wir haben gekochtes Rindfleisch mit Kartoffeln und Meerrettich gegessen und vorher eine Nudelsuppe. Ja, des war das erste und letzte Mal, dass die

Schmidti mir und dem Erwin zu einer ordentlichen Mahlzeit verholfen hat.

Danach haben wir die Familie nie mehr gesehen. Wann der Kurt gestorben ist, weiß ich nicht, da hat uns niemand mehr benachrichtigt. Die arme Sau hat auch kein schönes Leben gehabt. Ich seh ihn heut noch ganz zusammengesunken am Küchentisch sitzen und vor sich hin singen, immer dasselbe Lied, des ist so gegangen: »Das Band zerrissen / und du bist frei, ja frei / und deine Liebe / war Heuchelei.« Wie er das seiner Frau gegenüber gemeint hat, hab ich erst als Erwachsener begriffen.

In dieser ganzen Zeit hab ich versucht, mich der Edith gegenüber als Mann zu benehmen. Ich hab sie beschützt und umsorgt, so gut ich konnte. Aber mir ist schon bald eins aufgegangen: Es war ein totaler Irrtum, zu glauben, dass jetzt alles anders mit mir würde. Weder die Edith hat mich von meinem inneren Zwang heilen können noch mein Sohn. Ich hab also wieder damit angefangen, mich vor dem Spiegel zu verkleiden, es ging einfach nicht anders. Ich hab mein Geheimnis vor meiner eigenen Frau versteckt, mein Innerstes hab ich vor ihr verborgen. Und dabei bin ich mir vorgekommen wie ein Verbrecher. Des war ein ständiger Kampf in der Seele. Ich bin ein schlechter Mensch, hab ich mir jeden Tag gedacht, und trotzdem hab ich mich nicht beherrschen können.

Einmal, da ist es ganz plötzlich aus mir herausgebrochen, und ich hab zur Edith gesagt: »Ich weiß gar net, was mit mir los ist, ich will immer eine Frau sein, was ist denn des?« Die Edith hat überhaupt nicht gemerkt, wie ernst es mir war. Sie hat bloß gelacht und den Kopf geschüttelt, als hätt ich ihr einen Witz erzählt. Da hab ich mich nicht mehr getraut, weiterzureden. Ich hab viel zu viel Angst gehabt, dass sie mich verabscheut, wenn sie Bescheid weiß. Dass dann meine Familie auseinanderbricht. Und die war mir doch das Wichtigste auf der Welt.

So haben wir halt gelebt und das Wernerle großgezogen. Die Zukunft hat uns keine Angst gemacht, wir haben gedacht, mit dem Krieg haben wir das Schlimmste schon hinter uns, schlimmer kann es nie mehr kommen. Wir hatten eine sichere Arbeitsstelle, das kann heut so mancher nicht mehr von sich sagen. Überall ging es aufwärts damals, wir hatten doch das Wirtschaftswunder. Der Erhard mit seiner Zigarre, der hat uns wieder hochgebracht, der und die Amis. Keiner hat mehr hungern müssen, und alle hatten wieder ein Dach über dem Kopf. Einfach haben wir schon gelebt, aber wir hatten ja auch keine Ansprüche. Als dann die 45-Stunden-Woche eingeführt wurde, das muss so 1957 gewesen sein, das Wernerle war noch längst nicht in der Schule, da hatten wir sogar den Samstag frei! Wir haben erst gar net gewusst, was wir mit der freien Zeit anfangen sollen! Aber wir haben uns nicht auf die faule Haut gelegt, im Gegenteil. Wir wollten doch was schaffen, was erreichen!

Ich hab mir also auf dem Amt einen ambulanten Gewerbeschein geholt. Dann bin ich von Haus zu Haus gegangen und hab Blindenseife verkauft. Einmal hab ich mich so gefreut, das war bei der Coca-Cola-Filiale in der Ostendstraße, die haben mir gleich einen ganzen Karton Seife abgenommen! Später hab ich einen Italiener kennengelernt, den Vincenzo, der hat Gipsfiguren hergestellt, die hab ich bei den Amerikanern verkauft und auf Märkten. Da ließ sich auch ein bissle Geld verdienen. Das waren aber alles bloß vorübergehende Projekte, bis ich eines Tages auf die Idee kam, eine Imbissbude aufzumachen. Gedacht, getan. Ich hab als Erstes einen kleinen Stand selber gebaut. Und dann sind die Edith, das Wernerle und ich jedes Wochenende auf einem Rex-Moped mit Anhänger (das Wernerle vorn bei mir, da tät uns heut ja die Polizei einsperren!) auf Märkte gefahren. Fischweckle haben wir verkauft, Süßigkeiten, alkoholfreie Getränke und Joppa-Eis. Es hat nicht lang gedauert, da hat mir ein Schausteller eine schöne Bude angeboten, sechs Quadratmeter und mit Beleuchtung, damit konnten wir auf richtige Kirchweihen gehen. Ich hab dann immer ein Tonband mitgenommen, das war der Hit! Des hat die Kundschaft angelockt. Ich weiß noch genau, damals hab ich immer Freddy Quinn mit seinem Schlager »Heimweh« gespielt, rauf und runter. Da sind die Leute haufenweise um unsere Bude gestanden, haben ihre Fischweckle gegessen und mitgesungen. Oft waren wir schon eine Stunde vor Ende ausverkauft. Und die Bürgermeister von den Nachbardörfern haben uns Angebote gemacht, dass wir auch zu ihnen kommen. Das war kein schlechtes

Geschäft, ich hab auch immer genau darauf geschaut, dass wir nie gleichzeitig mit meinem Erzeuger auf einer Kerwa waren. Aber anstrengend war es schon, die ganze Woche in der Fabrik arbeiten und Samstag, Sonntag dann auch noch. Freizeit haben wir da keine mehr gehabt. Und dann, als ich angefangen hab, bei der Abrechnung genauer hinzuschauen, ist mir aufgefallen, dass trotz der guten Einnahmen von dem ganzen Geld kaum was übrig geblieben ist. Schuld waren die Unkosten. Zu der Zeit hatte ich ja noch keinen Führerschein, und deshalb musste ich meine Bude jedes Mal mit der Spedition transportieren lassen. Dazu sind noch die Kosten für Platzgeld und Strom gekommen und die Miete für das Einlagern der Bude im Winter. Am Ende hab ich einsehen müssen, dass sich die Sache nicht rentiert. Und in der ganzen Zeit war da ja auch immer der Druck, dass ich eine Frau sein wollte. Des war einfach zu viel. Ich hab dann zur Edith gesagt, komm, lassen wir's. Des Geld muss halt auch so reichen.

So ab 1958 hab ich dann Gott sei Dank besser verdient, wir konnten uns dann schon ein bissle was leisten. Da sind wir dann einmal im Monat am Freitagabend in den Schwarzwälder Hof zum Tanzen. Oder wir sind den ganzen weiten Weg durch den Wald zum Meßthaler nach Maiach gelaufen, das war damals ein bekanntes Tanzlokal. Ein paarmal sind wir sogar bis nach Schwabach, ins Tanzcafé Nobis, aber da waren uns zu viel Amerikaner, die haben oft geschlägert. Im Reichelsdorfer Keller, da hat man auch prima schwofen können. Da war's immer brechend voll wegen der guten Musikgruppen: Die »Morinos«, an die kann ich mich noch besonders gut erinnern, das waren die Besten. Im silbernen Smoking sind die damals aufgetreten, mit Fliege, sagenhaft elegant! Am Sonntagnachmittag war dort Tanztee, da sind wir auch manchmal hin. Viel haben wir uns dabei nicht gegönnt, die Edith ein Gläschen Rotwein und ich ein Seidle Bier. Das hat den ganzen Abend langen müssen. Wenn wir zwischendrin Durst gehabt haben vom Tanzen, sind wir aufs Klo und haben aus dem Wasserhahn getrunken, so sparsam waren wir. Ich hab immer gut tanzen können, jeden Tanz hab ich gekonnt: Foxtrott, Polka, Walzer rechts- und linksrum. Einmal, da haben sie einen Galopp gespielt, und plötzlich waren die Edith und ich allein auf der Tanzfläche. Hin und her sind wir, bis die Musik einen Tusch gespielt hat, und dann haben alle um uns herumgestanden und applaudiert. Die Edith ist ganz rot geworden, aber mich hat's gefreut. Herrschaftszeiten, war ich damals stolz auf meine hübsche Frau! Ja, des war schon ein Anblick, die Edith im selbergenähten Petticoat! Mit Lippenstift geschminkt, einer falschen Perlenkette und teuren, kunstgestopften Nylonstrümpfen mit Naht! Und ich daneben, im Anzug mit Schlips und Windsorknoten, und mit Haifischkragenhemd! Wir waren ein schönes Paar. Mir hat ja keiner angesehen, dass ich die Nylonstrümpfe am liebsten selber getragen hätt. Einmal hab ich's sogar probiert, aber die waren ja so dünn, dass ich Angst bekommen hab, ich zerreiß die, oder es gibt eine Laufmasche. Dann hätt womöglich die Edith was gemerkt.

Ins Kino sind wir auch öfter gegangen. Wir haben gern amerikanische Filme gesehen mit der Monroe oder der Liz Taylor oder Hitchcock-Krimis und Western wie »Zwölf Uhr mittags«. Die deutschen Heimatfilme haben uns auch gut gefallen, »Der Förster vom Silberwald« oder später »Das Wirtshaus im Spessart«. Und natürlich dann »Sissi« oder »Die Halbstarken« – die Edith hat danach wochenlang für den Horst Buchholz geschwärmt. Das ist ein Kerl, hab ich mir damals gedacht, der will bestimmt keine Frau sein.

Irgendwann um diese Zeit muss es auch gewesen sein, dass ich mir aus dem Leihhaus eine Quetsche gekauft hab, nur so zum Spaß. Des hat mir einfach gefallen, und ich hab auch jeden Abend geübt. Richtig gut bin ich geworden, ich hab sogar manchmal im Wirtshaus gespielt, einen Musettewalzer oder die Lili Marleen. Ja, Musik, des war immer meins, seit ich von der Schmidti damals zu Weihnachten die Mundharmonika gekriegt hab.

So ab Ende der fünfziger Jahre ging es auch los mit meiner Leidenschaft für Schallplatten. Die ersten hab ich gekauft, da hatte ich noch nicht einmal einen Plattenspieler, ich bin zum Anhören immer zu einem ehemaligen Arbeitskollegen gegangen, dem Leinbergers Hans, der hatte einen ganz modernen Radioschrank zum Aufklappen. So was sündhaft Teures hätte ich mir damals nicht leisten können, aber der Heinz, der war Stuckateur am Bau und hat viel schwarz gearbeitet. Der war immer flüssig. Wir haben dann zu zweit dagesessen, Zigaretten geraucht und immer wieder dieselben paar Lieder gehört. Elvis Presley war für uns ganz groß, von dem hatten wir mehrere Platten. Viele junge Männer haben ihre Haare dann so frisiert wie er, ich auch. Die Tolle musste man mit Haaröl machen, des hat so süßlich gerochen. Wir haben damals immer gesagt: »Am Samstag ist Ölwechsel«, wenn wir sie zum Fortgehen neu eingeölt haben.

Ein zweites Kind ist nicht gekommen, na ja, von nix kommt halt auch nix. Wir haben kein richtiges Eheleben gehabt, die Edith und ich. Sie hat sich nie beschwert, aber mich hat des schon belastet. Im Bett, des war für mich eine schwierige Sache. Ich hab eigentlich wenig Bedürfnis danach gehabt. Es war ja auch jedes Mal unsicher, ob ich überhaupt wieder in der Lage dazu bin. Die Situation wollt ich am liebsten vermeiden, ich wollt mich net blamieren und mir und ihr eine Enttäuschung ersparen. Es war mehr eine Frage des Anstands der Edith gegenüber, dass ich manchmal mit ihr Verkehr gehabt hab, ich hab mir halt gedacht, die will des bestimmt und ich muss doch wieder amal. Des gehört doch zu einer Ehe dazu. Gegangen ist es dann auch bloß, wenn wir nicht in der Missionarsstellung waren, sondern wenn sie oben lag. Und damit ich zum Höhepunkt kommen konnte, hab ich mir immer vorstellen müssen, dass ich die Frau bin und dass ich jetzt befruchtet werde. So ist das gewesen.

Aber des mit der Befruchtung ist natürlich dann genau

andersherum gekommen: Die Edith war wieder schwanger, nach mehr als fünf Jahren. Und was soll ich sagen, wir haben uns wieder gefreut. Das Wernerle war aus dem Gröbsten raus, und uns ging es finanziell auch ganz gut inzwischen, wir haben uns gesagt, ein zweites Kind bringen wir schon auch noch durch.

Beim Klausi seiner Geburt war ich dabei, am 14. Juli 1959. Des hab ich doch unbedingt sehen müssen, wie des mit dem Kinderkriegen funktioniert bei einer Frau. Beim letzten Mal hat mich die Hebamme noch rausgeschmissen aus dem Schlafzimmer, aber diesmal war das eine junge, moderne, die hat gesagt: »Dann bleiben's halt da in Gottes Namen, aber wehe, Sie werden mir ohnmächtig!« Na ja, blümerant ist mir schon geworden, und ich hab die Edith grenzenlos bewundert, wie sie des durchgehalten hat. Diese Schmerzen! Und so ein großes Kind durch so eine winzige Öffnung, des glaubt man gar nicht! Ich hab ihr nur die Hand halten können, als Mann ist man ja eigentlich überflüssig wie ein Kropf bei der ganzen G'schicht. Bloß für die Zeugung, da wird man gebraucht.

Die Entbindung hat mich unglaublich beeindruckt, des war eine ganz große Erfahrung für mich. Bei so einer Geburt, da vergisst du dich selber. Ich hab nur die Edith gesehen und das Kind. Dass des normal ist und schreit, du glaubst nicht, wie froh ich da war. Die ganze Welt hätt ich umarmen können. Danach hab ich viel gegrübelt. Bis dahin hab ich die Frauen immer für schwache Wesen gehalten, die man beschützen muss und auf Händen tragen und umsorgen. Dass eine Frau so viel aushalten kann und so stark ist, des hätt ich vorher nicht gedacht. Und dass eine zarte Frau so ein winziges lebendes Wesen in sich tragen und herausbringen kann – des ist schon ein Wunder, das kann man gar nicht anders sagen. Ich hab seitdem immer eine Art Ehrfurcht vor der Edith gehabt und überhaupt vor allen Frauen.

Durch die Geburt hat sich das Zeug in mir noch mehr verstärkt. Des war doch genau, was ich unbedingt wollte! Eine vollwertige Frau sein, mit allem Drum und Dran. Ich hätt so gern auch ein Kind austragen und zur Welt bringen wollen. Da hab ich mir noch so oft einreden können: Du bist doch ein Depp, Hermann, was du dir einbildest! Jedes Mal, wenn ich den Klausi auf dem Arm gehabt hab, hab ich mir gewünscht, ich hätte eine Brust und könnte meinen Sohn stillen. Das Herz hat sich mir zusammengezogen. Ja, des kann man sich net vorstellen, gell? Und begreifen schon gleich gar nicht. Ich hab's ja selber nie begriffen.

Dann bin ich eines Tages zufällig in der Stadt an einem Trödelladen vorbeigekommen, da gab's auch Altkleider. Zuerst bin ich weitergegangen, aber dann hat's mich mit so einer Macht dahin gezogen, dass ich umgekehrt bin. Drinnen hat hinter dem Ladentisch ein alter Mann mit einer zentimeterdicken Milchglasbrille gesessen, da hab ich aufgeschnauft. Ich hab gedacht, der sieht sowieso nix mit den Augengläsern. Also bin ich zu den Damensachen hin, hab da ein bisschen gestöbert, hier ein Röckle und dort ein Blüsle in die Hand genommen. Des war ein Gefühl, unbeschreiblich! Beinah wie damals mit der Schmidti im Laden von Thalmässing. Erst hab ich mir gesagt, ich will die Sachen bloß anfassen, kaufen will ich nix. Aber dann hab ich eine blaue Schürze mit weißen Streifen entdeckt, die war groß genug, dass ich hätt reinpassen können. Vorn war die zwar schon ein bisschen verschlissen, aber dafür war sie auch ganz billig. Ich hab die Schürze auf den Tisch gelegt und gesagt: »Die ist für meine Frau!« Und damit der Ladenbesitzer sich auch ja nix denkt, hab ich noch ein Paar Herrensocken, einen Plastik-Seiher und einen Gasanzünder dazugenommen, so eine Metallratsche, die Funken schlägt, des gibt's heut gar nimmer. Der alte Mann hat dann seinen Bleistift angeleckt und auf dem Rand von der Abendzeitung zusammengerechnet, was es kostet: Acht Mark fünfundsiebzig, des weiß ich noch, als ob's gestern gewesen wär.

Ich bin mit meinem Schatz heim und hab's gar nicht erwarten können. Nachts, als die Edith und die Buben geschlafen haben, bin ich dann aufgestanden und hab die Schürze angezogen. Ein paarmal in der Küche auf und ab laufen, ach, des war ein Gefühl! Aber beim ersten Geräusch aus dem Schlafzimmer, wie sich die Edith umgedreht hat, hab ich mich schnell wieder ausgezogen. Für die Schürze hab ich dann ein gutes Versteck gefunden, oben auf dem Besenschrank, wo die Edith nicht hinkommt. Da stand immer mein kleiner Werkzeugkoffer, und dahinter hab ich die Schürze gestopft, da war sie vor Entdeckung sicher.

Ab da hab ich regelmäßig des Schürzle angezogen, immer wenn Gelegenheit dazu war. Das ging so, bis der Klausi ein Jahr alt war und schon laufen konnte. Es war ein Samstag, das Wernerle war noch in der Volksschule und die Edith mit zwei Nachbarinnen im Hof zum Teppichklopfen und Pflasterkehren und Plaudern. Ich hab geglaubt, der Klausi schläft tief und fest und bin in meine Schürze geschlupft. Zwiebeln hab ich geschnitten für eine Stadtwurst mit Musik zum Mittagessen. Da geht auf einmal die Küchentür auf, und der Klausi tappt herein. Ich bin so erschrocken, dass mir fast das Herz stehengeblieben ist. Der Bub hat mich ganz brav angeschaut und gesagt: »Papa, Papa!« Die unschuldigen Augen vom Klausi, dieser Blick, der geht mir bis heut nicht aus dem Kopf. Natürlich hat er nix gemerkt, er war ja noch so klein. Aber mir war's, als ob mir ein Messer in die Brust gefahren wär. Ich hab mir die Schürze vom Leib gerissen und in den Kohleneimer gestopft. Dann hab ich ihm sein Fläschle mit Fencheltee gemacht. Ich hab mich so elend gefühlt. Nein, hab ich mir geschworen, mein Sohn soll mich nie mehr so sehen, nie mehr. Das hört jetzt auf, endgültig!

Am selben Nachmittag hab ich die Schürze genommen, bin mit dem Rad zum Luitpoldhain gefahren und hab das Ding dort in einen öffentlichen Abfalleimer gestopft. In meinem Hirn war nur ein Gedanke: Nie mehr! Nie mehr!

Um diese Zeit war es auch, dass ich beim Schuckert aufgehört hab und in die Gießerei Decker gewechselt bin.

Dort hab ich besser verdient, der Arbeitsplatz war schöner, und es ging nicht so zu wie am Fließband. So hätt's mir schon gefallen können, aber nach ein paar Monaten kam das mit dem Rücken. Ich hab solche Kreuzschmerzen gekriegt, dass ich mich kaum noch bewegen hab können. Krüppelkrumm bin ich dahergekommen, und nachts hab ich nimmer gewusst, wie ich liegen soll. Kein Auge hab ich oft zugetan. Da hat keine Retterspitz-Salbe geholfen und keine Schmerztabletten. Der Doktor hat mir Spritzen gegeben, aber das war auf Dauer auch nix. Die Arbeitshaltung beim Formengießen war schuld, und das ständige Herumwuchten von schweren Metallteilen. Krankmachen wollt ich nicht, also hab ich mich geplagt und geplagt und nie gejammert. Aber am End haben die Chefs dann schon ein Einsehen gehabt und mich in eine andere Abteilung gesteckt, ich durfte das Schweißen lernen. Da hab ich mich recht gut angestellt, und mein Rücken wurde auch besser. Ich hab gelernt, wie man Eisen schweißt, wie man Stahl schweißt, wie man Gusseisen schweißt, alles. Heut noch kann ich alles schweißen, die Ausrüstung liegt immer noch im Keller. Das kleine Brückengeländer vom Gartenteich draußen hab ich erst letzten Sommer geschweißt, mit 83! Da legst dich nieder, gell, so gut bin ich noch beieinander! Damals, da hab ich hauptsächlich Motorengehäuse geschweißt, und mit Motoren, da hab ich's ja immer gehabt.

Ja, die Schweißerei war mein Aufschwung. Ich hab wieder ein paar Mark mehr verdient, auch die Edith bekam immer wieder mal eine Lohnerhöhung, und so haben wir uns endlich eine größere Wohnung leisten können. Wir sind in die Humboldtstraße gezogen, in eine schöne Dreizimmerwohnung mit Balkon im Erdgeschoss. Da haben die Buben ein eigenes kleines Zimmerchen extra für sich gehabt. Das Klo war auch nicht mehr im Bad, sondern abgetrennt, das war recht praktisch. Und es gab einen Warmwasserboiler, endlich mussten wir nicht mehr am Samstag zum Baden den großen Badofen mit Briketts schüren. Die Vormieter haben einen Teil von der Kücheneinrichtung dagelassen, und im Wohnzimmer ein Nierentischchen mit Sofa und zwei Sesseln, dazu passend ein Schränkchen mit Schiebetüren aus Glas. Wie in der Möbelabteilung vom Kaufhaus, so schön! Zur Feier des Einzugs haben wir einen gebrauchten Plattenspieler von einem Arbeitskollegen für wenig Geld ergattert – ich hatte damals schon über dreißig Schallplatten! Und die Edith hat sich einen Kühlschrank gewünscht, mein Lieber, das war schon ein großer Luxus, die Sachen sind nicht mehr so schnell verdorben und im Sommer gab's für die Buben ein kaltes Limo. Mit dem Heizen war es auch besser, wir hatten jetzt keinen Kohleofen mehr im Wohnzimmer, sondern haben mit Öl geheizt, das war weniger Schlepperei und einfacher zum Handhaben. Bloß der Geruch beim Nachfüllen, der hat manchmal gestört. Am ersten Abend in der neuen Wohnung sind wir am Tisch gesessen, die Edith und ich, und haben ein Fläschchen Rotwein aufgemacht, das wir irgendwann geschenkt bekommen hatten. Der Wein hat uns nicht recht geschmeckt, wahrscheinlich war der alt, aber wir haben ihn trotzdem ausgetrunken zur Feier des Tages. »Jetzt haben wir's geschafft«, hab ich zur Edith gesagt. »Jetzt ist alles gut, und des Gröbste liegt hinter uns.« Ja, wenn ich damals schon gewusst hätt, wie alles kommt. Des ist schon gut, dass der Mensch net hellsehen kann.

Beim Decker, da hab ich gern gearbeitet. Die Kollegen dort waren freundlich und die Chefs in Ordnung. Ich hab neue Bekannte dazugewonnen, eine davon hieß Gaby, die hat in der Kantine gearbeitet. Die Gaby, das war so eine Granate, die überall mit dabei war und jeden gekannt hat, ein Peterle auf allen Suppen. Die hat immer das Neueste gewusst und das Tollste gehabt, zum Beispiel einen Schwarzweißfernseher. Zu der sind wir oft zum Fernsehen gegangen, da waren dann immer ein paar Leute, und wir haben Eierlikör getrunken oder Puschkin mit Kirsche. Ich weiß noch, dass wir bei ihr in den Nachrichten den Kennedy gesehen haben, wie er sagt: »Ich bin ein Bärliner.« Na ja, die Mauer haben sie dann ja trotzdem gebaut. Das hat uns damals schon schockiert, obwohl wir uns nie viel für Politik interessiert haben. Aber es war doch weit weg für uns, da droben in Berlin. Verwandtschaft in der Ostzone hatten wir auch keine, und wir haben halt gearbeitet und geschaut, dass wir auch mitkommen. Wir waren einfach mit uns selber genug beschäftigt. Ich sowieso, mit dem Zeug in mir. Da ist dir die Regierung und überhaupt die ganze Welt wurscht, wenn du glaubst, du steckst im falschen Körper.

Über die Gaby hat sich dann für mich eine neue Wendung ergeben. Die hat mich nämlich einem Freund von sich vorgestellt, einem Holländer. Der Theiss, das war ein netter Kerl und ein ganz Ausgefuchster. Der hat aus Draht Dekorationsständer gebastelt und an Läden verkauft. Heut gibt's solche Ständer so gut wie gar nimmer, da macht man so was aus Plastik oder Plexiglas. Die Ständer damals haben ein bisschen so ausgesehen wie die Drahtgestelle, die man manchmal noch für Ansichtskarten benutzt oder für Glückwunschkarten. So muss man sich des vorstellen. Das Geschäft ist für den Holländer anscheinend so prima gelaufen, dass er kaum noch nachgekommen ist, deshalb hat er jemanden gesucht, der ihm hilft. Und die Gaby hat ihm erzählt, sie kennt einen, der handwerklich was draufhat, und des war dann ich. Und wie's so geht, haben wir uns gleich verstanden und sind uns einig geworden. Ab da hab ich abends und am Wochenende für den Holländer Drahtgestelle und Modelle gebaut, und ich hab auch ein kleines Maschinle erfunden, mit dem sich der Draht leichter biegen lässt. Dadurch hab ich prima dazuverdient, und der Holländer hat mich überallhin zu seiner Kundschaft mitgenommen, meistens am Samstag, da waren wir unterwegs in seinem alten VW. Hinterher, da hat er mich oft noch auf ein Bier eingeladen, des war bald eine richtige Freundschaft.

So kam der erste Fasching in der Firma. Bis dahin hab ich mich eigentlich ganz gut gehalten gehabt, hab mich jeden Tag zusammengerissen und versucht, möglichst wenig an mein Problem zu denken. Am Faschingsdienstag war Kostümfest in der Kantine angesagt, und erst wollt ich als Matrose gehen oder als Cowboy. Aber dann ist mir eingefallen: Mensch, du könntest doch als Frau gehen! Hin und her hab ich überlegt, ich mach's, ich mach's nicht. Mach's nicht, für die Edith und die Buben, hab ich mir immer wieder gedacht. Aber dann ist es in mir übermächtig geworden: Ich hab mir beim Lumpensammler einen Rock mit Bluse besorgt und ein Strickjäckchen. Des hab ich dann daheim alles gleich anprobiert, ganz offen, ich hatte ja eine gute Ausrede. Die Edith hat eine Riesengaudi gehabt mit mir, sie hat mir eine Kette von sich gegeben, Ohrklips und eine Henkelhandtasche, und am End hat sie mir noch ein Kopftüchle aufgesetzt und die Lippen angemalt. So sind wir dann zu Radiomusik durchs Wohnzimmer getanzt. Ach, ich war überglücklich. So könnt's meinetwegen immer sein, hab ich mir gedacht. Und: Bloß dieses eine Mal, ich schwör's! Danach tu ich die Sachen weg.

Am nächsten Tag in der Firma hab ich natürlich den Vogel abgeschossen. Ein Hallo hat des gegeben! Wir haben ab 12 Uhr in der Kantine gefeiert und Faschingslieder gesungen: »Wer soll das bezahlen« und »Heidewitzka, Herr Kapitän«. Sekt hat's gegeben und Krapfen. Ich hab einen erwischt, der war mit scharfem Senf gefüllt, da hab ich vielleicht das Gesicht verzogen, und alle haben sich die Bäuche gehalten vor Lachen! Die Gaby war als Hawaiianerin mit schwarzer Perücke und Baströckchen verkleidet und hat sich vom Chef poussieren lassen, und der Eugen aus der

Lohnbuchhaltung hat Luftschlangen in einem Eimer angezündet, des mussten wir in der Not dann ganz schnell mit Bier löschen. Alle haben gesagt, ich schau sensationell aus als Frau! Das war der schönste Tag für mich. Ich hab mich ganz selbstverständlich bewegt, hab mich nicht verstellen müssen, des war wie im siebten Himmel. Da war ich einfach ich. Einen Sekt nach dem anderen hab ich getrunken. So einen seligen Rausch hab ich am Schluss gehabt, dass ich nimmer weiß, wie ich heimgekommen bin.

Aber am Aschermittwoch war alles wieder vorbei, ein Mords-Schädelweh hab ich gehabt, und mein Problem war nur noch schlimmer.

Ich hab mich dann immer öfter verkleidet, wenn keiner daheim war, die Frauensachen waren jetzt ja da. Immer stärker ist des geworden in mir. Wenn du des Zeug in dir hast, des ist wie ein Krebs. Es wächst und wächst, und du kannst nix dagegen machen. Ich hab förmlich drauf gelauert, dass die Edith sagt, sie will mit den Buben zu ihrer Mutter oder in die Stadt zum Einkaufen. Und am Wochenende, wenn alle einen Familienausflug machen wollten oder ins Stadion-Bad fahren zum Schwimmen, da hab ich immer öfter gesagt: »Geht nur ihr ohne mich, ich hab wieder so arg Kreuzweh« oder »Ich muss für den Theiss noch Gestelle machen«. Dann hab ich mich umgezogen, kaum dass die drei aus der Wohnung waren, und hab mich dann wieder ein paar Stunden als Frau gefühlt.

Des ist dann eine Zeitlang gutgegangen, aber irgendwann hat mich auch wieder die Verzweiflung gepackt. Und der Zorn auf mich selber, dass ich so bin. Dass ich des einfach nicht in den Griff krieg. Manchmal hab ich mich selber auf die Backen gehaut, hab mich vorm Spiegel beschimpft, hab mich ein Arschloch und einen Dreckskerl geheißen. »Du hast doch einen Klaps, du bist doch nimmer normal«, hab ich mich angebrüllt. Am Schluss hab ich mir die Kleider vom Leib gerissen, hab des Zeug zerfetzt und im Ofen verschürt. Ich hab mich selber damit bestrafen wollen, dass ich nix mehr zum Anziehen hab. Und hab gehofft, dann ist die Versuchung weg und der Trieb wird weniger. Des war freilich ein Blödsinn. Wenn du einem Hund keinen Knochen mehr gibst, wird der deswegen auch net zum Vegetarier. Ich war halt bloß noch unglücklicher, weil ich mich nimmer verkleiden hab können. Nicht einmal meinem ärgsten Todfeind tät ich des wünschen, wie es mir damals gegangen ist.

Es war ja net nur so, dass ich wie eine Frau aussehen wollt. Ich hab auch immer gern alles gemacht, was Frauensache ist. Mir hat's nichts ausgemacht, Fenster zu putzen oder die Wäsche zu bügeln. Ich hab immer gern genäht, das hat mir einfach Spaß gemacht, jaja, trotz meiner großen Händ. Mensch Meier, hat die Edith immer gestaunt, du bist ja geschickter als ich beim Strümpfstopfen oder beim Spargelschälen! Zwischen mir und der Edith war der Haushalt bald eingespielt. Ich hab viel von ihren Arbeiten übernommen, und wenn sie zuerst noch gesagt hat: »Lass mich des halt machen«, hat sie doch mit der Zeit nachgegeben. Ich war ja auch hartnäckig. Dann haben wir halt zu zweit abends auf dem Sofa gesessen und Knöpfe angenäht oder die Wäsche zusammengelegt. Oder ich hab sie gar nix machen lassen, hab gesagt: »Edith, ruh dich a weng aus, ich tu schon.« Na ja, wenn die Verwandtschaft zu Besuch gekommen ist, hat's schon manchmal dumme Bemerkungen gesetzt, wenn ich in der Küche gewerkelt hab, und die Edith hat einfach zugeschaut. Vor allem mein Bruder, der Erwin, der hat geglaubt, sie lässt mich arbeiten wie damals die Schmidti. Der hat die Edith deshalb nicht leiden können und immer schlecht über sie geredet. »Die feine Madam lässt dich schuften, und selber hockt sie rum und lacht bloß dazu!«, hat er gesagt. Aber ich hab ihm doch den wahren Grund dafür net erklären können!

Am schönsten war's immer für mich, wenn ich für die Edith und die Buben kochen hab können. Vielleicht liegt des daran, dass ich als Kind nie genug zu essen gekriegt hab. Große Töpf hab ich damals gekocht, die Buben haben doch Hunger gehabt. Geröstete Grießsuppe, Pfannkuchensuppe, Kartoffelsuppe, immer mit schön viel Fleisch und Suppenknochen drin. Schnitzel und Fleischküchle, und Schweinebraten mit viel Soße. Und Schaschlikbratwürste, des war meine Erfindung: Bratwürste mit angeschwitzten Zwiebeln und Tomatenketchup drüber. Ich hab die größte Freud gehabt, wenn es meinen Buben geschmeckt hat. Oft bin ich extra auf dem Heimweg von der Arbeit einen Umweg gegangen, damit ich dem Klausi seine Lieblings-

Gelbwurst hab mitbringen können oder dem Wernerle einen Amerikaner vom Bäcker Ipta, der hat die besten gehabt. Einmal, als die Edith nicht da war, hab ich für die zwei am Mittag eine Brotsuppe gekocht, mit aufgeschmalzenen Zwiebeln. Da hat der Klausi den Löffel weggeschmissen und geschrien: »Iiih, da sind ja Würmer drin!« Bis wir den überzeugt hatten, dass des doch bloß halbe Zwiebelringle waren!

Ja, wenn meine Söhne mit Heißhunger reingehauen haben, des war für mich der schönste Anblick. Wenn du selber weißt, wie schlimm der Hunger sein kann, dann gibst du deinen Kindern alles.

Irgendwann hab ich dann auf der Arbeit gemerkt, dass im Gang an einem Haken eine Frauenschürze hängt. So eine Art ärmelloser Leibrock aus Nylon war des, mit kleinen Blümchen, wie's halt damals modern war. Wochenlang hing die Schürze einfach da, ich hab gedacht, bestimmt hat die eine vergessen, als sie gekündigt hat. Und ich hab doch keine Frauensachen mehr daheim gehabt, und so eine Sehnsucht. Immer wieder bin ich an der Stelle vorbeigeschlichen, und dann schließlich hab ich mir ein Herz gefasst, hab gewartet, bis ich allein war, und hab die Schürze mitgenommen. Heimlich hab ich sie dann in der Länge herausgelassen und hinten einen Stoffstreifen eingesetzt, weil sie sonst zu eng gewesen wär. Und dann hab ich sie immer angezogen, wenn die Edith und die Buben weg waren. Immer mit schlechtem Gewissen, aber es hat einfach sein müssen. Das ist so eine Weile gutgegangen, aber eines Tages, kurz vor Weihnachten, da sitz ich am Küchentisch und bau meine Drahtmodelle. Plötzlich hör ich, wie sich der Schlüssel im Türschloss dreht. Ich will mich noch verstecken, aber wo? Und da stehen die drei auch schon im Zimmer. »Ja, wie schaust denn du aus?«, hat die Edith gefragt. »Na ja«, hab ich geistesgegenwärtig geantwortet, »ich wollt bloß meine Hosen schonen beim Arbeiten.« Ich hab gedacht, jetzt ist alles aus. Jetzt weiß sie Bescheid. Aber die Edith war ja so unschuldig, die hat ja nie jemandem was Schlechtes zugetraut. Die hat mir des einfach geglaubt. Sie hat bloß noch gefragt: »Wo hast denn du nachher die Schürze her?« – »Im Waschhaus gefunden«, hab ich gelogen. »Na, wenn du meinst«, hat sie gelacht, und das war dann alles. Ab da hab ich die Schürze immer angezogen, wenn ich meine Modelle für den Theiss gebaut hab, später auch beim Kochen. Die Edith hat zwar gelacht, aber nix mehr gesagt, und die Buben, die haben sich dran gewöhnt. Der Klausi war ja sowieso noch so klein, und dem Wernerle, dem war des wurscht, was der Papa daheim anhat. Der hat sich dabei gar nix gedacht, mit seinen sieben, acht Jahren. Ich war so erleichtert, dass die Buben des wie eine Selbstverständlichkeit aufgenommen haben.

Ach ja, das war schon eine rechte Verbesserung für mich damals, dass ich wenigstens daheim manchmal in meinem Schürzle hab rumlaufen können. Aber dass des mehr als eine Spinnerei war, dass ich wirklich ganz und gar eine Frau sein wollt, des hab ich für mich behalten. Ich hab mir immer wieder gesagt, des ist mein Geheimnis fürs Leben, des möcht ich in meinen Tod mitnehmen. So viel waren mir meine Söhne wert, und die Edith. Lieber hab ich mich gequält, weil ich mit einer ständigen Lüge hab leben müssen. Ich war eine gefangene Frau, und ich hab den Mann bloß gespielt. Ich hab der ganzen Welt was vorgemacht, und des hat mich mit der Zeit zerrissen.

Im Jahr 1963 ist das Geschäft mit dem Holländer so gut gegangen, dass wir uns eine schöne neue Schlafzimmereinrichtung haben leisten können, sogar mit einem Schminkschränkchen für die Edith. Des war so ein niedriges Kommödchen mit einem großen dreifächrigen Spiegel drauf, und einem knallroten Dreibeinhocker aus lauter Fransen dazu, der hat ausgeschaut wie ein Bubikopf. Wie oft ich heimlich auf dem Hocker gesessen bin und mir die gläsernen Parfümfläschchen mit Zerstäuber angeschaut hab, kann ich gar nicht sagen. Die waren so schön bunt, und beim Versprühen hat alles nach Maiglöckchen gerochen. Ich hab mir ausgemalt, wie es wär, wenn ich mich jetzt frisieren und schminken tät. Aber das hab ich mich nicht getraut, mir blieb immer bloß die Schürze.

Eines Tages hupt es dann draußen auf der Straße, und drunten steht der Holländer mit einem nagelneuen Motorrad, einer himmelblauen Zündapp. »Hermann«, hat er gesagt mit seinem komischen Akzent, »du musst dir Urlaub nehmen, wir fahren nach Italien! Ich lad dich ein auf Betriebsausflug!« Der Theiss, das war ein rechter Luftikus, aber schwer in Ordnung. Witze hat der erzählen können wie ein Weltmeister, der war immer fröhlich. Ich hab dann tatsächlich von meinen Chefs frei bekommen, und die Edith war auch einverstanden, dass ich mitfahre. Drei Tage später saß ich dann beim Theiss hinten auf dem Sozius, und wir sind auf und davon. Der Holländer wollte unbedingt nach Venedig, aber irgendwie sind wir auf die falsche Autobahn geraten, und dann sind wir halt bloß bis zum Gardasee gekommen. In einer ganz billigen Pension in Malcesine haben wir ein Zimmer gekriegt, sogar mit Blick aufs Wasser. Da hab ich die erste Pizza meines Lebens gegessen, ich hab's jetzt noch in der Nase, wie die damals gerochen hat. Und schwarze kleine Dinger waren da drauf, Oliven. Die hab ich runtergetan, die haben mir gar net geschmeckt. Bis heut mag ich die net. Aber Pizza ess ich immer noch gern. Wir haben dann drei Tage lang gefaulenzt, sind am See gelegen, und der Theiss hat den Mädchen hinterhergeschaut. Er wollte immer, dass wir abends »auf Weibertour« gehen, aber ich hab nicht mitgemacht. Des hätt ich meiner Edith doch net antun können.

Na ja, nach drei Tagen war das Geld ausgegeben, und wir haben uns wieder auf die Zündapp gesetzt und sind heimwärts gefahren. Auf der alten Brennerstraße ist es dann passiert: Der Holländer hat einen Schlenker gemacht, wir sind in den Straßengraben geraten und haben uns überschlagen. Mir ist außer ein paar Kratzern nix passiert, aber der Theiss, der war verletzt, und die Zündapp war Schrott.

Da sind wir am Straßenrand gesessen wie die begossenen Pudel, und der Holländer hat gestöhnt und gejammert. Auf einmal waren die Sanitäter da, die haben deutsch gesprochen, wir waren zum Glück schon auf der österreichischen Seite. »Is net so schlimm«, haben die gesagt, aber sie haben den Holländer dann doch mitgenommen nach Innsbruck ins Krankenhaus. Bis ich mich verschaut hab, stand ich allein da am Brenner, mitsamt dem kaputten Motorrad. Irgendwann hat dann einer Mitleid gehabt und mich im Auto bis Innsbruck mitgenommen. Ich bin als Erstes zum Bahnhof marschiert und hab herausgefunden, dass am nächsten Früh ein Zug nach Nürnberg geht. Gott sei Dank hab ich grad noch so viel Geld im Portemonnaie gehabt, wie die Fahrt kostet. Für eine Übernachtung und ein Abendessen war's aber nicht mehr genug. Na ja, da hab ich mich halt, als es Nacht geworden ist, mit leerem Magen auf eine Parkbank gelegt zum Schlafen. Und wie ich da so lieg, sagt plötzlich einer: »Was mach'mer denn da?« Des war die Polizei. Ich hab denen dann alles erklärt, und dann hat der eine mich finster angeschaut, mir auf die Schulter gehaut und ganz grimmig gesagt: »No, da gehen's halt amal mit.« Auweh, da ist mir schon der Hintern auf Grundeis gegangen.

Ja, so ist es gekommen, dass ich eine Nacht meines Lebens im Gefängnis verbracht hab. Mit mir in der Zelle war ein Besoffener, der hat geschnarcht wie ein ganzes Sägwerk, aber des war mir in dem Moment wurscht. Ich hab was zum Essen gekriegt und ein Bett, das war das Wichtigste.

Die haben mir am nächsten Tag sogar noch ein schönes Frühstück gebracht, und dann bin ich mit dem Zug heimgefahren. Die Polizei, mein Freund und Helfer!

Der Holländer ist drei Tage nach mir heimgekommen, mit ein paar gebrochenen Rippen. Ja, das war unser erster und letzter »Betriebsausflug«. Weil, eines Tages ist der Theiss dann verschwunden. Er war noch bei uns in der Humboldtstraße und hat mir neue Aufträge gegeben, und dann ist er von ein paar Männern in einem schwarzen Mercedes abgeholt worden. Ich seh ihn noch aus dem Auto zu uns naufwinken, und dann war er weg, auf Nimmerwiedersehen.

Da war guter Rat teuer! Ich wusste doch nicht, wie es weitergehen soll, ohne den Theiss, aber dann hab ich erst einmal die paar Aufträge gemacht, die ich noch von ihm hatte. Ich hab für 1 Mark 70 Draht gekauft und daraus Dekorationsständer gebogen. Mit denen bin ich zu dem Auftraggeber hin, und der gibt mir doch glatt, wie mit dem Theiss vereinbart, sagt er, hundert Mark dafür. Da hab ich vielleicht geschluckt! Weil mir plötzlich zwei Sachen klar geworden sind: Erstens, der Holländer hat mir die ganze Zeit viel zu wenig bezahlt, und zweitens, des is ja ein Bombengeschäft!

Ich bin dann heim zur Edith, und wir haben des miteinander besprochen. »Des musst du dir vorstellen«, hab ich gesagt, »aus eins siebzig Materialkosten hab ich hundert Mark Erlös rausgebracht!« Ich kannte ja die ganzen Auftraggeber vom Holländer, und die Maschinchen zum

Drahtbiegen hatte ich auch schon. Wir haben also beschlossen, dass ich das Geschäft allein weitermache. Ich hab meine Arbeit gekündigt und mich selbständig gemacht. Das war ein Riesenschritt für uns. Ja, des hab ich mich getraut damals. Und wenn ich net dieses Zeug in mir gehabt hätte, dann wär am End auch alles gutgegangen.

Zuerst haben wir im Wohnzimmer alles so hergerichtet, dass ich dort arbeiten hab können. Da war dann alles voller Drahtrollen und Modellen, überall standen die Dinger rum. Und ich hab jeden Tag neue Ständer entwickelt, hab getüftelt und gebogen. Eine gute Zeit war des, ich hab's nicht bereuen müssen, dass ich aus der Gießerei weg bin. Und das Schönste: Ich hab den ganzen Tag im Schürzle herumlaufen können. Die Edith hat bloß geschmunzelt, und die Buben haben des vermutlich gar net wirklich gemerkt.

Aber auch des hat mir bald nicht mehr gelangt. Obwohl ich mich so in die Arbeit gestürzt hab, dass ich jeden Abend hundemüd war, hab ich trotzdem noch wach gelegen. In mir drin, dieser Drang, der ist immer stärker geworden. Immer weiter hab ich gegrübelt darüber, wo des denn herkommt. Wie so was überhaupt kommen kann, dass ein Mann eine Frau sein will. Warum ausgerechnet ich so bin. Warum des so stark ist in mir, dass ich mich nicht dagegen wehren kann. Ich hab gespürt, dass ich damit nicht fertig werd, und ich hätt mir so dringend jemanden gewünscht, mit dem ich endlich über mein Geheimnis reden kann. Ich hab ja niemanden gehabt, außer der Edith. Jede Nacht bin ich neben ihr im Bett gelegen und hab gedacht, jetzt sagst du's ihr. Sie muss sich doch sowieso wundern, dass du sie nimmer anlangst. Aber dann hat mir der Mut gefehlt. Und ich hab auch nicht gewusst, wie ich ihr des erklären soll. Wenn ich selber als Leidtragender bloß Fragezeichen seh, wie soll des ein Außenstehender begreifen? Des geht doch gar net!

Manchmal hab ich meine Buben angeschaut, hab sie beobachtet, ob mir an ihnen was auffällt. Des wär für mich des Schlimmste gewesen, wenn die auch so gewesen wären wie ich. Wenn die auch so leiden müssten. Des war meine größte Angst, dass sich des verdammte Zeug vielleicht vererbt. Wie ein Heftlesmacher hab ich aufgepasst, ob der Klausi und das Wernerle auch »normal« sind. Ich hab nur Bubenspiele mit ihnen gemacht, hab sie nie beim Kochen mithelfen lassen. Zum Bolzen und zum Cowboy-und-Indianer-Spielen hab ich sie geschickt und alles getan, dass sie harte Männer werden. Wenn sie hingefallen sind, hab ich gesagt: »Ein echter Kerl weint doch net!« oder »Ein Indianer kennt keinen Schmerz!« oder »Was uns nicht umbringt, macht uns nur härter!« Wenn sie auf dem Spielplatz einmal mit Mädchen gespielt haben, bin ich mit ihnen woandershin gegangen. Einmal, da hat das Wernerle aus Spaß mein Schürzle anziehen wollen, da hab ich ihm eine Watschn gegeben. Des tut mir heut noch so leid. Aber in dem Moment ist es mit mir durchgegangen. Hinterher bin ich ins Bad, damit mich keiner greinen sieht.

Aber das Geschäft, das hat gebrummt. Immer mehr Kundschaft hab ich gekriegt und bin kaum mehr hinterhergekommen. Damals ist es ja überall aufwärtsgegangen, und in den Läden hat's immer mehr Waren gegeben. Die hat man in den Schaufenstern zeigen wollen, aber es hat ja nix gegeben, wie man sie hätte schön hinrichten können. Nur meine Ständer! Ich hab mir für alle möglichen Verkaufsartikel was ausgedacht und eigens dafür dann ein Modell gebogen. Sogar Modelle zum Drehen und zum Herumfahren. Für Hemden, Bücher, Geschirr, Tonbandgeräte, Fernseher, alles. Die Plastikteile, die ich dafür gebraucht hab, hab ich aus Utrecht in Holland geliefert bekommen, das war noch eine Adresse vom Theiss. Was wohl aus dem geworden ist? Menschenskinder, heut noch seh ich den winken, und dann war er weg. Mysteriös war des schon.

So gut ging's uns in der neuen Selbständigkeit, des war sagenhaft. Als Erstes haben wir uns einen Fernseher geleistet. Schwarzweiß, mit zwei Programmen. Weil er nicht mehr ins Wohnzimmer gepasst hat vor lauter Drahtständern und Werkzeug, haben wir ihn ins Kinderzimmer gestellt. Und dann sind wir jeden Abend davorgesessen. Der Werner war begeistert von Lassie und von den alten Tarzan-Filmen. Er hat hinterher dann immer den Tarzan gespielt, und der Klausi hat den Affen machen müssen. Die Edith und ich haben uns manchmal die Bäuch gehalten vor Lachen. Der Klausi durfte immer die Augsburger Puppenkiste schauen und abends das Sandmännchen. Über Dick und Doof hat er sich halbtot gekichert und am Sonntag über die kleinen

Strolche. Und die Edith und ich, wir haben den Grzimek gern gemocht und die Hesselbachs, ach ja, und das heitere Beruferaten. Am Samstagabend waren oft Shows. Da sind dann meistens die Nachbarn zu uns gekommen, die Freunde und manchmal auch der Erwin oder die Geschwister von der Edith und die Schwiegermutter. Es hat ja damals net jeder einen Fernseher gehabt. Wir haben auf den Kinderbetten gesessen und miteinander den Goldenen Schuss mit Lou van Burg geschaut oder Einer wird gewinnen. Die Männer haben ein Bier dabei getrunken und die Frauen einen Eierlikör mit Kirsch, »Blutgeschwür« haben wir des genannt. Oder der Edith ihr »Meerwasser«, des war Sekt mit Curaçao blau. Dazu gab's Salzletten und Erdnüssle oder eine Waffelmischung.

Und dann ist es der Edith irgendwann zu dumm geworden mit meiner Werkstatt im Wohnzimmer. Sie hat gesagt: »Hermann, so geht des net weiter. Meinst du net, dass unser Geld langt für einen Laden?« Also hab ich mich umgehört und in die Zeitung geschaut, und so hab ich den Laden in der Ehemannstraße 7 gefunden. Der hat genau die richtige Größe gehabt, vorne ein Verkaufsraum mit zwei Schaufenstern und hinten eine Werkstatt. Die Miete war auch erträglich. Ich hab sofort zugeschlagen, und ab da war ich stolzer Inhaber des Dekorationsfachgeschäfts Hermann F.

Die Leute haben mir die Türen eingerannt. Große Kunden hab ich bekommen, wie den Hertie oder den Foto Porst, und den Kaufhof und die VEDES. Überall in Nürnberg standen meine Verkaufshilfen und Drahtständer, in allen möglichen Läden und Schaufenstern. Ich hab des allein gar nicht mehr geschafft, also hat die Edith beim Schuckert aufgehört und ist mit ins Geschäft. Mit der Hand hat auch alles viel zu lange gedauert, also hab ich getüftelt und Maschinen erfunden, die ich dann bauen hab lassen. Am Schluss haben wir mehr als zehn Maschinen gehabt! Auf Messen sind wir gefahren, des war jedes Mal ein voller Erfolg, da sind die Japaner gekommen und die Amis, und bis nach England haben wir geliefert! So hat des gebrummt, stell dir vor!

Ja freilich, ich war jetzt ein erfolgreicher Geschäftsmann. Aber eigentlich ist es mir nicht so gutgegangen. Weil jetzt war die schöne Zeit vorbei, in der ich den ganzen Tag daheim gearbeitet hab und mein Frauenschürzle hab tragen können. Des hat mir so gefehlt, des kann ich gar nicht sagen. Es war wie ein körperlicher Schmerz. So muss des sein, wenn ein Süchtiger sein Rauschgift nicht mehr hat. Da glaubst du, du drehst bald durch. Alles ist so gut gelaufen damals, bloß ich bin immer unglücklicher dabei geworden.

Ich hab dann gedacht, ich gönn mir wenigstens ein paar schöne Sachen, an denen ich eine Freud hab. Einen Farbfernseher zum Beispiel, inzwischen gab es ja Farbfernsehen. Auf den haben wir dann die kleine Gondel mit den bunten Lichtle gestellt, die uns die Schwester von der Edith aus Rimini mitgebracht hat. Und Schallplatten hab ich gekauft, eine nach der anderen. Heut hab ich noch 2000 Stück, droben auf dem Dachboden. Und einen privaten Telefonanschluss haben wir bekommen, einen grauen Apparat mit Wählscheibe. Weil der Edith die Farbe nicht gefallen hat, haben wir gleich einen Samtüberzug dazugekauft, in Grün mit Goldborte. Da hab ich dann zu ihr immer gesagt: »Edith, der Frosch bimmelt!« Na ja, und dann haben die Buben gebengst: »Bitte, bitte, Papa, kauf halt ein Auto!« Das war am Ende unsere größte Anschaffung – natürlich auf Wechselzahlung: ein Opel Rekord, Baujahr 57, in Knallgelb. Mit roter Innenverkleidung und Lenkradschaltung, drei Gänge. Ein prima Auto, der ist abgezogen wie eine Rakete!

Ja, also waren wir jetzt mobil. Ab da haben wir am Sonntag oft Ausflüge gemacht, ins Hirschbachtal oder auf die Schermshöhe oder zum Monte Kaolino. Da haben wir dann zu Mittag gegessen und sind spazieren gegangen. Des einzige Problem war, dass wir bis zu Bonanza wieder daheim sein mussten, sonst hätten die Buben den ganzen Tag eine Lätschen aufgesetzt. Aber meistens haben wir des schon geschafft.

Unser erster Urlaub mit dem Auto, des war Camping am Auwaldsee, in der Nähe von Ingolstadt. Ich hab unser Auto so voll gepackt, dass die Tür kaum noch zugegangen ist. Steilwandzelt und Luftmatratzen, Badezeug, Sonnenschirm, Fußbälle, Kochtöpfe, Gaskocher, Kästen mit Bier und Limo, Essensvorräte. Und dann noch vier Personen, und die Buben waren da ja auch schon größer. Keine Maus hätt da noch mit hineingepasst. Auf dem Zeltplatz haben wir immer nette Leute kennengelernt, den Dieter und die Anna aus Kulmbach zum Beispiel. Einmal, da sitz ich in der Badehose im Campingstuhl vom Dieter, der Dieter nebendran mit einem Bier, und die Buben hupfen um uns rum. Da bleibt der Klausi auf einmal stehen, schaut mich so an und sagt dann zu seinem Bruder: »Du, schau amal, was der Papa für haarige Bein hat!« Und der Werner meint darauf: »Au ja, und auf der Brust hat er einen richtigen Pelz wie ein Bär!« In dem Moment ist mir wieder einmal richtig bewusst geworden, dass ich ein Mannsbild bin und dass ich daran nix ändern kann. Ich hab dann gelacht und die Arme ausgebreitet und zu meinen Buben gesagt: »Ja freilich, schaut nur her: So wie ich, so muss einer sein als Mann!« Im selben Moment ist mir das Lachen im Hals steckengeblieben. Die Buben haben gekichert, aber mich hat's damals innerlich schier zerrissen. Und des soll immer so bleiben?, hab ich mir gedacht. Des halt ich net aus. Des bringt mich noch um irgendwann.

Ich hab mich dann in die Wiese gelegt, abseits von den anderen. Alles ist mir im Kopf herumgegangen. Ich hab mich gefragt, ob ich verrückt bin, ob ich ins Irrenhaus gehör. Ob das eine Art von Wahnsinn ist, was ich da hab. Ich hab gewusst, dass es »Warme« gibt oder »Hundertfünfundsiebziger«. Des waren Männer, die haben Männer geliebt. Bei mir war des anders. Ich hab doch nie Gefühle für Männer gehabt. Ich hab eigentlich gar keine Sexualität gehabt, wenn ich's recht überleg. Also, hab ich mir gedacht, so einer bin ich nicht. Zu denen gehör ich nicht. Ich gehör nirgends hin. Mir ist es vorgekommen, als wär ich mutterseelenallein auf der Welt. Keiner ist so wie ich, hab ich gedacht. Ich bin der einzige von allen Menschen, dem es so geht. Ich kann nicht sein, was ich bin. Ich bin körperlich ein Mann und kann innerlich keiner sein. Oder andersherum: Ich bin innerlich eine Frau und kann körperlich keine sein. Was ist denn jetzt wichtiger, hab ich mich gefragt, des Außen oder des Innen? Aber eigentlich war des gar keine Frage, weil ich die Antwort schon gewusst hab. Mein inneres Gefühl war für mich wichtiger. Wenn wir sterben, bleibt ja auch die Seele übrig, nur der Körper vergeht.

Ich war ganz verzweifelt, und gleichzeitig hab ich so einen Hass auf meinen Körper bekommen. Hätt ich mir des Ding bloß abgeschnitten, damals als Bub! Ich hab mich angefasst da unten und so fest zugedrückt, dass ich fast vor Schmerzen geschrien hätt. Hab meine Fingernägel ins weiche Fleisch getrieben, bis mir die Tränen gekommen sind. Und da hab ich dann gewusst, dass ich mir auch heut des männliche Teil nicht wegschneiden könnt. Es gibt einfach keinen Ausweg für mich, hab ich gedacht. Ich bin in meinem Körper gefangen auf immer und ewig.

Den ganzen Nachmittag hab ich nicht mehr zu den anderen gehen können, so elend war mir. Abends, als die Buben schon geschlafen und die Edith und ich noch vor unserem Zelt gesessen haben, da hat sie mich gefragt, was denn mit mir los ist. »Es ist doch so schön da am See«, hat sie gesagt, »und du machst ein Gesicht wie drei Tage Regenwetter.« Ja, die Edith und die Buben, die waren so glücklich, uns ist es doch gutgegangen. Ich konnte einfach die Wahrheit nicht sagen, mir war der Hals wie zugeschnürt. »Ach, ich hab bloß Kopfweh«, hab ich geflüstert und bin schnell ins Bett. Weil, noch eine Sekunde länger, und ich hätt geheult wie ein Schlosshund. Oder des alles wär aus mir herausgebrochen. Und des hab ich doch nicht riskieren können. Ich hab die Edith doch so lieb gehabt, und ich wollt ihr keinen Kummer machen.

So oft hab ich mich gefragt, was sich die Edith wohl denkt. Die muss sich doch irgendwas denken, hab ich geglaubt, wenn sie mich in den Frauenschürzen sieht. Die muss doch wissen, dass des außer mir keiner macht. Die muss sich doch auch fragen, warum bei uns kein Eheleben ist wie bei anderen. Manchmal, wenn wir nebeneinander im Bett gelegen sind, hat sie mich so von der Seite her angeschaut, dass mir ganz anders geworden ist. Jetzt sagt sie gleich was, hab ich dann gedacht und dann aus lauter Verlegenheit so getan, als ob ich schon schlaf. Aber sie hat nie was gesagt, nie. Ich glaub, die Edith hat genauso viel Angst gehabt vor dem, was rauskommt, wie ich. Manche Dinge sind einfach so, dass man sie nicht aussprechen kann. Und dann glaubt man, wenn man nix sagt, dann existieren sie auch nicht. Des ist, wie wenn ein kleines Kind sich die Augen zuhält und dabei glaubt, dann wird es von den anderen net gesehen. Erst wenn man die Dinge beim Namen nennt, dann sind sie plötzlich da, und dann kann man sie nie mehr wegbringen. Dann muss man sich damit beschäftigen oder gar eine

Entscheidung treffen. Und ich glaub, des wollte die Edith genauso wenig wie ich. Aber es ist halt so, man darf eins nicht vergessen: Wenn man den Kopf in den Sand steckt, dann schaut dabei trotzdem immer noch der Hintern raus.

Später hat mir die Edith erzählt, dass sie sich wirklich nix gedacht hat. Sie ist ja so erzogen worden, die hat von nix was gewusst und sich nie was Schlechtes vorstellen können. Dass ich mit der Zeit immer mehr weibliche Züge angenommen hab, des ist ihr schon komisch vorgekommen, aber sie hätt sich doch nie vorstellen können, was des wirklich bedeutet hat. Die hat doch nicht gewusst, dass es so was gibt. Da denkt einer doch nicht dran. Sie hat sich halt eingeredet, das wäre alles eine kleine Spinnerei von mir, eine harmlose Marotte. Des geht irgendwann wieder vorbei, hat sie sich gesagt. Dass ich kein richtiger Mann sein könnt, auf die Idee ist sie net gekommen. Mein Äußeres war doch eindeutig männlich, und ich hab schließlich mit ihr zwei Söhne gezeugt. Ja, die Edith hat, genau wie ich, gedacht, wenn man an die Sache nicht rührt, dann kann auch nicht des rauskommen, was man am liebsten gar nicht wissen will. Heut glaub ich, es war verkehrt, dass wir nicht früher darüber geredet haben. Vielleicht hätt uns des viel Leiden erspart. Aber was weiß ich schon. Und hinterher, da ist man immer gescheiter.

Weil ich jetzt kaum mehr eine Möglichkeit gehabt habe, Frauensachen anzuziehen, ist der Druck in mir drin immer größer geworden. Des muss man sich vorstellen wie einen

Dampfkessel, dem es bald das Ventil raushaut. Oft war ich unleidlich, hab keine Geduld mit den Buben gehabt, bin wegen blöder Kleinigkeiten aus der Haut gefahren. Und dann war ich wieder todtraurig, hab mich in mich zurückgezogen und tagelang kaum was gesagt. Das Essen hat mir nimmer geschmeckt, und ich hab nachts nicht schlafen können. Stundenlang bin ich dagelegen und hab die Decke angestarrt.

Da ist es wieder losgegangen, ich hab's einfach nicht mehr zurückhalten können. Aber diesmal war es anders als vorher. Ich bin zum Lumpensammler gegangen und hab dort die Säcke durchwühlt nach Frauenkleidern, die mir passen. Das war ja net so einfach, ich war ja ein Mordstrümmer-Kerl, über 1,85 groß und ein ordentliches Kreuz. Schließlich hab ich einen Pepitarock und eine weiße Bluse gefunden, dazu noch ein fast durchsichtiges weißes Nylonkopftuch, das bloß in einer Ecke ein kleines Zigarettenloch hatte. Meine Schätze hab ich dann heimgetragen und heimlich gewaschen, wer weiß denn, wer die vorher angehabt hat. Ein gutes Versteck ist mir auch eingefallen: im Keller hinter dem Werkzeugschrank. Und dann, als die Edith und die Buben geschlafen haben, bin ich aufgestanden, mitten in der Nacht, hab mich im Keller schnell umgezogen und bin hinaus auf die Straße. Da ist das Ventil vom Dampfkessel mit einem Mal aufgegangen! Der ganze Druck ist von mir abgefallen, des war ein herrliches Gefühl. Eine ganze Stunde lang bin ich durch die Nacht gelaufen, hellwach, alles war ganz leicht. Um diese Zeit begegnet man ja niemandem, höchstens einem Sandler oder vielleicht einem, der Nachtschicht arbeitet. Das war eine Freiheit! Ich hab dann versucht, mich besonders weiblich zu bewegen, weich zu laufen, die Hüften zu wiegen. In eine richtige Verzückung bin ich geraten. Für mich war das Trottoir wie ein roter Teppich, auf dem ich geschwebt bin. Es war warm, um die Straßenlampen sind die Nachtfalter geflattert. Ich weiß noch genau, wie es gerochen hat, nach Sommer und Zigaretten und ein bisschen modrig aus den Gullys. Und ganz still war es. Die Sterne am Himmel hab ich gesehen und den Mond über der Südstadt. Die ganze Nacht hätt ich so weiterlaufen können, aber um halb drei hab ich mir dann gedacht, Hermann, fordere dein Glück nicht heraus, geh heim, bevor es hell wird. Im Keller hab ich dann wieder meinen Schlafanzug angezogen, bin in die Wohnung und ganz leise wieder ins Bett. Die Edith hat sich nicht einmal bewegt, die hat schon immer einen gesegneten Schlaf gehabt. Und ich war zum ersten Mal seit langer Zeit ruhig und glücklich.

So hab ich es von da an regelmäßig einmal die Woche gemacht, öfters hab ich mich nicht getraut. Über ein Vierteljahr ist des so gegangen, bis die Edith das erste Mal aufgewacht ist. Ich komm ins Schlafzimmer, und sie sitzt wach im Bett und sagt: »Ja Hermann, du meine Güte, wo warst denn du bloß? Ich hab dich gesucht, aber du warst fort!« Gott sei Dank bin ich da schon nicht mehr wie am Anfang im Schlafanzug in den Keller, sondern in Hose und

Hemd. Es hätt mich ja auch einer im Treppenhaus sehen können. Und für den Fall, dass die Edith aufwacht, hatte ich mir längst eine glaubhafte Ausrede zurechtgelegt. »Ich hab einfach net schlafen können und wollt bloß einmal um den Block gehen und ein bisschen frische Luft schnappen.« Genau des hab ich ihr also gesagt. Sie hat bloß gemeint: »Na, du bist mir ein rechter Nachtgiger!« Dann hat sie sich umgedreht und weitergeschlafen. Mich hat schon mein Gewissen geplagt wegen dieser Lüge, aber des hat mich nicht davon abhalten können, in der nächsten Woche wieder »spazieren zu gehen«. Ich hab sogar öfters gejammert, dass ich dauernd müd bin, weil ich nachts so schlecht schlaf, damit die Edith mir auch ja glaubt, wenn sie mich wieder einmal erwischt. Des mit der Schürze daheim, des hab ich ihr ja noch erklären können, aber meine nächtlichen Spaziergänge? Ja, so bin ich meiner eigenen Frau gegenüber zum Lügner geworden, des ist schlimm genug, gell? Aber ich hab einfach nicht anders gekonnt. Des Zeug in mir war viel zu stark.

Und immer stärker ist es geworden. Bald haben meine wöchentlichen Nachtspaziergänge nicht mehr ausgereicht. Es wurde zweimal die Woche, dann dreimal. Ich hab am Tag oft die Augen kaum mehr offen halten können, so müd war ich. Manchmal bin ich am Schreibtisch eingeschlafen oder abends vor dem Fernseher. Und trotzdem bin ich immer wieder zum Lumpensammler und hab mir neue Sachen besorgt, ein hellgrünes Kostüm, einen Strickpullover, ein

Jäckchen mit Rüschenkragen. Und, zum ersten Mal, auch Unterwäsche. Die Umzieherei hat immer länger gedauert, weil ich einen BH anziehen musste mit den ganzen winzigen Häkchen, und dann musste ich den mit alten Strümpfen ausstopfen. Dann einen Unterrock oder ein Hemdchen, ein Damenhöschen – ich geb's ja zu, des war ein rechter Liebestöter, ich hab ja einiges drin unterbringen müssen –, und dann erst die Oberkleider. Nicht mal schlechtes Wetter hat mich von meinen Ausflügen abhalten können, weil ich inzwischen auch einen schönen blasslila Damenregenschirm beim Trödler erstanden hatte.

Gleichzeitig haben ich und die Edith immer mehr gearbeitet. Das Geschäft lief wie geschmiert, unsere Dekorationsständer haben sich verkauft wie geschnitten Brot. Immer mehr Maschinen haben wir nacheinander angeschafft: eine Drehbank, eine Schleifmaschine, eine Säulenbohrmaschine, eine Präzisionskreissäge. Am Schluss sind bei uns in der Werkstatt 13 Maschinen gelaufen! Wir haben auch immer mehr Mitarbeiter eingestellt, sogar einen eigenen Vertreter hatten wir, der zur Kundschaft zur Beratung ging. Und schließlich haben wir in der Bauerngasse einen zweiten Laden aufgemacht, des war dann der Edith ihr Reich. Mein Gott, so viele Ideen hatte ich, was man alles noch machen könnte. Zukunftspläne hab ich geschmiedet für eine Leichtbauhalle, weil mit der Zeit auch die zwei Läden zu klein wurden. Uns hätt es so gutgehen können. Die Buben haben sich gemacht in der Schule, da waren wir natürlich stolz, die waren unsere Freud. Ich hab sogar einen

Bausparvertrag abgeschlossen. Ein paar Jahre noch, dann hätten wir uns ein eigenes Häuschen kaufen können. Ja, wenn da nicht des verdammte Zeug in mir drin gewesen wär, dieses Syndrom. Des hat immer mehr Platz gebraucht in meinem Hirn. Ich sag ja, des war wie ein Krebs. Nie hab ich zufrieden sein können. Nicht mit einem Nachtausflug in der Woche, nicht mit zwei, nicht mit drei. So stell ich mir des mit den Heroinsüchtigen vor. Du brauchst ständig eine höhere Dosis, immer mehr, immer mehr. Und wenn du einmal dein Gift nicht kriegst, geht's dir hundsmiserabel. Genauso war des auch bei mir. Wenn aus irgendwelchen Gründen mein Spaziergang nicht stattfinden hat können, dann hab ich gelitten und mich gesehnt und hätt am liebsten da hinausgewollt, wo kein Loch ist. Heut frag ich mich manchmal noch, wie ein Mensch des alles aushalten kann.

Und dann kamen wieder andere Momente. Irgendwann wollte ich einen dritten Laden mieten, in der Landgrabenstraße. Mit dem Vermieter war ich schon handelseinig, aber als ich mich mit ihm in einer Wirtschaft zum Unterschreiben vom Vertrag getroffen hab, da hat der Doldi einfach gesagt, dass er mir den Laden jetzt doch nicht geben will. Wir haben gestritten, und da hat mich auf einmal so der Zorn gepackt, dass ich über den Tisch gelangt hab, ihn beim Schlafittchen gepackt und zu mir rübergezogen. Und dann hab ich ihm eine eingeschenkt. Der ist gleich vom Stuhl gefallen, so hab ich den erwischt. Dann bin ich aufgestanden und gegangen. Ha, da hab ich mich so männlich gefühlt! Ich war dermaßen stolz drauf, dass ich den untern Tisch gehaut hab, ich wär beinah geplatzt. Teufel nochamal, ich bin doch ein Mannsbild, hab ich gedacht! So gut hab ich mich selten gefühlt. Des andere, des muss ich wegbringen, hab ich gedacht, des muss einfach gehen!

Und dann ist wieder der Rückfall gekommen. Nix hab ich weggebracht, überhaupt nix. Ich bin wieder nachts um die Häuser gezogen. Des war ein ewiger Kampf in meiner Seele, auf und ab is des gegangen. Mehr als einmal bin ich in den Keller und hab in der Verzweiflung meine Kleider zerfetzt, hab sie dann irgendwo in einen Abfalleimer geworfen. Und zwei Tage später wieder neue beim Lumpensammler geholt. Die Edith hat die mir dann sogar gewaschen, des muss man sich amal vorstellen. »Was willst denn du mit den alten Lumpen?«, hat sie gesagt. Aber dann hat sie die alten Lumpen mit in ihre Wäsche getan. Direkt zum Lachen ist des, gell? Wenn's net zum Heulen gewesen wär.

Irgendwann war es dann so weit, dass ich den ganzen Tag an nix anderes mehr denken hab können. Abends war ich so unruhig, ich hab schier mit den Füßen gescharrt, bis alle im Bett waren, bis sie dann endlich geschlafen haben. Ich bin immer länger weggeblieben und in der Früh dann kaum aus den Federn gekommen. Die Edith hat schon gemerkt, dass ich immer öfter nachts aufsteh, aber ich hab ihr gesagt, ich kann einfach net schlafen, ich mach mir so viel Gedanken um das Geschäft und über neue Modelle, und wenn ich draußen herumlauf, dann kann ich besser nachdenken. »Ach Hermann, ich mach mir Sorgen um dich«, hat sie gesagt, »du schläfst ja kaum noch. Schaust aus wie Not und Elend. Geh halt einmal zum Doktor.« Da bin ich richtig bös geworden. »Ich brauch keinen Doktor«, hab ich geschrien, »lass mir meine Ruh damit!«

Immer enger ist mir alles geworden. Die Wohnung, die zwei Läden, die Familie, ich bin mir vorgekommen wie in einem finsteren Zimmer, in dem die Wände immer näher auf mich zukommen. Ich hab damals zwei Leben gehabt: Eines als Mann tagsüber und eines als Frau in der Nacht. Als Mann hab ich's kaum noch ausgehalten, und die paar Stunden als Frau waren mir zu wenig. Total fertiggemacht hat mich des. Ich hab an nix anderes mehr denken können als daran, dass ich im falschen Körper bin. Es muss doch eine Möglichkeit geben, dass ich noch mehr wie eine Frau leben kann, nix anderes ist mir im Kopf herumgegangen. Wie stell ich des an, dass es besser für mich wird? Dass ich's auf Dauer aushalten kann? Was könnt ich der Edith sagen? Und den Buben?

Und dann ist des Schlimmste passiert. Die Nachbarn haben was gemerkt. Eines Tages komm ich heim und hör die im Hof miteinander reden. Die alte Frau Neuhaus mit dem Kropf, eine heimatvertriebene Kriegerwitwe aus Schlesien, die im Parterre gewohnt hat, war am Plaudern mit den Lubers aus dem dritten Stock, beim Hofkehren. »Mit den F.s«, hat sie gesagt, »mit denen stimmt was net. Die kriegen immer nachts Besuch von einer Frau!« – »Da schau her, woher wissen's des denn?«, fragt die Luberin, die war schon immer neugierig. »Ach, ich hab doch immer nachts so arg das Zucken in den Beinen, da steh ich dann oft auf, und manchmal schau ich dann aus dem Fenster. Und da hab ich schon öfters eine ins Haus kommen sehen, oder gehen, immer mitten in der Nacht. Ein Riesenweib.« – »Ob die sich eine Untermieterin genommen haben?«, hat der Luber überlegt. »Des glaub ich net. Außerdem, warum sollt die dann nachts draußen rumschleichen? Ich glaub eher, dass die sich eine solchene holen, ha, Sie wissen schon, so eine vom Frauentorgraben!« – »Allmächt!«, hat die Luberin gesagt. »In unserm Haus! Und mit den zwei Buben in der Wohnung! Des is ja allerhand!«

Mir ist fast das Herz stehengeblieben. Heiliger Gott, hab ich gedacht, jetzt geht's mir an den Kragen. Jetzt ist es aus, ich kann keine Spaziergänge mehr machen. Die geben jetzt bestimmt jede Nacht Obacht, und dann erkennen die mich. Oder sie sprechen die Edith drauf an. Oder, noch schlimmer, sie fragen die Buben aus. Ich hab mich in die Wohnung geschlichen, Gott sei Dank war die Edith noch nicht da, und hab mich an den Küchentisch gesetzt. Drüben im Wohnzimmer haben die Buben grad im Fernsehen ihre Lieblingsserie Westlich von Santa Fé geschaut, mit einer großen Schießerei, des weiß ich noch wie heut. Ich hab erst einmal einen Schnaps gebraucht, obwohl ich mir sonst eigentlich nix aus dem Zeug mach. Es war bloß ein Underberg da für die Verdauung, aber des war mir egal. Ich war in der Panik, hab bloß noch gedacht, was mach ich denn jetzt, was mach ich denn jetzt? Was sag ich, wenn die mich fragen? Und was sag ich der Edith? Eins hab ich dabei gewusst: Wenn ich keine Frauensachen mehr anziehen kann, dann geh ich drauf. Des halt ich net aus. In meinem Kopf hat sich alles durcheinander gedreht. Am liebsten wär ich auf und davon. Ja, wirklich wahr, ich hab ganz ernsthaft dran gedacht, alles liegen und stehen zu lassen und einfach wegzurennen, ganz weit weg, wo mich keiner findet. Heut hört man ja so viel drüber, dass Menschen von einem Tag auf den anderen verschwinden. Dass welche nicht mehr vom Zigarettenholen zurückkommen. Manchmal denk ich, da könnten viele drunter sein, die dasselbe Problem haben wie ich.

Die Edith hat mich dann mit dem Magenbitter gesehen, als sie heimgekommen ist. »Ist dir schlecht?«, hat sie gefragt. »Du bist ja käseweiß!« Ich hab bloß genickt. Da hat sie mir extra eine Schleimsuppe gekocht zum Abendessen. Vor Schleimsuppe hab ich mich schon als Kind gegraust, aber jetzt hab ich sie halt essen müssen. Ja, man lacht. Aber ich, ich hätt heulen können.

An dem Abend ist mir dann die rettende Idee gekommen: Wir müssen umziehen! Die ganze Familie. Am besten raus aus der Stadt, aufs Land. Dahin, wo uns keiner kennt. Wo mich keiner kennt. Da hab ich dann mehr Freiheit, hab ich mir eingeredet. Da geht des bestimmt leichter mit meinen Spaziergängen. Die Edith und ich haben vorher schon oft darüber geredet, dass wir irgendwann einmal ein Häuschen kaufen wollen, deswegen hatte ich auch den Bausparvertrag. Der war zwar noch nicht fertig angespart, aber man kann ja auch ein Haus mieten. Menschenskind, hab ich gedacht, des ist die Lösung! Fort, bloß fort aus der alten Umgebung. Mein Entschluss war eigentlich schon gefasst, als ich am nächsten Morgen beim Frühstück mit meiner Familie gesprochen hab. »Was würdet ihr sagen, wenn wir uns ein kleines Häuschen suchen, irgendwo auf dem Land?« Der Werner hat sich beinah an seinem Bamberger verschluckt. »Ich will aber net weg!«, hat er gleich protestiert. Der Klausi hat gefragt, ob er dann noch mit dem Ernstl spielen kann, seinem besten Freund. Die Edith hat erst gar nichts gesagt und dann bloß: »Na ja, schön wär's schon. Wir müssen ja nix überstürzen.« Da ist der Werner beleidigt aus der Küche gestiefelt. Aber des war mir in dem Moment ganz gleich. Selbstsüchtig war ich, des geb ich zu. Ich hab nur an mich und mein Problem gedacht.

Von da an hab ich keine Ruh mehr gegeben. Der Umzug ist für mich zu einer fixen Idee geworden. Jeden Früh hab ich auf dem Weg ins Geschäft eine Zeitung gekauft und die Seite mit den Vermietungen studiert. Wenn was in Frage gekommen ist, hab ich der Edith die Annonce gezeigt. Und den Buben hab ich das Vorhaben in den schönsten Farben ausgemalt. Denkt amal, da könnt ihr dann jeden Tag im Wald umeinanderrennen, hab ich gesagt, und wir bauen miteinander ein Baumhaus. Und im Sommer stell ich euch im Garten des Zelt auf zum Übernachten, und wir braten Würstle am Lagerfeuer. Der Edith hab ich schon angemerkt, dass ihr des alles zu schnell geht, aber ich hab ihr doch net sagen können, warum's mir so pressiert hat. Ich hab mich doch nachts nicht mehr rausgetraut wegen der Nachbarn, und des hat mich bald wahnsinnig gemacht. Blut und Wasser hab ich geschwitzt vor Angst, dass alles herauskommt. Ab und zu bin ich in den Keller, bloß damit ich meine Frauenkleider anfassen kann. Da hab ich dann wenigstens über den feinen Stoff gestreichelt und mir vorgestellt, dass ich damit herumlauf.

Ein paar Häuser hab ich allein angeschaut, ohne die Edith, aber die waren alle zu groß oder zu teuer, oder es war irgendein Haken dabei. Zu nah an der Stadt wollt ich auch nicht sein, ich hab mir eingebildet, es muss schon ein richtiges Dorf sein. Nur dort hab ich meine Rettung gesehen. Ich hab mir eingebildet, dass es dann so wird wie damals in Pyras, als ich zum ersten Mal nachts raus bin und dabei so froh war. Und dann war da diese Anzeige: Kleines Haus mit Garten in Wachendorf zu vermieten, Baujahr 29, vier Zimmer, 800 qm Grund. Wachendorf hab ich gekannt, noch von meinen Kerwa-Zeiten her, des war ein richtiges Kaff, ein paar Häuser, eine Kirche, eine Dorfwirtschaft, richtig ländlich halt. Des wär's, hab ich gedacht. Ich bin dann gleich am nächsten Sonntag mit der Edith hingefahren und hab mich mit dem Besitzer getroffen. Mir hat das Haus auf Anhieb gefallen, ich war ja völlig blind gegenüber allen Nachteilen. Die Edith hat gleich gesehen, dass vieles in schlechtem Zustand war. Sie hat schon recht die Stirn gerunzelt, aber immerhin hat sie den Garten romantisch gefunden mit seinen Apfelbäumen und dem schönen Fliederbusch. Die hat ja gar kein Landleben gekannt, sie ist ja in der Stadt aufgewachsen. Ich hätt sofort zugeschlagen, aber die Edith wollte noch eine Nacht drüber schlafen. Wir sind dann wieder heimgefahren und haben uns ausgemalt, wie es sein könnte. Der Werner war ja schon mit der Schule fertig und hätt sich eine Lehre in der Nähe suchen können. Der Klausi hätt in Zirndorf seine Schule gehabt, des war nicht so weit. Und wir könnten jeden Tag über Zirndorf nach Nürnberg in die Arbeit fahren, höchstens eine halbe Stunde. Ich war so aufgekratzt, hab Witzle gemacht, hab geglaubt, ich hätt das Himmelreich gefunden mit diesem Haus. Aber die Edith war gar nicht überzeugt. »Willst du des wirklich so übers Knie brechen?«, hat sie gefragt. »Das Haus ist doch schon a weng alt. Wart halt noch, vielleicht kommt ja was Besseres. Ich versteh net, warum du's so eilig hast. Uns treibt doch keiner.« Doch, freilich. Mich hat schon was getrieben, und zwar wie! Ich war nicht mehr zu bremsen. »Des Haus richt ich schon her«, hab ich gesagt. »Des wird ein richtiges Schmuckstück! Wirst schon sehen.« Den ganzen Tag hab ich auf die Edith eingeredet und auf die Buben. »Vielleicht schaffen wir uns ja in Wachendorf einen Hund an oder eine Katz. Oder Hasen!« Da waren die Buben begeistert, des hat endlich auch unser Wernerle überzeugt. Und die Edith, die Gute, hat sich halt gefügt.

Zwei Tage später hab ich den Mietvertrag unterschrieben.

Beim Umzug hat uns der Erwin geholfen, auch wenn er beim Helfen dauernd gesottert hat. »Du bist doch net ganz gescheit«, hat er geschimpft. »Was wollt denn ihr in so einer alten Hütt'n? Und so weit weg von euerm Geschäft, wo sich Fuchs und Has gut Nacht sagen!« Ich hab ihn reden lassen. Mir war alles egal, außer dem Problem, wie ich meine Frauenkleider mit umziehen kann, ohne dass die Edith sie entdeckt. Drei Tage hab ich den Karton mit den Sachen im Kofferraum mit mir herumgefahren, bis die Luft rein war und ich sie in dem kleinen Schuppen neben dem Haus in Sicherheit bringen hab können. Später hab ich dann ein prima Versteck dafür gefunden, im Keller, in meiner kleinen Werkstatt.

Als wir dann die erste Nacht im neuen Haus verbracht haben, im Frühjahr 67, war ich glücklich. Hier wird's uns gutgehen, hab ich gedacht. Hier wird für mich alles besser, jetzt bin ich raus aus dem Käfig. Ich hab mich so gefreut, des kann ich gar net sagen. Hab gemeint, jetzt fängt ein neues Leben an, in dem ich leichter wie eine Frau sein kann. Ja, so ein Schmarrn. Als ob des was hätt ändern können. Als ob ich in Wachendorf plötzlich keinen männlichen Körper mehr gehabt hätt. Mensch, so blöd war ich. Des Zeug in mir, des hat mich einfach nicht mehr richtig denken lassen.

Und dann geh ich nach Wachendorf, ich Depp! Ja, des war mein größter Fehler, dass ich damals aus Nürnberg weg bin. So ein Blödsinn war des. Gar nix hat des gebracht. Im Gegenteil, eigentlich ist dadurch bloß alles verzögert worden. Heut weiß ich des, aber damals hab ich geglaubt, Wachendorf wär meine Rettung. In meinem Überschwang hab ich erst viel später gesehen, was die Edith sofort gesehen hat: Innen war an dem Haus überhaupt nix schön, außer dem Wohnzimmer. Im Bad ist in den Ecken der schwarze Schimmel gehockt. Die Küche war viel zu klein und das Schlafzimmer auch, wir haben den großen Schrank gar nicht hineingekriegt. Im Flur war ein Holzboden, da haben die morschen Dielen zum Gotterbarmen geknarrt. Und die zwei Zimmerle für die Buben waren finster und haben gemuffelt. Durch die Fenster hat's gezogen wie auf dem Plärrer. Ich hab erst einmal alles weißeln und tapezieren müssen. Dann hab ich das Bad gefliest und im Wohnzimmer eine schöne Holzdecke eingezogen, immer alles neben der Arbeit, am Wochenende. Dann das Dach gedämmt. Ja, ich war schon immer ein Handwerker, da macht mir keiner was vor. Das ganze Haus hab ich auf Vordermann gebracht, dass die Edith bloß so gestaunt hat. Die viele Arbeit hat mir überhaupt nix ausgemacht, vor lauter Freud darüber, dass ich jetzt nachts endlich wieder spazieren gehen kann.

In den ersten zwei Wochen hab ich mich noch zusammengerissen. Ich bin zwar nach Mitternacht ins Freie, aber nicht in meinen Frauensachen. Das hab ich mich noch nicht getraut. Ich wollt erst einmal schauen, was nachts so los ist im Dorf. Wie lang in den Häusern Licht ist, ob da außer mir noch jemand draußen rumläuft. Ob Hunde bellen oder ob die Polizei regelmäßig Runden fährt. Ich hab mir einen schönen Weg ausgesucht, wo ich entlanglaufen wollte. Und dann, endlich, war es so weit. Vorher war ich noch mal beim Lumpensammler, der hat mich inzwischen schon gekannt. Ich hab ihm immer gesagt, die Sachen sind für meine Frau, wir müssen sparen und können uns halt nix Neues leisten. Na ja, den hat's gefreut. »Da hab ich extra was für Sie aufgehoben«, hat er gesagt, »schauen's her, is des net ein elegantes Kleid? Und wie neu!« Ich war ganz weg: weiße Seide, ein langer, schwingender Rock, V-Ausschnitt und lange Ballonärmel. So was Schönes! Ich hab's sofort gekauft, ein bisschen weiter genäht, und dann wurde es in Wachendorf eingeweiht. Noch nie in meinem Leben hab ich mich so schön gefühlt. Des war natürlich ein ausgemachter Blödsinn, ausgerechnet was Weißes anzuziehen, damit ich in der Dunkelheit schön auffall, aber mir war alles wurscht. Ein hellrosa Kopftuch hab ich mir auch noch besorgt, und so bin ich dann durchs Dorf. Das war ein inneres Aufatmen! Aber immer war auch die Angst dabei, dass mich einer sehen könnt. Heut mein ich, vielleicht war des auch ein gewisser Reiz. Aber wichtig war in erster Linie immer, dass ich nur so als Frau gehen hab können.

Um diese Zeit muss es auch gewesen sein, dass ich angefangen hab, das Geschäft schleifen zu lassen. Den ganzen Tag hab ich auf die Nacht hingefiebert, hab überlegt, wo ich diesmal rumgehe und was ich diesmal anziehe. Wenn's nach Schlechtwetter ausgesehen hat, bin ich immer wieder vor die Ladentür und hab den Himmel angeschaut. Hoffentlich hält's aus, hab ich gedacht. Weil der Edith im Ernstfall begreiflich zu machen, dass ich wegen meiner Schlaflosigkeit auch dann durch die Gegend lauf, wenn's Backsteine regnet, des wär vielleicht schwierig geworden.

Inzwischen war es für meine Familie und mich ganz selbstverständlich, dass ich daheim jeden Tag meine Frauenschürze getragen hab. Aber so ist des mit dem Syndrom, man will immer mehr und mehr. Also kam es so, dass die Edith und die Buben an einem Sonntag die Oma in Nürnberg besuchen und mit ihr in den Tiergarten gehen wollten. Ich hab irgendeine Ausrede gefunden, damit ich daheimbleiben kann. Kaum war ich allein, bin ich in den Keller und hab mich ganz als Frau angezogen. Mit Rock, Bluse, Strümpfen, komplett. Ach, den Tag hab ich so genossen! Ich hab im Haus herumgewerkelt, hab in der Edith ihren Frauenzeitschriften geblättert, gemütlich Kaffee getrunken, immer in dem Gefühl, dass ich eine Frau bin. In den Garten hab ich mich natürlich net getraut, da hätt mich ja einer sehen können. Mein Reich war drinnen, und da war ich einen Tag lang Königin! Immer wieder hab ich mich vor den Spiegel gestellt und bewundert. Als es auf sechs Uhr zuging, musste ich mich schweren Herzens wieder umziehen, damit ich die Edith und die Buben in Männerkleidern begrüßen kann. An diesem Abend hab ich zum ersten Mal das Gefühl gehabt, ich spiele bloß den Mann. Wie in einem Film. Wirklicher bin ich mir in den Stunden vorher als Frau vorgekommen.

Das ging noch zwei-, dreimal gut, bis ich eines Nachmittags einen Fehler gemacht hab. Vorher hatte ich noch eine prima Schweinskopfsülze gekocht, mit Rüssele und Bäckle und Füßle. Fünfzehn fertige Tellersülzen standen im Schlafzimmer, weil's dort am kühlsten war, und ich war müde und hab mich für ein Nickerchen aufs Sofa gelegt. Auf einmal mach ich die Augen auf und seh die Edith und die Buben ins Zimmer kommen. Eigentlich wollten sie in die Nachmittagsvorstellung vom Admiral-Kino gehen, ins Dschungelbuch. Aber das Kino war schon voll, und da haben sie bloß ein Eis gegessen und sind wieder heimgefahren. Ich konnt mich im ersten Moment vor Schreck gar nicht rühren. Heiliger Strohsack, jetzt ist alles aus, hab ich gedacht. Jetzt wissen sie die Wahrheit! Aber was soll ich sagen? Nix ist gewesen. Die Buben haben bloß einen kurzen Blick auf mich geworfen und sind dann sofort zum Fernseher gerannt, um ja kein Programm zu verpassen. Was ich angehabt hat, des hat die überhaupt nicht interessiert. Und die Edith hat bloß die Stirn gerunzelt. Ich hab ein bissle herumgestottert, dass ich so geschwitzt hab beim Sülzekochen und dass ein Rock einfach viel luftiger und bequemer ist bei der Hitze. »Da hast du recht«, hat sie gelacht. »Im Sommer tät ich auch net gern lange Hosen tragen.« Den Stein, der mir in dem Moment vom Herzen gefallen ist, den hat man bestimmt noch in Nürnberg drin rumpeln hören.

Ab da hab ich mich getraut. Immer öfter, wenn wir abends von der Arbeit heimgekommen sind, hab ich mich umgezogen. Nix extrem Weibliches, keine sexy Sachen oder so, bloß einen dunklen Rock und dazu eine hochgeschlossene Bluse oder ein dünnes Pulloverchen. Und drüber die übliche Schürze. Die Buben haben sich einfach dran gewöhnt, für die war des völlig normal, dass ich außer Haus und im Haus unterschiedlich angezogen war. Ich hab bloß gehofft, dass sie in der Schule keinem erzählen, wie der Papa daheim rumläuft. Sonst hätt man sie doch gehänselt, und das war das Letzte, was ich gewollt hätt.

So war Wachendorf für mich eine große Verbesserung. Na ja, wenn Besuch gekommen ist, bin ich dann immer schnell gerannt, hab alles stehen und liegen lassen und mich umgezogen. Des ist schon gegangen. Die Edith hat mich jedes Mal ausgelacht. Später hat sie mir erzählt, dass des alles für sie so was wie ein Spiel war. Das ganze Jahr ein bissle Fasching, so ähnlich vielleicht. Wenigstens oberflächlich. Innen drin hat sie schon ein komisches Gefühl gehabt, aber sie hat immer noch nicht tiefer drüber nachdenken wollen. Sonst war ja alles gut mit uns, ein Herz und eine Seele waren wir. Alles haben wir miteinander geteilt, die Edith und ich. So eine Frau gibt's nimmer. Die war die erste große Liebe in meinem Leben. Sexuell hat's ja net richtig geklappt mit uns, aber halt kameradschaftlich, da waren wir unschlagbar. Da hat alles perfekt gepasst. Ganz bestimmt haben sich manch andere Ehepaare schlechter verstanden als wir, da verwett ich einen Haarschnitt drauf!

Unsere Familie hat dann auch noch Zuwachs bekommen: Weil ich es den Buben versprochen hatte, haben wir uns erst ein weiß-braun geflecktes Katerle vom Bauernhof zugelegt, den Hopsi. Und kurz darauf einen kreuzbraven Schäferhund, der das Haus bewacht hat. Groll hat der geheißen, und er hat mit dem Kater aus einem Napf gefressen. Ganz liebe Viecher waren des. Die Buben waren glücklich und wir auch.

Mit den Nachbarn haben wir uns bald gut verstanden. Besonders ein verwitweter Bauer, der Hanni, der hat uns gerngehabt. Ab und zu hat er uns ein paar frisch gelegte Eier geschenkt oder ein Körble Stachelbeeren. Die Edith hat ihn dafür mit selbergebackenem Kuchen versorgt. Einmal ist er vorbeigekommen und hat uns ein paar lebende Forellen gebracht, grad erst geangelt, da haben wir eine Freud gehabt. Wir haben die Fische aus dem Eimer in unsere Badewanne geschüttet, und dann bin ich mit dem Hanni auf ein Bier gegangen. Ich hab natürlich angenommen, meine Frau haut die Fische auf die Köpf, wie man des halt so macht. Nachgefragt hab ich net. Auf die Idee bin ich net gekommen, dass die Edith so was gar nicht fertigbringt, weil ihr des zu brutal ist. In ihrer Not hat sie hin und her überlegt, wie sie bloß die Forellen totkriegt, und dann hat sie einfach ein paar Schlaftabletten ins Wasser geschmissen. Dann ist sie aus dem Bad gegangen, damit sie nicht sehen muss, wie die Viecher sterben, und wie sie nach einer Stunde wieder nachgeschaut hat, sind die Forellen mit den Bäuchen nach oben in der Wanne geschwommen. Die sind bestimmt friedlich eingeschlafen, hat die Edith gedacht und sich gefreut. Wie ich heimgekommen bin und sie mir des erzählt hat, bin ich beinah vom Stuhl gekippt. »Die kann man doch nimmer essen«, hab ich gesagt. Aber weil wir uns den ganzen Tag schon auf Forelle blau gefreut haben, wollten wir die Schlaftabletten-Fische jetzt auch nicht wegschmeißen. Na ja, haben wir gedacht, mehr als schläfrig werden können wir doch net. Die Buben wollten sowieso nix. »Die glotzen uns ja noch vom Teller aus an«, hat der Klausi gemeint. Dafür haben die zwei ein paar Spiegeleier gekriegt. Also, geschmeckt hat man nix. Die Fische waren einwandfrei! Bloß hinterher, da sind die Edith und ich auf dem Sofa gesessen und waren so müd, dass wir noch vor der Tagesschau eingeschlafen sind. Seitdem hab dann ich immer die Forellen vom Hanni geschlachtet.

Ich hab gedacht, so kann's weitergehen. So lässt sich's aushalten. Des lass ich mir eingehen, so ein Leben. Aber da hab ich mich getäuscht. Es ist mir immer schwerer gefallen, jeden Tag als Mann ins Geschäft zu gehen. So eine Abneigung hab ich gehabt, so einen Widerwillen, des war fast ein körperlicher Schmerz. Abends beim Ins-Bett-Gehen hab ich mich immer schlimmer gefühlt, wenn ich die Frauenkleider ausgezogen und dann nackt vor dem Spiegel gestanden hab. Ganz egal, was du anziehst, hab ich mir dann gedacht, du bist und bleibst doch ein Mannsbild. Geekelt hab ich mich vor mir selber, hab mich abstoßend gefunden. Das Ding zwischen meinen Beinen hab ich so gehasst, des kann ich gar nicht mit Worten ausdrücken. Schreien hätt ich wollen, so eine Verzweiflung war des. Losrennen und nie mehr stehen bleiben. Ja, im Spiegel hab ich halt immer die Wahrheit sehen müssen. Der war unbarmherzig. Ich weiß noch, einmal, da war die Edith im Bad, und ich hab dagestanden und gedacht: Des ist doch mein Körper, wie kann ich den so hassen? Der funktioniert doch, der ist doch in Ordnung, der ist nicht krank oder verwachsen. Ich muss doch einen Klaps haben. Ich gehör doch eingeliefert, ich bin total verrückt. Auf einen Schlag ist mir da schlecht geworden. Ich bin aufs Klo gerannt und hab mich übergeben.

Ja, des war wie eine Spirale, in der es dauernd abwärtsgeht. Wie ein Strudel, der dich immer tiefer runterwärts zieht. In dieser Nacht musste ich raus, unbedingt. Ich hab wieder mein schönstes Kleid angezogen, das weiße, und bin bis fast zum Sonnenaufgang durchs Dorf. Dabei hab ich bloß geheult.

Am nächsten Tag bin ich im Bett geblieben, zum ersten Mal seit ich das Geschäft aufgemacht hab. Die Edith hat geglaubt, ich hätt die Darmgrippe. Aber in Wirklichkeit war es bloß das heulende Elend.

Mit dem Geschäft ist es auch langsam schlechter geworden. Die Dekorationsständer sind immer weniger gegangen. Man hat inzwischen die Schaufenster ganz anders dekoriert, das war halt eine neue Mode. Unsere Produkte waren nicht mehr so gefragt, höchstens noch die Wühlkörbe, die wir aus Draht gemacht haben. Und nur vom Verkauf von Preisschildchen und Plakaten kann man auf Dauer nicht leben. Vielleicht hätt sich noch was machen lassen, aber ich war im Kopf immer weniger in der Lage, an was anderes zu denken als an mein Problem. Immer öfter bin ich daheim geblieben, bloß damit ich als Frau herumlaufen kann. Die Edith hat des gar nicht so mitbekommen, weil sie ja meistens im anderen Laden war. Ich hab vergessen, Rechnungen zu schreiben, hab schlampige Angebote gemacht, an denen nix verdient war. Hab nicht mehr die Zahlungseingänge kontrolliert. Sogar Termine mit Kunden hab ich versäumt, weil das Zeug in mir übermächtig war. Des hat alles vernichtet. Wenn ich des nicht in mir gehabt hätte, Herrgott, wer weiß, wo ich jetzt stehen würde. Ich war so blöd, ich bin auch nicht mehr auf die Messen gefahren, wo ich sonst immer meine Modelle ausgestellt hab, nach Frankfurt und Hannover. Da hab ich bis dahin immer ein Mordsgeschäft gemacht, aber des war mir inzwischen so unwichtig. Ich wollt ums Verrecken nimmer hin, aus dem einzigen Grund, weil ich dort ein paar Tage lang keine Möglichkeit gehabt hätte, mich als Frau anzuziehen. Mir war nichts mehr wichtig, nur noch das eine. Und so ist der Umsatz halt immer weiter zurückgegangen. Ich hab dann gedacht, vielleicht wird's besser, wenn ich mehr Dekorationsartikel ins Sortiment aufnehme, Oster- und Weihnachtsschmuck, Kindergeburtstagszeug und so. Und Faschingssachen. Und Bastelbedarf. Auch das war am End ein Fehler, aber ich hab damals einfach nicht mehr klar denken können. Auf unseren Geschäftspapieren stand jedenfalls jetzt: Hermann F., Fachbetrieb moderner Dekorationsgeräte, Vertrieb von Dekorations-, Fest- und Karnevalsartikeln wie Blumen, Dekopapier, Molton,

Preisschilder, Büsten, Buchstaben, Zahlen, Farben sowie Bastlerbedarf. Lochplatten und Zubehör. Blickfänge und Schaufenstermotive werden nach eigenen Wünschen angefertigt. Schaufensterumbauten und Veränderungen werden schnell und sorgfältig durchgeführt. Diskrete persönliche Bedienung und Beratung in allen Dekorationsfragen. Auch Vermittlung von Dekorateuren möglich.

Ja freilich, das hat alles recht gut geklungen, aber ich hab's einfach nicht mehr im Griff gehabt. Der Krebs hat alles überwuchert.

In Wachendorf hat's dann bald geheißen: Bei uns spukt's! Die »Weiße Frau« geht um, nachts im Dorf! Die Leut waren ja noch abergläubischer als heut, jedenfalls viele. Im Wirtshaus gab es nur noch ein Thema: mich. Ich bin ja jeden Freitag zum Schafkopfen gegangen, das war quasi meine Tarnung. Und da hab ich mich benommen, so männlich, wie's bloß ging. Das hab ich immer so gemacht, wenn ich unter Männern war. Die Schellen-Sau hab ich beim Solo auf den Tisch geprellt, Bier hab ich getrunken, über die Weiber hab ich mit den anderen gelästert, der Bedienung auf den Hintern geklatscht. Lauter solche Sachen. Wie hätten die Wachendorfer da auf die Idee kommen sollen, dass ihre »Weiße Frau« der F.s Hermann war, ihr Kartelbruder und Saufkumpan. Der Trümmer-Kerl, der den Kirchweihbaum fast allein aufstellt. Der brave Nachbar mit Frau und Söhnen, Hund und Katz. Der den Bauern beim Holzmachen hilft und beim Eindecken vom Scheunendach. Heut kann ich beinah drüber lachen, und damals bin ich mir recht gescheit vorgekommen.

Aber die Wachendorfer waren auch nicht auf der Brennsuppe dahergeschwommen. Ein paar ganz Mutige haben überlegt, wie sie die »Weiße Frau« packen könnten. Leider hab ich des irgendwie nicht mitbekommen, ich weiß nicht mehr, warum. Jedenfalls haben die sich immer abwechselnd zu zweit auf die Lauer gelegt. Und eines Nachts, als ich wieder einmal losgezogen bin in meinem schönen weißen Kleid, da war's dann so weit. Diesmal hatte ich zum Glück die Idee, ich will einmal wie eine Frau Fahrrad fahren. Also hab ich mir den alten Drahtesel von der Edith geschnappt und bin losgeradelt. Des war herrlich, unterm Rock den Wind an den Beinen zu spüren. Bis zur Kirche bin ich gefahren, dann abgestiegen und ein bisschen herumspaziert. Auf einmal hör ich ein Geräusch, und da rumpeln auch schon zwei Gestalten ums Eck. Ich drauf aufs Rad und gestrampelt, was das Zeug hält. Die hinter mir her. »Halt!«, haben sie gebrüllt, »Stehen bleiben!« Ich bin so schnell geradelt wie noch nie in meinem Leben, die Oberschenkel haben mir gebrannt wie Feuer, und der Schweiß ist mir bloß so runtergelaufen. So hab ich Gott sei Dank langsam Land gewonnen. Als ich zum Haus gekommen bin, hab ich mein Rad mit letzter Kraft über den Zaun ins Gebüsch geschmissen und bin zur Tür hinein. Vom Küchenfenster aus hab ich dann hinterm Vorhang zugeschaut, wie meine zwei Verfolger ratlos auf der Straße herumgestanden sind. »Weg«, hat der eine gesagt. »Einfach weg! Hund und Sau!«

Dann haben sie mit den Schultern gezuckt, sich umgedreht und sind heimgeschlichen.

Das war mein letzter Spaziergang als »Weiße Frau«.

In dieser Nacht ist mir klargeworden, dass es auch in Wachendorf für mich keine Freiheit gibt. Ich war am Boden zerstört. Am Wochenende drauf, als ich Gartenabfälle verbrannt hab, hab ich mein schönes weißes Kleid ins Feuer geworfen und alle anderen Frauensachen gleich mit. Es hat ja alles keinen Sinn mehr gehabt, ich konnte nachts ja doch nicht mehr raus. Und tagsüber? Ich hab doch gewusst, dass mir des nicht ausreicht. Ich seh mich heut noch vor dem Feuer stehen und zuschauen, wie die ganzen schönen Kleider verbrennen. Dabei hab ich gedacht, es gibt nur einen Weg: Ich muss die Frau in mir drin vergessen und verdrängen. Vielleicht, wenn ich's ein paar Monate lang durchhalte, die zu unterdrücken, schaff ich es. Ich muss des verdammte Zeug in mir losbringen, hab ich mir gedacht, sonst werd ich verrückt. Also hab ich mir wieder einmal geschworen: Nie mehr! Nie mehr zieh ich diese Verkleidung an! Wenn die mich erwischt hätten, in der Nacht, des hätt ja meine ganze Familie mit in den Abgrund gezogen. Des wär doch auch an der Edith und den Buben hängengeblieben. Und ich wusste doch, wie die im Dorf über Homosexuelle sprechen. Hundertfünfundsiebziger, warme Brüder, vom andern Ufer, so haben sie die geschimpft. Perverse sind das! Abartige! Sogar das Wort vom Vergasen ist in der Wirtschaft schon gefallen. Und für so jemanden hätten die mich dann ja gehalten. Damals hat doch keiner gewusst, dass es Menschen gibt so wie mich, die einfach im falschen Körper leben. Es war doch eine Zeit, da war des alles noch unbekannt. Und selbst wenn, die hätten mich vermutlich für noch abstoßender gehalten. Ach Gott, vielleicht haben die ja recht, hab ich mir gedacht. Vielleicht bin ich eine Verirrung der Natur. Aber ich kann doch auch nix dafür. Ich tu doch niemandem was. Der Einzige, der leidet, bin ich. Ausgerechnet ich muss des in mir drin haben. Von allen Menschen auf der Welt. Was hab ich bloß verbrochen, dass ich so gestraft werde?

Ich bin dann in so ein tiefes schwarzes Loch gefallen, des kann ich gar nicht beschreiben. Da gibt's keine Worte dafür. In der Früh konnt ich kaum aufstehen, hab mich in die Arbeit geschleppt. Das Geschäft war mir so egal. Es war sowieso schon so viel durcheinander, und ich hab alles noch mehr schleifen lassen. Jedes Kundengespräch hat mich so viel Kraft gekostet, als hätt ich einen riesigen Berg bestiegen. Ich konnt mich auch kaum noch konzentrieren. Immer weniger Geld ist hereingekommen, nach und nach hab ich meine Leute entlassen müssen, weil's einfach nicht mehr gereicht hat. Wenn Mahnungen kamen, hab ich die manchmal einfach weggeschmissen oder bloß eine Teilsumme bezahlt und gedacht, die rühren sich dann vielleicht nicht mehr. Das war natürlich ein frommer Wunsch. Wenn einer sein Geld will, ist er immer hartnäckig, und zu verschenken hat keiner was, des war schon immer so. Manche sind dann auch ins Geschäft gekommen, haben mit der Faust auf den Tisch gehauen und ihr Geld haben wollen. Denen hab ich dann halt gegeben, was grad in der Kasse war. In der Öffentlichkeit hab ich versucht, mich zusammenzureißen, hab mit allen geplaudert und gelacht, aber sobald ich allein war, wie soll ich des beschreiben? Da ist alle Kraft aus mir gewichen, wie aus einem Luftballon, pffft. Nachts bin ich nicht mehr aus dem Haus, ich hätt ja auch keine Kleider mehr gehabt. Aber schlafen hab ich erst recht nicht können.

Und dann folgte schon das nächste Unglück. Es war der Winter 1968, kurz vor Weihnachten. Da kommen wir von der Arbeit heim, die Edith und ich, und sehen schon von weitem die Feuerwehr vor unserem Haus stehen. Überall war Qualm. Unser erster Gedanke war: Lieber Gott, der Klausi! Der Werner ging damals ja schon bei der Sparkasse in die Lehre, Bankkaufmann hat er da gelernt, und kam unter der Woche erst nach uns heim. Deshalb war der Klausi nachmittags immer allein. Gott sei Dank ist er uns schon vom Nachbarhaus her entgegengerannt, in Tränen aufgelöst und ganz durcheinander. Da waren wir so froh, es war für uns erst einmal das Allerwichtigste, dass ihm nix passiert ist. Und zum Glück hat die Feuerwehr noch so rechtzeitig gelöscht, dass nur das Wohnzimmer ausgebrannt ist. Trotzdem bedeutete es für uns einen großen Schaden, grad jetzt, wo doch das Geld knapp war. Wir waren ganz fertig. Das Traurigste war, dass wir unseren Hopsi bloß noch tot in der Ecke hinter der Tür gefunden haben, erstickt. Der Klausi hat ihn in seinem Jammer noch gepackt und in die Badewanne gesteckt und abgebraust, aber das hat natürlich nix genutzt. »Des Katerle kriegt jetzt eine ordentliche Beerdigung«, hab ich zum Klausi gesagt. Wir haben den Hopsi schön in Papier eingewickelt und im Garten begraben. Und dann hab ich meinen Sohn zur Seite genommen. »Hast du gezündelt?«, hab ich ihn gefragt. »Sei ehrlich!« Stein und Bein hat er geschworen, dass er nix gemacht hat. »Mit dem Thomas und dem Heinzi bin ich am Bergle gewesen«, hat er geheult. Ich hab schon so eine Ahnung gehabt, dass des nicht die ganze Wahrheit ist, aber ich hab ihn in Ruhe gelassen. Er war doch noch ein Kind. Und sein Katerle war tot. Was soll man da noch strafen? Erst viele Jahre später hat mir der Klaus gestanden, dass er damals vor lauter Langeweile neben dem Wohnzimmerbüfett eine Kerze angezündet hat, weil ja Weihnachten vor der Tür stand. Dann haben ihn seine Freunde zum Schlittenfahren abgeholt, und er hat die Kerze einfach vergessen. Das war's. Bis zu seinem Geständnis hat unsern Klaus das Gewissen geplagt, und er war froh, dass er die Wahrheit endlich losgeworden ist. Er ist immer so ein anständiger Bub gewesen.

Der Brand und die damit verbundenen Kosten – das Haus war schon versichert, aber nicht die Einrichtung – haben natürlich alles noch schlimmer gemacht. Ich hab hin und her überlegt, ob ich den Laden in der Bauerngasse aufgeben soll oder ob ich noch jemanden entlassen muss oder einen Kredit aufnehmen. Vor der Edith hab ich mir nichts merken lassen, aber sie hat schon gespürt, dass es mir schlechtgeht. Darum hat sie mir zum Geburtstag ein besonderes Geschenk gemacht: Zwei Karten für die »Amigo-Bar« in Nürnberg. Die hatten eine Sondervorstellung: Als Frauen verkleidete Männer waren angekündigt, die sollten berühmte Künstlerinnen imitieren. Alles Transvestiten, des hab ich schon gewusst. Für Nürnberg war das damals eine Sensation! Ich hab mir schon lange vorher den Kopf drüber zerbrochen, ob ich vielleicht so ein Transvestit sein könnte. Irgendwann, schon Jahre zuvor, hab ich am Kiosk eine Zeitschrift entdeckt, »Wochenend« hieß die, na ja, die war nicht so ganz jugendfrei. Da stand auf dem Titelblatt ganz groß »Günther S. (39) – Bekenntnisse eines Transvestiten«. Das Heft hab ich mir sofort gekauft, und darin hat dieser Günther S. aus Berlin über sich erzählt. Ich hab das so verstanden, dass die Transvestiten sexuelle Befriedigung aus der Verkleidung ziehen, aber doch nicht wirklich Frauen sein wollen. Der Günther hat sich Lola genannt und ist auf den Strich gegangen. Des hat mich abgeschreckt. So bin ich nicht, hab ich mir gedacht. Mir geht es nicht um das Sexuelle. Ich will doch auch nix mit Männern haben. Ich will einfach bloß einen anderen Körper. Die Verkleidung hat mir nie genügt, höchstens mein Leiden gelindert und mir das Leben erträglicher gemacht. Also hab ich den Gedanken daran, dass ich so ein Transvestit sein könnte, schnell wieder verworfen. Das war für mich eine Enttäuschung, weil ich gedacht habe, vielleicht gibt's doch noch andere Menschen, denen es so geht wie mir. Dann wär ich nicht so allein gewesen. Aber ich war eben allein.

Jedenfalls, die Edith hat gedacht, der Abend in der »Amigo-Bar« muntert mich auf, weil ich doch so gern Frauenkleider anziehe. Und sie hat recht gehabt: Die Vorstellung, einmal einen Transvestiten zu sehen, hat mich schon herausgerissen aus meinem Loch. Ich hab gehofft, dass dann vielleicht irgendwas mit mir passiert. Dass mir dann eine Lösung einfällt. Oder dass ich mich dann endlich selber besser versteh. Genau kann ich das gar nicht sagen. Vielleicht waren das ja doch Leidensgenossen, hätt ja sein können. Und ich hatte ja noch nie einen Mann gesehen, der öffentlich als Frau auftritt. Was ich gemacht hab, war ja nur unvollkommen. Ich hab mich nie geschminkt oder eine Perücke aufgesetzt oder Stöckelschuhe getragen – ja, find du amal Damenschuhe in Größe 46! Die Edith hat immer zu mir gesagt, du hast keine Füß, du hast Waldbrandaustreter.

Als der Tag endlich kam, war ich furchtbar aufgeregt und neugierig und voller Hoffnung. Ich weiß noch, dass es aus Kübeln gegossen hat, als wir an diesem Samstagabend in die Stadt gefahren sind. Wir hatten uns feingemacht, ich im schwarzen Anzug und die Edith in ihrem Sonntagskostüm mit dem Spitzenkragen. Ganz unsicher sind wir hineingegangen, es war schon ein peinliches Gefühl. Schummrig war es da drin, kleine Tischchen mit roten Fransendeckchen standen im Raum, vorne war eine Bühne aufgebaut. Mir ist alles recht halbseiden vorgekommen, aber ich hab natürlich nix gesagt. Das Publikum, das waren lauter ganz normale Leute, so wie wir. Bis auf ein paar Männer, die allein an der Bar saßen oder in kleinen Nischen. Ganz mutig haben wir uns eine Flasche Sekt bestellt – des war eine ganz schlechte Idee, weil beim Zahlen sind wir später bald in Ohnmacht gefallen. Und dann ging's los: Vorhang auf, und vor uns steht die Mireille Mathieu! In einem hautengen schwarzen Kleid mit Pailletten. Ellenlange Wimpern. Knallrote Lippen. »Ganz Paris träumt von der Liebe« hat sie gesungen. »Und des is ein Mann!«, hat die Edith mir zugeflüstert. »Almächt naa!« Alles an ihrem Körper hat echt ausgeschaut, Busen, Taille, auch das Gesicht war weiblich. Ich hab's kaum fassen können.

Nach Mireille Mathieu kamen Zarah Leander und Marilyn Monroe, da sah man schon eher, dass es keine echten Frauen waren. Irgendwie kam mir das alles ein bisschen vor wie Fasching. Und dann ist die Aufführung immer schlüpfriger geworden. Die Männer auf der Bühne haben sich immer ordinärer zur Schau gestellt, in Glitzerfummeln, die nimmer viel versteckt haben. Tiefe Ausschnitte bis zum Nabel, Miniröcke, Netzstrümpfe. So ziehen sich doch Nutten an, ist es mir in den Kopf geschossen! Ich hab das Gefühl gehabt, jemand hätt mir einen Schlag ins Gesicht verpasst. Damit hatte ich nicht gerechnet. Am Schluss haben sie dort oben auf Barhockern die Beine breit gemacht, dass man alles genau gesehen hat. Dass man gesehen hat, das waren eindeutig Männer, die nur eine billige Schau draus machen, eine Frau zu sein. Die haben sich richtig angeboten dort droben. Haben ein Späßle aus dem gemacht, was für mich bitterster Ernst war. Die haben all das ins Lächerliche gezogen, was mich kaputtgemacht hat. Des hat mich so abgestoßen. Ich hab mich geschämt für das, was diese Männer da droben taten. Froh war ich, als das Programm vorbei war und wir endlich heimgehen konnten. Und ich war mir jetzt ganz sicher: Wenn so Transvestiten sind, dann bin ich keiner!

Meine Hoffnungen haben sich an diesem Abend jedenfalls nicht erfüllt. Ich war so enttäuscht, dass ich auf der Heimfahrt kein einziges Wort herausgebracht hab. Und die Edith hat bloß gemeint: »Du, Hermann, weißt du was? Da gehn wir nimmer hin. Des war mir zu unanständig.«

Danach ist es mir noch viel schlechter gegangen als vorher. Ich hab mich so einsam gefühlt. So dringend hätt ich jemanden zum Reden gebraucht, aber ich hab alles in mich hineingefressen. Der Druck in mir ist immer größer geworden, aber ich hab standgehalten. Schwer war das, furchtbar schwer. Keine Ausflüge mehr in der Nacht. Keine Schürzle mehr daheim. Gekämpft hab ich gegen meinen Drang. Zur Ablenkung, damit ich mich auf was anderes konzentrieren muss, hab ich mit den Buben eine elektrische Eisenbahn gebaut, mit einer ganzen Landschaft, Hügeln, Bäumen, einem Bahnhof und einem kleinen Wasserfall. Im Schlafzimmer stand die. »Jetzt ist zwar kein Platz mehr zum Schlafen, aber eine Eisenbahn, die haben wir«, hat die Edith gebrummt. Aber die Buben waren begeistert.

Immer mehr Gleise haben wir verlegt, Häuser gebaut, noch eine Lokomotive gekauft und dann noch eine, aber genützt hat es alles nix. Manchmal bin ich auf dem Sofa gesessen und wollt einfach nur sterben.

Das war im Jahr 1969. Bis dahin hatte ich vor der Edith mehr oder weniger geheim gehalten, dass das Geschäft immer schlechter läuft. Sie war ja in ihrem Laden in der Bauerngasse, und ich hab die Buchhaltung komplett allein gemacht. Deshalb hat sie auch nix davon mitgekriegt, dass mich der Nachbar in der Ehemannstraße, ein Rentner, der immer auf den Laden geschaut hat, um einen Gefallen gebeten hat. »Du horch«, hat er gesagt, »jetzt haben wir doch bald Wahlen, und ich kleb nebenher a weng Wahlkampfplakate, damit ich mir was dazuverdien. Deine Schaufenster sind doch fast leer, darf ich da ein paar Plakate aufhängen?« Ich Doldi hab nicht einmal gefragt, für welche Partei. Weil mir ja damals sowieso alles egal war. Also hab ich gesagt: »Selbstverständlich, Hans, häng's nur hin.« Das war ausgerechnet um die Zeit, als ich mir eine Mordsgrippe eingefangen hab und eine Woche im Bett bleiben hab müssen. Derweil hat mir der Meier, der Nachbar, die Sch…plakate hingehängt. Als ich nach einer Woche wieder in die Arbeit komm, da trifft mich bald der Schlag. Die waren von der NPD! Heiliger Strohsack, des darf doch nicht wahr sein, hab ich mir gedacht. Ich hab die dann sofort runtergerissen, aber der Schaden war schon da. Des hat sich in Windeseile herumgesprochen, dass ich angeblich ein Nazi bin. Viele Kunden sind daraufhin abgesprungen, auch wenn ich immer wieder beteuert hab, dass alles ein Versehen war. Keiner hat mir geglaubt. Menschenskinder, ich bin doch kein Brauner gewesen! Nie! Ich hab doch das zerstörte Nürnberg gesehen und die Bilder aus den KZs. Und mir war sonnenklar, dass ich, wenn die mich erwischt hätten, in genau so einem Lager verreckt wär. Oder die hätten mich gleich am nächsten Baum aufgehängt! Ich und ein Nazi!

Auf jeden Fall hat mir die Sache endgültig geschäftlich das Genick gebrochen. Wichtige Aufträge sind ausgeblieben. Ich hab dann gedacht, ich verleg mich noch mehr auf die Deko-Artikel und den Bastelbedarf, und hab viel zu viel Ware bestellt. Manchmal glaub ich, mein Hirn hat damals nicht mehr richtig funktioniert. Ich bin abends vor den vielen Rechnungen und Mahnungen gesessen, und in meinem Kopf hat sich alles gedreht. Keinen klaren Gedanken hab ich mehr fassen können. Zu allem Überfluss hat der Klausi auch noch Probleme mit dem Lernen gehabt und hat die Schule wechseln müssen. Mir ist alles zu viel geworden.

Und dann ist auch noch nachts dieses Auto ins Schaufenster von unserem Laden in der Bauerngasse gerauscht, mitten nei in die Christbaumkugeln und die Rauschgoldengel. Ein Mordsschaden war das, die Edith hat bald der Schlag getroffen, die war ganz verzweifelt. Eigentlich hätte ja die Versicherung von dem Fahrer alles übernommen, aber ich hab in meinem Durcheinander so viele Rechnungen nicht mehr gefunden, so einen Haufen Kosten nicht mehr nachweisen können, dass wir auf einem großen Verlust sitzengeblieben sind. Nur der Edith zulieb hab ich den

Laden dann wieder herrichten lassen. Da war sie doch so gern, des hab ich ihr nicht nehmen wollen. Aber das war natürlich ein Blödsinn, wir hätten schließen müssen, dann hätten wir wenigstens die Miete gespart.

Ja, vielleicht wär noch was zu retten gewesen, damals, wenn ich nicht so mit mir selber beschäftigt gewesen wär. Des Zeug in mir hat alles zerstört. Des hat mich nimmer normal denken lassen. Und dann haben sich die Dinge überschlagen. Grad als ich wieder einmal am Küchentisch sitz und Rechnungen sortiere, kommt die Edith heim und legt mir wie immer die Zeitung hin. »Des musst du amal lesen«, hat sie gesagt, »stell dir vor, da steht drin, wie man aus Männern Frauen machen kann!«

Ich hab's nicht glauben können! Die haben geschrieben, dass es Männer gibt, die Frauen sein wollen. So wie ich! Keine Transvestiten oder Schwule. Dass die weibliche Hormone nehmen, und dann wächst ihnen ein Busen. Die Figur wird weiblicher. Der Penis schrumpft, und dann fühlen die sich richtig als Frauen. Dann lassen sie sich die Haare wachsen und alles und leben wie eine Frau. Unglaublich! Wie vom Donner gerührt bin ich dagesessen. Das war's! Genau das wollt ich auch!

Ich weiß nicht mehr, wie oft ich diesen Artikel gelesen hab. Ich hab die Seite herausgerissen, zusammengefaltet und im Nachtkästchen versteckt. Immer wieder hab ich sie dann rausgeholt, bis sie fast auseinandergefallen ist. Ab da hab ich an nichts anderes mehr denken können als daran, wie ich an Hormone komme. Weiter hab ich gar nicht überlegt. Ich hab plötzlich einen Weg gesehen. Aber was für Hormone? Östrogene war da gestanden. Und welcher Arzt verschreibt die? Ich kann doch nicht einfach zum Doktor gehen und sagen: Bitt schön, ich hätt gern weibliche Hormone? Dann ist mir die Idee gekommen: die Pille! Das sind doch Hormone! Des probier ich! Ich hab einen Plan geschmiedet, und dann bin ich zum nächstbesten Frauenarzt. Des war schon merkwürdig, im Wartezimmer saßen außer mir lauter schwangere Frauen, aber ich hab mich unter denen auch irgendwie wohlgefühlt. Als ich dann an der Reihe war, hab ich dem Doktor gesagt, ich bin für meine Frau da, die traut sich nicht selber kommen, die geniert sich. Wir haben schon zwei Söhne und können uns keine Kinder mehr leisten. Und da gibt's doch die Antibabypille. Der Doktor hat erst ein bisschen überlegt, aber dann hat er mir ein Rezept für drei Monate ausgeschrieben. »Für das nächste muss Ihre Frau aber unbedingt selber kommen«, hat er gesagt. Ich hab's ihm versprochen.

Glückselig bin ich heim und hab noch am selben Abend die erste Pille geschluckt. Richtig euphorisch war ich! Jetzt wird alles anders, des war mein Gedanke.

Jeden Früh bin ich nach dem Aufwachen sofort vor den Spiegel gerannt. Jeden Früh hab ich gedacht, heut sieht man was! So blöd war ich. Natürlich hat man nix gesehen. Keinen Busen, keine weibliche Figur, nix. Alles war wie sonst auch. Ich kann gar nicht mit Worten sagen, wie enttäuscht ich war. Alle Hoffnung hatte ich in die Hormone gesetzt, aber da war keine Wirkung. Nur, dass ich jeden Tag verzweifelter geworden bin. Alles Lügen, hab ich gedacht, alles Lügen, was die in der Zeitung geschrieben haben. Für mich gibt es keine Rettung. Mein Leben lang muss ich eingesperrt bleiben in diesem männlichen Körper. Muss mit diesem Ding zwischen meinen Beinen herumlaufen. Muss mich verstellen und den andern was vormachen und darf nie ich selber sein. Wenn ich allein war, hab ich bloß noch geweint. Das war vielleicht auch der Einfluss von den Hormonen, dass ich so deprimiert war. Man wird dann ja weicher, innerlich. Ich hab mich auf dem Klo eingesperrt oder im Schlafzimmer, damit mich keiner greinen sieht. Und ich hab immer mehr Angst gekriegt, dass ich verrückt bin, ein Fall für die Klapsmühle. Ich komm noch in die Hupfla, hab ich gedacht, wenn mir net einer hilft. Ich hab so dringend jemanden gebraucht, der mich versteht. Ich hab's einfach nicht mehr ausgehalten, es musste aus mir heraus. Einen Nervendoktor brauch ich, hab ich gedacht, ich muss zu einem Psychiater. Unbedingt, unbedingt. Des war des Einzige, was mir noch eingefallen ist. Die letzte Chance.

Nach zwei Monaten mit Hormonen hab ich dann endlich den Mut gefunden. Ich bin zu einem Doktor nach Nürnberg. Gezittert hab ich vor Aufregung, als ich vor dem gesessen bin. Meine Hände waren schweißnass. Zum ersten Mal in meinem Leben hab ich einem Menschen erzählt, was mit mir los ist. Dass ich schon als Kind so war. Dass ich es nicht unterdrücken kann. Dass ich eine Frau sein will. Es ist bloß so aus mir herausgesprudelt, und geheult hab ich dabei wie ein Schlosshund. Mein ganzes Leben hab ich vor dem ausgebreitet. Der Doktor, des war ein älterer Herr mit grauen Haaren und Brille, hat mir zugehört, hat ein paarmal den Kopf geschüttelt und mir ein, zwei Fragen gestellt. Ich hab sofort gemerkt, der versteht überhaupt nix. Der begreift mich nicht. Ganz verzweifelt war ich am Schluss. »Was mach ich denn jetzt, Herr Doktor?«, hab ich gefragt. »Helfen S' mir doch!«

Der Doktor hat erst einmal stumm seine Notizen gemacht. Dann hat er gesagt: »Des hammer gleich.« Er hat seinen Rezeptblock genommen und mir ein Rezept ausgestellt. »So«, hat er gemeint und hat mir den Zettel rübergeschoben, »des is eine Doppelpackung Valium. Die holen Sie sich jetzt aus der Apotheke, dann gehen S' heim, und dann nehmen S' alle Tage ein, zwei Stück. Dann werden Sie wieder normal, und des Problem ist gelöst. Dann ist der Spuk vorbei.«

Ich war ganz taub. So bin ich in die nächste Apotheke und hab mir die Tabletten geben lassen. Dann bin ich heimgefahren, nicht einmal heulen konnt ich mehr. Fast hätt ich beim Abbiegen einen Unfall gebaut. Ich war so am Boden zerstört. Der glaubt mir nicht, hab ich gedacht. Keiner glaubt mir, wie's in mir aussieht. Der meint, ich spinn. Der hält mich für verrückt. Niemand versteht mich, dass es mir so geht, dass dieses Zeug in mir drin ist. Ich bin ein

Unding. Ich bin kein Mensch, bloß ein Wesen, und ich gehör überhaupt nicht in diese Welt.

Daheim hab ich versucht, mich zusammenzureißen. Wir haben alle miteinander zu Abend gegessen, und Gott sei Dank hat der Klausi die ganze Zeit von der Schule erzählt und die Edith vom Zahnarzt, der ihr einen Zahn plombiert hat. Viel hab ich nicht hinuntergebracht, obwohl das Haschee von der Edith immer meine Leibspeis war, aber mir hätt kein Hummer und kein Kaviar geschmeckt. Ich hab immer bloß dran denken müssen, dass es keinen Ausweg für mich gibt. Ein paar Tabletten, und dann ist alles gut, ja freilich. Ich bin kein Mensch und kein Viech. Mir kann kein Doktor auf der ganzen Welt helfen. Ich will nimmer, hab ich zu mir selber gesagt. Ich will nimmer. Ich will nimmer. Und war mir auf einmal klar, was ich machen muss. Die Tabletten, hab ich gedacht, die sind tatsächlich die Lösung, und zwar die einzige. Ich hab das Glas mit den sechzig Valiumtabletten aus meiner Sakkotasche geholt, bin ins Schlafzimmer gegangen und hab es in der Nachttischschublade versteckt.

Dann hab ich gewartet. Die Buben haben irgendwann tief und fest geschlafen, und die Edith war auch schon im Bett. Ich hab noch ein Stündchen länger gewartet, bis sie auch eingeschlafen war. Dann bin ich leise ins Zimmer, hab mich ausgezogen und bin in ein Nachthemd geschlupft, das war mir eigentlich zu klein, lächerlich hat des ausgeschaut. Aber des war jetzt auch schon unwichtig. Alles war unwichtig. Ich hab mich vor den Spiegel gestellt – ausgeschaut hab ich wie ein Gespenst. Die »Weiße Frau« von Wachendorf, ja, des war ich. Aber nimmer lang, hab ich gedacht, und da war ich plötzlich ganz froh. Ich hab mich auf den Bettrand gesetzt und immer ein paar Tabletten auf einmal geschluckt. Des war gar nicht schlimm. Eigentlich war es sogar schön. Ganz leicht hab ich mich dabei gefühlt.

Ja, und drum wär ich heut nicht mehr da, wenn nicht die Edith plötzlich aufgewacht wär. Sie hat gesehen, wie ich dabei war, mir die Tabletten aus dem Glas in den Mund zu kippen, immer ein paar auf einmal. Geistesgegenwärtig hat sie mir die Hand weggerissen. Und der Werner muss auch einen siebten Sinn gehabt haben. Jedenfalls ist er plötzlich mitten im Schlafzimmer gestanden und hat geschrien: »Papa, was machst denn du?« Ich hab geschluckt und geschluckt und noch schnell versucht, mir die restlichen Tabletten alle auf einmal in den Mund zu schütten, aber die hat er mir aus der Hand geschlagen. Da lag das ganze Zeug dann auf dem Boden verstreut. Ich hab geschluchzt: »Lasst mich gehen, ich will nimmer!« Bin auf die Knie gegangen und auf dem Teppich herumgerutscht und wollt die Tabletten aufsammeln. Alle, die ich erwischt hab, hab ich noch schnell in den Mund gestopft. Die Edith hat mich dran hindern wollen, hat mich gepackt und geschüttelt. Ich hab mich gewehrt in meiner Verzweiflung, hab gekämpft und geheult und geschrien, dass sie mich doch sein lassen soll, ich will einfach bloß sterben. Am End ist auch noch der Klausi getappt gekommen und hat sich an mich hingehängt. »Papa, Papa!«, hat er geweint, und dann hab ich aufgegeben. Ich war auch schon ganz benommen. Bloß noch ganz dunkel hab ich mitgekriegt, dass der Werner den Notarzt angerufen hat. Dann sind Männer die Treppe heraufgetrampelt, jemand hat mich auf eine Trage geschnallt, und dann bin ich in einem großen Auto weggefahren worden, in dem es ganz hell war. Die Edith hat neben mir gesessen und meine Hand gehalten.

Sie haben mich nach Fürth ins Krankenhaus gebracht und mir dort sofort den Magen ausgepumpt. Der Arzt hat noch zur Edith gesagt: »Gott sei Dank waren die Tabletten im Magen noch nicht ganz aufgelöst, sonst hätten wir nichts mehr machen können.« Das hat sie mir später erzählt. Und dass er sie gefragt hat, warum ich das gemacht hab. Und warum ich dabei ausgerechnet ein Damennachthemd anhatte. Da hat sie gesagt: »Ich weiß net, Herr Doktor. Bitt schön sind S' doch so gut, reden S' mit ihm.«

Ich hab dann erst einmal geschlafen, viele Stunden lang. Und als ich aufgewacht bin, sind fünf, sechs Ärzte in weißen Kitteln um mein Bett gestanden. »Herr F., das wäre fast zu spät gewesen, wir haben Sie grad noch erwischt«, hat der eine zu mir gesagt. »Hätten S' mich halt sterben lassen«, hab ich zur Antwort gegeben. »Nix da«, hat der Arzt drauf gesagt und mir freundlich den Arm getätschelt, »hier wird nicht gestorben.« Dann haben sie mich untersucht. Am Schluss, als die anderen schon gegangen waren, da hat sich einer von den Ärzten, ein junger, blonder, zu mir aufs Bett gesetzt und mir die Hand auf die Schulter gelegt. »Jetzt erzählen S' mal, warum Sie das gemacht haben«, hat er ganz ruhig gesagt. Und da, weil es schlimmer sowieso nicht hat werden können, hab ich ganz einfach gesagt: »Herr Doktor, auch wenn Sie's mir net glauben, des ist furchtbar, aber ich bin im falschen Körper geboren.«

Des war meine Rettung.

Weil, der junge Doktor hat sich von mir alles ganz geduldig angehört, und dann hat er gemeint: »Ja, so was gibt's. Das Syndrom kennen wir in der Medizin, Transsexualität nennt man das. Das ist eine Fehlentwicklung von Geburt auf, da können Sie gar nichts dafür.« Ich wär dem Mann am liebsten um den Hals gefallen. Das war der erste Mensch, der mich verstanden und ernstgenommen hat! Der begriffen hat, was in mir vorgeht. Und der mir das Gefühl gegeben hat, dass ich nicht verrückt bin. Dem Doktor, ich weiß nicht einmal mehr seinen Namen, dem verdanke ich mein Leben. Der hat gesagt, da muss was unternommen werden. »Hier in Fürth können wir nichts machen, das ist ein Spezialgebiet in der Medizin«, hat er gemeint. »Aber in der Universitätsklinik in Erlangen, da gibt es Experten, die können Ihnen helfen.« – »Herr Doktor, können S' mich dahin überweisen?«, hab ich gefragt. »Aber selbstverständlich.«

Als die Familie mich dann besuchen kam, ging's mir schon besser. Da wollt ich schon nicht mehr sterben. Ich hab wieder Hoffnung auf Erlösung gehabt, das war, wie wenn eine Tür aufgeht und plötzlich Licht in ein finsteres

Zimmer fällt. Und ich hab endlich einen Namen gehabt für das, was mit mir los war, den hab ich mir gleich auf einen Zettel geschrieben und in meinen Geldbeutel gesteckt, damit ich ihn nicht vergess. Trotzdem hab ich mich noch nicht getraut, die Wahrheit zu sagen, den Buben schon gleich gar nicht. Als die Edith mich gefragt hat, warum ich aus dem Leben gehen wollte, hab ich gesagt, es wär wegen dem Geschäft. Weil's immer schlechter läuft und ich mir so große Sorgen mach. Ich hab halt zu viel getrunken und dann bin ich auf dumme Gedanken gekommen. Das hat sie dann schon eingesehen und die Buben auch.

Danach hab ich's nicht erwarten können, bis die in Erlangen einen Termin für mich frei hatten. Heimlich bin ich hingefahren, ich war so aufgeregt, dass ich erst gar net hingefunden hab. Als ich endlich drin war in der Klinik, kam erst eine ewige Warterei. Dann war ich beim ersten Arzt im Zimmer und hab dem mein Leben erzählt. Der hat nicht viel dazu gesagt und mich danach gleich zum nächsten Arzt geschickt. Der sollte mich erst mal untersuchen. Ich hab mich ausziehen und vor ihn hinstellen müssen, und dann hat der Blödel gemeint: »Da kann man ja nicht Frau sagen, wenn man Hoden sieht!« Da war ich schon wieder am Boden zerstört. So ein hundsgemeiner Kerl. Die in Erlangen verstehen mich auch nicht, hab ich gedacht. Aber ich hab brav alles mitgemacht, die Blutabnahme, das EKG, hab mich mit dem Hämmerchen aus Knie klopfen lassen, bis des Bein geschnalzt hat. Die ganze Prozedur. Am

Schluss haben sie mir diese Dinger am Kopf festgemacht und gemessen, wie die Gehirnströme fließen. Da war ich überzeugt, dass die doch bloß herausfinden wollten, dass ich verrückt bin. Vier Stunden hat des alles gedauert, dann bin ich wieder heimgefahren. Lang halt ich das nicht mehr aus, hab ich gedacht. Dann probier ich's noch amal. Dann spring ich vom Plärrer-Hochhaus, damit mich keiner mehr retten kann. Aber ich wollt noch durchhalten bis zur Woche drauf, zum nächsten Gesprächstermin, wenn alle Ergebnisse der Untersuchung da sind.

Da war ich dann bei einem dritten Arzt. Der hat auf mich ganz vertrauenserweckend gewirkt, ich weiß auch nicht, warum, obwohl er noch recht jung war. Ich hab meinen ganzen Mut zusammengenommen. »Herr Doktor«, hab ich gesagt, »sind Sie ehrlich zu mir. Bin ich verrückt?« Der Doktor hat den Kopf geschüttelt. »Um Himmels willen, nein!« – »Dann bin ich krank?« Wieder schüttelt der den Kopf. »Was Sie haben, Herr F., ist keine Krankheit. Wir nennen das eine Störung. Sie haben sozusagen vom Fühlen und Denken her ein anderes Geschlecht als ihr Körper.« – »Ja, und woher kommt des?« Zum dritten Mal Kopfschütteln. »Das wissen wir nicht, Herr F., leider. Wir kennen das Syndrom, es tritt bei Männern und bei Frauen auf. Offenbar setzt es von Geburt an ein. Körperliche Ursachen wie Hormonveränderungen oder organische Störungen lassen sich nicht nachweisen. Auch eine genetische Ursache wie zum Beispiel ein Chromosomenschaden lässt sich ausschließen. Das ist eine rein psychische Störung.«

Ich hab nicht einmal die Hälfte kapiert von dem, was der mir erzählt hat. »Und? Kann man da was machen? Kann man des wegbringen?« – »Leider nein.« Der Arzt hat mich ganz traurig angeschaut. »So weit sind wir leider noch nicht. Verstehen Sie, das ist keine einfache Sache wie eine Magenschleimhautentzündung, wo man Diät hält, Tabletten nimmt und eine Rollkur macht, und dann ist es wieder vorbei. Das ist eine Störung der Persönlichkeit, eine Störung in der Seele, wenn Sie so wollen.« Das hab ich verstanden. »Und was mach ich jetzt?«, hab ich grad noch herausgebracht, ohne zu heulen. Der Arzt hat gemerkt, wie verzweifelt ich war. Er hat mir ein Glas Wasser gegeben. »Trinken S' erst einmal«, hat er gesagt. Und dann, das vergess ich nie: »Es gibt eine Möglichkeit. Die müssen Sie sich allerdings sehr, sehr gut überlegen. Es gibt die Möglichkeit einer geschlechtsanpassenden Operation.« Wie ein Blitz ist mir des ins Hirn gefahren. »Sie meinen, Sie können mich zur Frau umoperieren?«, hab ich völlig aufgelöst gefragt. Er hat gelacht. »Na ja, nicht ganz. Ihnen würden dabei lediglich Penis und Hoden entfernt, und Sie bekämen eine künstliche Vagina. Würden Sie das wollen?« Ich hätt ihn beinahe angebrüllt: »Ja! Ich will! Nix anderes wünsch ich mir!« – »Das ist eine schwere Operation, und nicht ungefährlich.« – »Mir ist das ganz egal. Ich will nur eine Frau sein und kein Mann mehr, des ist alles, was ich will.« Ich war in dem Moment so glücklich, dass das gemacht werden kann, das kann ich gar net beschreiben. Ich hab gar nicht überlegt, was das alles nach sich zieht. Ich hab nur gesehen, dass mein Leiden ein Ende hat. »Operieren Sie mich dann?«, hab ich wissen wollen. »Das kann ich nicht«, hat er zur Antwort gegeben. »Hier in Deutschland ist das verboten. Es gilt juristisch als Körperverletzung. Es gibt auf der Welt nur zwei Möglichkeiten: die USA oder Casablanca. Einfacher ist Casablanca.« Casablanca hab ich nur von dem Film gekannt, mit Humphrey Bogart und Ingrid Bergman. Ich schau dir in die Augen, Kleines. »In Casablanca gibt es einen Chirurgen, der hat schon Hunderte solcher Operationen durchgeführt. Dr. Burou, das ist ein Franzose. Er hat eine neue Methode der Vaginoplastik entwickelt, die wir den ›Gold-Standard‹ nennen. Er setzt sogar eine Art Pseudo-Klitoris. Eine Koryphäe.« Ich hab zwar nicht gewusst, was eine Koryphäe ist, aber ich hätt mich auch vom Teufel persönlich operieren lassen. »Wann kann ich dahin?« Der Doktor hat zu mir gesagt: »Nur die Ruhe, Herr F., das geht nicht von heut auf morgen. Voraussetzung für die Operation ist, dass mehrere psychologische Tests durchgeführt werden, die Sie eindeutig als Frau einordnen. Dann kommt eine lange Vorbehandlung mit weiblichen Hormonen. Und ich muss Ihnen auch sagen, dass die Krankenkassen die Kosten dafür und für die Operation nicht übernehmen. Sie müssen alles selber bezahlen, und allein die OP kostet 8000 D-Mark.« Er hat noch gesagt, dass ich jetzt erst einmal überlegen soll, ob ich das wirklich machen will, und mich dann wieder melden. Mein Gott, ich war dem Mann so unendlich dankbar.

Ganz erfüllt von der Vorstellung, mich umoperieren zu lassen, bin ich heimgefahren. Ich werd eine Frau, hab ich gedacht. Eine richtige Frau! Gesungen hab ich auf dem Heimweg. Das Geld war schon ein Problem, aber das würde ich schon irgendwie auftreiben, komme, was wolle. Daheim hab ich zum ersten Mal seit ewiger Zeit wieder mit Appetit gegessen – ich weiß noch, es gab Krautwickel mit Kartoffelsalat, und ich hab drei Krautwickel weggeputzt. Die Edith hat sich so gefreut, dass es mir bessergeht, die hat Tränen in den Augen gehabt. Da hab ich ihr doch net sagen können, dass ich mich operieren lassen will. Die ganze Nacht bin ich dann wach gelegen und hab überlegt, wie ich des alles hinkriegen kann. Wie ich's der Edith und den Buben sagen soll. Wie ich des mit dem Geschäft regeln kann. Wie ich des Geld herbring. Eine Lösung hab ich nicht gefunden, aber am nächsten Tag hab ich in Erlangen angerufen und einen Termin für den ersten psychologischen Test ausgemacht.

Dazu musste ich in die Psychiatrie, in die Kopfklinik, auf die »Drehscheibe«, so hat man des damals genannt. Da hat mir ein Arzt Fragen gestellt, stundenlang. Ich war furchtbar nervös, denn wenn da herausgekommen wär, dass ich innerlich doch ein Mann bin, dann hätte die Operation ja nicht gemacht werden können. Total unsicher hab ich die ganzen Fragen beantwortet, da waren welche dabei, wo ich überhaupt nicht verstanden hab, was das jetzt soll. Das waren vielleicht Fangfragen, ich weiß es nicht. Geschwitzt hab ich und gehofft, dass ich alles richtig mach. Aber ich hab des durchgestanden. Und am Ende hat der Arzt zu mir gesagt, das schriftliche Gutachten bekommt sein Kollege, mein behandelnder Arzt, in ein paar Tagen.

Wie auf Kohlen bin ich gesessen. Viermal hab ich in Erlangen angerufen, ob das Gutachten schon da ist, und jedes Mal war es nix. Und dann, endlich, nach fast zwei Wochen, hat mir mein Arzt am Telefon gesagt: »Ich habe eine gute Nachricht für Sie, Herr F. Der Kollege hat Sie eindeutig als Frau eingestuft. Wir können also den nächsten Test angehen, wenn Sie wollen.«

Ich hab einen Luftsprung gemacht, noch bevor der Hörer wieder auf der Gabel lag. Hundertprozentig sicher war ich mir jetzt, dass die anderen Tests genauso ausfallen. Dass ich nicht mehr lang aushalten muss als Mann. Dass die schlimme Zeit ein Ende haben und ich endlich aus meinem Gefängnis freikommen würde. Keine Angst mehr und keine Heimlichkeiten. Keine Verzweiflung. Manchmal hab ich mich gezwickt, um mich dran zu erinnern, dass ich nicht träum. Gleichzeitig war mir jetzt aber auch klar, dass ich es nicht länger hinauszögern konnte. Es hilft alles nix, hab ich mir gedacht, ich muss es der Edith sagen.

So eine Angst hab ich davor gehabt, der Edith die Wahrheit zu gestehen. Ich wart einfach auf die richtige Gelegenheit, hab ich mir gedacht, wenn wir zwei einmal schön zusammensitzen. Wenn die Edith gut gelaunt ist und die Buben grad nicht da sind oder schon schlafen. Aber so ist des halt, die richtige Gelegenheit kam einfach nicht. Ich weiß gar net, wie oft ich angesetzt und dann doch wieder den Mut verloren hab. Die Wochen sind ins Land gegangen, und ich hab inzwischen den zweiten Test als Frau hinter mich gebracht, mit Bravour. Auf das Ergebnis vom dritten Test hab ich noch gewartet. Die Edith hat jedes Mal, wenn ich nach Erlangen gefahren bin, geglaubt, ich bin beim Doktor wegen meines Selbstmordversuchs. Irgendwann nach dem zweiten Test hab ich mir gesagt: jetzt oder nie. Ich hab eine schöne Flasche Rotwein gekauft, einen Lambrusco, den hat sie immer so gern getrunken. Die wollt ich abends mit der Edith aufmachen und ihr dann alles gestehen. Die Worte hab ich mir schon genau zurechtgelegt, wie ich ihr alles erklär. Bloß, ausgerechnet an diesem Abend hat der Klausi den Brechdurchfall gekriegt, das war's dann.

Drei Tage später hab ich in der Früh, als die Edith schon zum Auto vorausgegangen ist, schnell in Erlangen angerufen wegen des dritten Tests. Und die haben mir gesagt, Herr F., das dritte Gutachten bestätigt auch, dass Sie psychologisch gesehen eine Frau sind.

Das war die Entscheidung. Jetzt war alles ganz klar. Ich weiß nicht, was mich in dem Moment geritten hat, aber ich bin zur Edith hinaus, hab ihr die Autotür aufgesperrt, und ich Depp hab's nicht mehr für mich behalten können. Ich bin einfach damit herausgeplatzt. »Edith«, hab ich gesagt, »ich muss dir was sagen. Ich will eine Frau werden. Ich war schon immer innerlich so, von Geburt an. Ich hab alles versucht, ich hab dagegen angekämpft, aber es hat alles nichts genutzt. Weißt, Edith, ich kann nicht anders, ich muss raus

aus mir. Ich muss mich befreien. Ich lass mich operieren.«
So, jetzt war es heraus.

Die Edith hat mich angeschaut wie ein waidwundes Reh. Nie vergess ich diesen Blick. Kein Wort hat sie gesagt. Sie ist stumm eingestiegen und die ganze Fahrt über stumm geblieben. Und ich auch. Ich hab nicht gewusst, was ich noch sagen soll. Menschenskinder, warum ist des bloß so schwer, miteinander zu reden? Wir haben des nicht fertiggebracht, damals. Es war, als wäre eine Wand im Auto zwischen uns gewachsen. Wir waren jeder für sich ganz allein. Zwanzig Minuten sind wir so gefahren, und das waren die zwanzig längsten Minuten meines Lebens. Die Edith hat dann in der Bauerngasse auf eine Parklücke gedeutet und gesagt: »Da kannst mich rauslassen.« Ich hab gehalten, und sie ist ausgestiegen. Dann bin ich in die Ehemannstraße weitergefahren. Ich hab geglaubt, jetzt hab ich meine Frau verloren. Ich Blödel hab alles verdorben, alles.

Viele Jahre später hat mir die Edith dann erzählt, wie's ihr gegangen ist. Des hat sie so tief getroffen, sie hat gesagt, es war wie ein Stich ins Herz. Ich bin dann ausgestiegen und in meinen Laden, hat sie erzählt, und hab zu meiner Verkäuferin gesagt, Annelies, ich muss a weng fort. Und dann bin ich einfach blindlings durch die Stadt gelaufen, die Fürther Straße entlang bis zum Schickedanz und weiter über den Plärrer, zum Weißen Turm und beim Wöhrl vorbei. Bei jedem Mann, der mir entgegengekommen ist, hab ich gedacht: du Dreckschwein. Bist a Drecksau, a dreckerte.

Dann hat's das Nieseln angefangen, einen Schirm hab ich net dabeigehabt, aber des war mir wurscht, ob ich nass werd. Für mich war des, als ob die ganze Welt zusammengebrochen wär. Ich hab doch immer geglaubt, des mit den Frauenkleidern wär einfach eine Spinnerei, was Vorübergehendes. Des geht vorbei, hab ich mir immer gedacht. Des ist net wichtig. Und dann des! Operieren! Eine Frau werden! Ja, des gibt's doch gar net! Des ist doch net wahr, des kann doch net wahr sein! Wie soll des denn weitergehen? Mit den Buben, mit unserer Ehe, mit dem Geschäft? Alles ist kaputt. Alles ist weg. Das war, als ob das ganze Leben dir in Scherben vor den Füßen liegt. Als ob du den Boden verlierst und einfach bloß ins Leere fällst.

Ich bin dann wieder in den Laden zurück, aber ich hab den ganzen Tag keinen klaren Gedanken mehr fassen können. Ich hab immer nur gedacht, jetzt ist alles aus und vorbei, für immer.

Ja, so hat's die Edith mir erzählt.

Damals hab ich sie um halb sieben Uhr wieder in der Bauerngasse abgeholt und bin mit ihr nach Wachendorf gefahren. Daheim ist sie gleich ins Bett. Keinen einzigen Satz hat sie mit mir gesprochen. In der Nacht bin ich neben ihr gelegen und hab gehört, wie sie geweint hat. Da hab ich den Arm um sie gelegt, und dann hab ich auch weinen müssen. So sind wir dann eingeschlafen.

Am nächsten Früh sind wir miteinander in der Küche gesessen und haben Kaffee getrunken. Die Buben haben noch geschlafen. »Wollen wir uns net unterhalten, Edith?«, hab ich gefragt. »Oder magst du jetzt nix mehr mit mir zu tun haben?« Die Edith hat mich angeschaut. »Ach, Hermann, du bist doch mei Mann. Und ich bin deine Frau.« – »Und die Mutter von meinen Buben«, hab ich gesagt. Da hat sie wieder geweint. »Was hammer denn falsch g'macht?« – »Nix. Da kann keiner was dafür«, hab ich zur Antwort gegeben. Die Edith hat im Kaffee gerührt, obwohl sie nie was reintut, und gesagt: »Ich weiß gar nix mehr.« Ach Gott, hab ich gedacht, so geht's mir schon immer. »Weißt«, hab ich erzählt, »damals, als wir am Anfang beieinander waren, die paar Monat, da wollt ich dir des ersparen. Deshalb hab ich gesagt, des wird nix mit uns zwei. Ich hab doch gewusst, dass mit mir was nicht stimmt. Ich hab dir nie weh tun wollen.« – »Aber jetzt tust mir weh«, hat die Edith gesagt. Ich hab ihre Hand gestreichelt. »Schau, aber unser Werner und unser Klausi, die waren's doch wert. Auf die können wir doch stolz sein. Und es war doch net alles schlecht.« – »Aber es war eine einzige große Lüge!«, hat die Edith geschluchzt. »Ja«, hab ich gesagt, »und genau drum kann ich jetzt nimmer. Könntst du dein Leben lang lügen?« Die Edith hat ihre Hand weggezogen. »Hättst halt früher was gesagt!« – »Ich hab mich net getraut. So eine Angst hab ich gehabt, dass dann alles vorbei ist mit uns. Ich hab gedacht, ich kann's im Griff behalten, des verdammte Zeug in mir. Und dass es sowieso keine andere Lösung gibt für mich. Aber es ist immer schlimmer geworden. Des war der Grund, warum ich nimmer leben wollt, nicht das Geschäft.

Edith, des macht mich hie. Ich kann's nimmer verstecken. Und jetzt, wo ich das von der Operation weiß, seh ich eine Zukunft. Ich kann endlich im richtigen Körper sein, frei sein. Ich weiß schon, es wär zu viel verlangt von dir, dass du mich verstehst. Ich versteh's ja selber net, und die Ärzte können's auch net erklären. Aber du musst mir eins glauben, Edith: Ich hab dich immer liebgehabt. Du warst für mich immer die Traumfrau, und du bist's auch heut noch. Ich möcht dich und die Buben net verlassen. Aber ich kann auch nimmer als Mann mit euch leben.« – »Ja, sollen wir uns denn jetzt scheiden lassen?«, hat die Edith ganz leis gesagt. Jetzt sind mir die Tränen gekommen. »Ich weiß doch net. Ich weiß net, wie's weitergehen soll. Wenn du mich jetzt nimmer haben willst, dann kann ich des begreifen. Aber du darfst mich net hassen, Edith, des tät ich net ertragen.«

Die Edith ist dann aufgestanden und hat in der Küche herumgeräumt, während ich wie ein Häuflein Elend am Tisch gesessen bin und mich an meiner Kaffeetasse festgehalten hab. Irgendwann hat sie dann gesagt: »Ja, wenn du's anders net aushältst, wenn des wirklich so ist, dann musst du des halt machen mit der Operation. Dann müssen wir halt schauen, wie wir damit fertig werden. Und du musst es den Buben sagen.« Ich bin aufgestanden und hab die Edith ganz fest umarmt. »Hilfst mir dabei?« – »Ja, was soll ich denn sonst machen?«, hat sie gesagt. »In guten wie in schlechten Tagen, des hab ich doch versprochen.«

So eine Frau ist des, die Edith.

Wir haben uns erst noch eine Woche Zeit genommen, bevor wir es den Buben erklären wollten. Das war ein Sonntag. Wir haben schön zu Mittag gegessen, die Edith hat Schäufele gemacht mit Klößen. Und dann hab ich mein Geständnis abgelegt. Ich hab nur gesagt, dass ich innerlich schon immer eine Frau war und ab jetzt auch nach außen hin so leben möcht. Und dass ich mich operieren lassen will. Der Klausi hat's gar nicht richtig begriffen, er hat mich ja sowieso schon immer im Schürzle gekannt, und unter einer Operation hat er sich nicht viel vorstellen können. Aber der Werner, der war ja schon siebzehn, der ist ganz blass geworden, der hat einen richtigen Schock gekriegt. »Du bist doch mein Vater!«, hat er gerufen. »Du bist doch ein Mann! Des geht doch net!« – Ich hab versucht, ihn zu beruhigen. »Schau, ich hab mir des auch net gewünscht. Aber manchmal macht die Natur mit uns Menschen komische Sachen. Die einen werden gesund geboren, die anderen krank. Die einen sind gescheit und die anderen Deppen. Manche sind schön und manche hässlich. Und manche, ganz wenige, sind halt so wie ich. Da kann man net dagegen an, und wenn man sich noch so anstrengt. Die Natur ist stärker.« Der Werner ist von seinem Platz aufgerumpelt. »Sch…natur«, hat er gesagt, und ich hab gemerkt, dass er mit den Tränen kämpft. Dann ist er aus der Küche, hat die Tür zugeschlagen und ist in sein Zimmer hinaufgestapft.

Ja, des war für den Werner schon ein schlimmer Schock. Mit mir hat er nicht mehr gesprochen an diesem Tag, aber die Edith ist zu ihm hinauf und hat es fertiggebracht, dass er sich beruhigt. Ich weiß nicht, was sie mit ihm geredet hat, aber ein paar Tage später, als er von der Arbeit heimgekommen ist, hat er mich ganz finster angebrummt: »Ja, wie soll ich dich denn dann nennen? Mama am End?« Ich war so froh, ich hätt ihn umarmen können, wenn ich nicht gewusst hätt, dass ihm des zu viel ist. »Des müssen wir miteinander überlegen«, hab ich gesagt.

Und so kam es, dass wir eines Abends alle vier im Wohnzimmer saßen und uns einen Namen für mich ausgesucht haben. Mir hätt Ramona gut gefallen, aber das hat der Klausi doof gefunden. Anita wollte der Werner nicht. Jeder hat dann irgendwelche Namen vorgeschlagen, und wir haben viel geblödelt. Immer verrückter sind die Ideen geworden, »Pipilonia«, hat der Klausi geschrien und »Hermine« der Werner. Sogar die Edith hat kichern müssen. Und dann haben wir alle geprustet vor Lachen. Ich hätt meine Söhne umarmen wollen, so glücklich war ich in dem Moment. Am Ende sind wir bei einem Namen hängengeblieben, der allen ganz gut gefallen hat: Helga. »Also, simmer uns einig?«, hab ich gefragt. Alle haben genickt, und dann ist es auch dabei geblieben.

Ja, so lustig ist es dann natürlich nicht weitergegangen. Ich war so froh, dass meine Familie jetzt Bescheid gewusst hat und ich nicht mehr vor ihnen Versteck spielen muss. Also hab ich mir gleich wieder Frauenkleider besorgt. Außerdem bin ich zum nächsten Frauenarzt, hab dieselbe alte Geschichte wieder erzählt und eine neue Dreimonatspackung von der Pille bekommen. Die wollt ich fleißig weiterschlucken, obwohl mir die Ärzte in Erlangen gesagt haben, Hormone bekomme ich erst später. Ich wollt aber keine Zeit verlieren, also hab ich nix gesagt und die Pille einfach weitergeschluckt. Und daheim bin ich ab da so richtig als Frau herumgelaufen. Nicht mehr bloß mit Schürze, sondern die komplette Ausrüstung: Höschen in Größe – heut täte des XXL heißen, ein BH, den ich mit alten Perlonstrümpfen von der Edith ausgestopft hab, Feinstrumpfhosen, und drüber richtig weibliche Frauensachen. Der Klausi hat bloß ein bisschen gegrinst und ein paarmal mit dem Finger gegen meinen falschen Busen gepikst. Die Edith hat nix gesagt, aber ich glaub, sie hat schon gelitten, dass ich das jetzt so offen zeige. Der Werner, der hat arg mit dem ganzen Problem gekämpft, das hat mir in der Seele weh getan. Und er war doch so ein guter Kerl, er hat seinem Vater auch nicht weh tun wollen. Als er dann das erste Mal Helga zu mir gesagt hat, sind mir fast die Tränen gekommen. Ich hab schon gemerkt, dass er manchmal gar nicht weiß, wie er mit mir und meiner neuen Aufmachung zurechtkommen soll, aber er hat es immer wieder versucht. Und ich hab gedacht, des muss ich jetzt durchziehen, sonst schaff ich's nie. Voller Stolz hab ich dann dem Arzt in Erlangen erzählt, dass meine Familie jetzt Bescheid weiß und dass bestimmt alles gut wird mit der Zeit. »Wann kann ich denn jetzt die Operation machen lassen?«, hab ich gefragt, in der Erwartung, dass der Doktor sagt, na, sobald Sie das Geld beieinanderhaben. Das hatte ich mir auch schon überlegt, dass ich dafür einen Kredit bei meiner Bank aufnehme. Und da bekomm ich zur Antwort: Sie müssen jetzt erst einmal die Vorbehandlung für die OP durchlaufen, das heißt soundso viel Monate in bestimmten Dosierungen weibliche Hormone nehmen, immer wieder Zwischenuntersuchungen machen lassen, bis es dann so weit ist. »Ja, und wie lang dauert des?«, wollte ich wissen. »Rechnen Sie mit mindestens einem Jahr ab Beginn der Hormonbehandlung«, hat der Doktor gesagt.

Ich hab bald den Herzkasper gekriegt. Jetzt, wo ich das Ende meines Leidens schon vor Augen hatte, sollte ich noch so lange warten? Des ist grad so, wie wenn du in der Wüste am Verdursten bist und endlich Wasser siehst, und du rennst und rennst, aber du kommst nicht hin. Für mich war des kaum auszuhalten. Aber der Arzt hat gemeint, des wär schon gut so. Ich soll mich in dieser Zeit langsam an das Leben als Frau herantasten. »Prüfen Sie sich«, hat er gemeint, »das ist nämlich gar nicht so einfach. Da wird sich vieles für Sie ändern. Lassen Sie sich Zeit. Manche überlegen es sich dann auch noch mal anders, weil es zu viele Schwierigkeiten gibt.« Ich nicht, hab ich gedacht. Ich bestimmt nicht!

Ganz niedergeschlagen bin ich wieder heimgefahren, mit dem nächsten Termin von vielen in meinem Taschenkalender. Ich hab erst einmal zwei, drei Tage gebraucht, um mich an den Gedanken zu gewöhnen, dass es noch so lange bis zur Operation dauert. Aber dann hab ich mir gesagt, jetzt bist du schon so weit, jetzt hältst du das Jährchen auch noch durch. Derweil kannst du dich ja schon äußerlich umstellen, schön langsam, das ist vielleicht auch für die Edith und die Buben erträglicher.

Ich hab dann beschlossen, dass ich damit anfange, mir die Haare wachsen zu lassen. Ich hab ja immer schönes, dickes Haar gehabt, da hat mich manche Frau drum beneidet. Immer hab ich mir vorgestellt, wie hübsch des ausschauen könnt, so schulterlang. Also gut, hab ich mir gesagt, erstens: Ab sofort geh ich nicht mehr zum Friseur. Zweitens: Um die ganzen anderen Haare, da muss ich mich auch noch kümmern.

Ich weiß auch noch genau, wie ich mir zum ersten Mal die Beine enthaart hab. Heut macht man des ja mit elektrischen Epiliergeräten, des ziepft ganz schön, alles ist aber hinterher prima glatt. Damals waren Enthaarungscremes in Mode. So eine Creme hab ich mir in der Drogerie gekauft. Dann bin ich voller Tatendrang ins Bad, hab das weiße Zeug aus der Tube gequetscht und mit dem Spatel aufgetragen. Bruder, des hat vielleicht gestunken, richtig beißend ist mir des in die Nase gestiegen. Danach bin ich dagehockt, auf dem Fliesenboden, hab die Fersen auf den Badewannenrand gelegt und auf die Uhr geschaut, bis die vorgeschriebene Zeit rum war. Anschließend hab ich mit dem Spatel alles abgeschabt, ein widerlicher Brei war das, aus Creme und dunklen Beinhaaren. Richtig gut ist es nicht geworden, da standen an manchen Stellen immer noch die alten Kräuselhaare, aber fürs erste Mal war ich doch ganz zufrieden. Allerdings war von den Knien an aufwärts noch alles beim Alten, aber ich hab so viel Creme verbraucht, dass es dafür sowieso nicht mehr gelangt hätte. Und bis zu den Knien sind ja auch meine Röcke gegangen, des hat schon getaugt so weit. Mensch Meier, des war ein ganz neues Gefühl, über die glatten Waden zu streichen. Hab ich des genossen!

Als Nächstes kamen die Achselhaare dran, da hatte ich eine ganz schöne Wolle! Erst das Gröbste mit der Schere abgeschnitten und dann wieder die Prozedur mit der grässlichen Creme, dann war alles weg. Ich hätt vorher nicht gedacht, dass des so viel ausmacht beim Schwitzen. Man stinkt einfach nicht so, und alles fühlt sich sauberer an. Mit dem Deo-Roller drüber, und alles ist prima!

Schwieriger war die Sache mit den Augenbrauen. Die sind bei mir ganz schön breit und dicht gewachsen, des hat mir überhaupt nicht mehr gefallen. Ich hab die Pinzette von der Edith genommen und angefangen zu zupfen. Wenn ich überhaupt mal ein Härchen erwischt hab, hat das so geziepft, dass mir das Wasser in die Augen geschossen ist. Wie halten die Frauen des bloß aus, hab ich mich gefragt, und mich dabei an den Lieblingsspruch von unserer Freundin Gaby erinnert: Wer will sein fein, muss leiden Pein! Ja, die Gaby, die hat Bescheid gewusst! Nach ein paar Härchen und viel Geheule hab ich dann aufgegeben. Die Edith musste her. Sie hat sich schwer amüsiert, aber dann hat sie einen richtigen Ehrgeiz entwickelt, und nach einer

Stunde waren meine Brauen schon viel schmaler. Noch kein optimales Ergebnis, noch keine richtigen Frauenbrauen, aber ich hätt's nicht mehr viel länger ausgehalten, so hat des geziepft. Und es hat schon viel besser ausgesehen als vorher. »Pass nur auf«, hat die Edith mich aufgezogen, »wenn du so weitermachst, dann wählen sie dich eines Tages noch zur Schönheitskönigin von Wachendorf!«

»Wachendorf?«, hab ich zur Antwort gegeben. »Ha! Ich werd noch einmal Miss Germany.«

Öffentlich hab ich mich immer noch nicht als Frau gehen trauen. Auch wenn meine Haare jetzt länger waren – das war ja die Zeit, in der viele Männer sich aus Protest das Haar lang wachsen ließen, die Hippies halt, und die ganzen Revoluzzer und die Typen in den Kommunen. Und die wilden Musiker und spinnerten Künstler. Deswegen bin ich nicht gar so arg aufgefallen. Einmal hat der Klausi zur Edith gesagt, der Papa schaut aus wie ein Beatle.

In den nächsten Monaten musste ich noch mal einen ganzen Rattenschwanz an Untersuchungen mitmachen, und dabei haben die natürlich gemerkt, dass ich heimlich die Pille genommen habe. Ich hab ein gescheites Donnerwetter von meinem Doktor über mich ergehen lassen und ihm hochheilig versprechen müssen, dass ich in Zukunft nichts mehr auf eigene Faust mache. Dann endlich hat er mir Östrogene verschrieben. Erst ganz langsam einschleichen, hat er gesagt, sonst kommt das ganze System durcheinander.

Ich hab mich wirklich dran gehalten, und das war gut so. In den ersten Wochen war nicht viel zu merken, aber dann hab ich doch gespürt, dass irgendwas mit mir passiert. Ich hatte plötzlich weniger Kraft und auch weniger Energie. Des ist schlecht zu beschreiben. Weicher bin ich mir vorgekommen. Früher bin ich schon öfter mal aus der Haut gefahren, wenn mir was gegen den Strich gegangen ist, aber das war jetzt völlig weg. Die Aggression, die harte Anspannung, das ganze Männliche. Ich hab näher am Wasser gebaut als vorher, war viel empfindlicher. Des war gar nicht so einfach, mit diesem neuen Charakter zurechtzukommen. Manchmal hab ich mich schwach gefühlt und war auch oft deprimiert. In solchen Momenten hab ich gedacht, ich schaff des nicht, des wird nie was. Da wollt ich dann wieder aufgeben. Und dann wieder kam plötzlich eine Hochstimmung auf, und ich hätt tanzen und singen können. Ein Hin und Her war das. Berg und Tal. Meine ganze Konzentration ist für diese Umstellung draufgegangen, ich hab dauernd in mich hineingehorcht und gar keine Energie mehr für irgendwas anderes gehabt.

Als ich dann das erste Mal gemerkt hab, dass mein Gesicht runder wird, hab ich's kaum glauben können. Ich hab die Edith geholt, und die hat's mir bestätigt. Stimmt, des wirkt nicht mehr so kantig, hat sie gemeint. Und außerdem, hat sie gesagt, hast du auch schon gemerkt, dass du um die Hüften ein bissle dicker geworden bist? Heiliger Strohsack, tatsächlich! Ich hab mich eine geschlagene Stunde vor dem Spiegel hin und her gedreht. So glücklich war ich! So glücklich, dass ich zur Edith gesagt hab: »Jetzt will ich fortgehen, als Frau! Jetzt trau ich mich!«

Wir haben überlegt, was eine gute Idee wär für meinen ersten öffentlichen Auftritt. Irgendwas, wo ich nicht so auffalle, wo viel Leute sind. Und dann sind wir auf die Fürther Kirchweih gekommen. Das ist ein Riesentrubel jedes Jahr, mit Buden und Fahrgeschäften, die ganze Stadt ist auf den Beinen. Da ist so viel los, dass man als Einzelner in der Masse untergeht. Also war es abgemacht, am nächsten Samstag gehen wir.

Ich hab drei Tage gebraucht, um mich zu entscheiden, was ich anzieh. Zu gewagt sollte es nicht sein, aber schön weiblich halt. Immer nervöser bin ich geworden, und am Samstag war ich ein richtiges Nervenbündel. Ich wollt schon alles abblasen, aber dann hat die Edith gesagt, nix gibt's, des machen wir jetzt, und Schluss. Ich hab am End einen leichten dunkelblauen Rock angezogen und eine weiße Bluse, und die Edith hat mich frisiert. Die Haare waren halt so eine blöde Übergangslänge, nix Halbes und nix Ganzes, aber es ging dann schon. Ein bisschen Lippenstift und ein Tupfer Kölnischwasser hinter die Ohren, und fertig. Auf geht's, Helga, hab ich gedacht. Jetzt wird sich ins Getümmel gestürzt!

Aber weiter als bis zur Tür hab ich's nicht geschafft. Da hab ich dann auf einmal eine solche Angst gekriegt, dass mir die Knie eingeknickt sind. Ich bin auf dem Absatz umgekehrt und wollt gleich wieder den Mantel aus-

Schminkversuche, um 1970

ziehen. »Edith, ich kann des doch net«, hab ich gesagt. Die Edith hat mich so angeschaut, wie sie den Klausi immer anschaut, wenn er einen Blödsinn gemacht hat. Dann ist sie ins Wohnzimmer gegangen und mit einem Gläschen Cognac in der Hand wieder herausgekommen. »So, des trinkst du jetzt«, hat sie gesagt. »Und dann gehn wir.«

Auf der Fürther Freiheit hat sie sich bei mir eingehakt, und so sind wir über die Kirchweih spaziert. Lieber Gott, hoffentlich treffen wir keinen, der uns kennt, hab ich gedacht, hoffentlich. Am Anfang hab ich mich kaum aufschauen trauen, erst langsam bin ich mutiger geworden. Und da hab ich dann schon gemerkt, dass die Leute mich beäugen. Manche haben mich angeschaut und dann schnell wieder weggeschaut, das war noch am erträglichsten. Andere haben mich so richtig gemustert. Noch andere haben mich ganz ungeniert angestarrt, als wären mir grad zwei Köpf gewachsen. Die Edith ist tapfer neben mir hergelaufen, aber ich hab schon gemerkt, dass sie sich unendlich geniert. Ich bin mir vorgekommen wie ein Verbrecher, dass ich ihr das zumute. »Komm, gehn wir«, hab ich zu ihr gesagt. Da hat sie ganz bockig gemeint: »Jetzt simmer schon da, Helga. Jetzt ist es auch schon wurscht. Jetzt will ich erst noch ein Bier und dazu einen Radi und einen Emmentaler.« Ich hab geglaubt, ich bring des nicht mehr fertig, aber wir haben uns dann auf eine Bierbank gesetzt und eine Maß bestellt. Die Kellnerin hat uns ganz freundlich bedient, aber ich hab schon gesehen, dass sie sich ihren Teil gedacht hat. Na ja, wir haben dann tapfer unseren Radi und den Käs gegessen und die Maß ausgetrunken. Dann sind wir zurück zu unserem Auto und wieder heimgefahren. Ich war fix und fertig. Des hat mich so angestrengt, ich bin kaum noch zur Tür hineingekommen.

Daheim sind wir dann gleich ins Bett. Eigentlich, hab ich mir da gedacht, eigentlich war's doch gar nicht so schlimm. Mich hat keiner ausgelacht, keiner hat mich dumm angeredet, keiner hat mir den Kopf abgerissen. Die Leut schauen halt. Aber das ist ja auch normal. So sind die Menschen, und die meinen's vielleicht auch gar nicht bös. Wenn erst die Hormone noch mehr wirken und ich noch weiblicher werd, dann wird das bestimmt besser. Und wenn nicht, dann muss ich mich halt dran gewöhnen. Das Dumme ist halt, dass ich so groß bin. Eine so große Frau fällt ja schon an und für sich auf, oder net? Jedenfalls, ich war nach der Fürther Kirchweih zwar ganz erschöpft, aber ich war auch stolz auf mich. Zum ersten Mal bei Tageslicht als Frau unterwegs, des war ein ganz wichtiger Schritt. Und der Doktor hat schon recht gehabt, schön langsam muss ich alles machen, eins nach dem anderen. Sonst schaff ich des nicht.

So sind die Monate vergangen, und ich hab mich langsam verändert. Meine Brust- und Beinhaare sind weniger geworden, das war gut, weil ich dieses stinkige Enthaarungszeug immer grausliger gefunden hab. Und die Körperformen haben sich verändert: Ich hab um die Hüften und an den Oberschenkeln zugelegt, und endlich, endlich, hat sich auch am Busen was getan. Na ja, nicht grad viel, um ehrlich zu sein. Um die Brustwarzen herum bin ich halt ein bissle angeschwollen. Wenn einem allein vom Hinschauen und Dranrumtatschen eine Brust wachsen würde, dann hätt ich inzwischen mehr Holz vor der Hütt'n haben müssen als die Gina Lollobrigida, aber so ging's halt leider nicht. Der Doktor hat gesagt, abwarten. Vielleicht kommt noch mehr, und in Ihrem Körper sind ja auch noch Testosterone. Er hat mir dann auch schonend beigebracht, dass die weiblichen Hormone den Bartwuchs im Gesicht nicht wegbringen. Sie werden sich immer rasieren müssen, hat er gesagt. Und

Ihre Stimme bleibt auch so tief wie bisher. Daran lässt sich nach jetzigem Wissensstand der Medizin nichts ändern.

Das war wieder so ein Tag, an dem ich ganz niedergeschlagen war.

Irgendwann waren dann meine Haare so lang, dass es auch wieder komisch ausgeschaut hat, wenn ich in Männerkleidern aus dem Haus ging. Da hab ich mir dann gesagt: So, jetzt ist es Zeit, dass du als Frau ins Geschäft gehst.

Inzwischen hab ich bis auf zwei Angestellte alle entlassen gehabt, und die zwei, die noch da waren, mit denen bin ich immer gut ausgekommen. Die würden das bestimmt verstehen und bei mir bleiben.

Ja, was man sich immer so einbildet, gell? Aber ich hab mich getäuscht. Der Schorsch, mein Werkstattmeister, hat einen Tag lang neben mir her gearbeitet und keinen Ton gesagt, und abends hat er mir dann einfach die Kündigung auf den Tisch gelegt. Die muss er in der Mittagspause geschrieben haben, mit der Hand. »Schorsch, des tut mir leid«, hab ich gesagt, und er hat zur Antwort gegeben: »Mir auch.« Die Irene, unsere Dekorateurin, die ist nach einer Woche heulend zu mir gekommen. »Ich tät schon bleiben, aber mein Mann lässt mich nicht mehr her, hat er gesagt. Ein Sodom und Gomorrha wär des.« Ich hab ihr die Papiere fertiggemacht, und sie hat mir noch alles Gute gewünscht.

Ja, jetzt war ich allein im Laden. Wir haben dann beschlossen, die Edith und ich, dass wir die Bauerngasse zu-

Mit Edith im Geschäft, um 1969

machen und sie zu mir in die Ehemannstraße kommt. Das war sowieso vernünftig, weil wir uns den zweiten Laden sowieso nicht mehr haben leisten können, so wie die Dinge gestanden haben. Ach ja, das war dann eigentlich eine ganz schöne Zeit, wir zu zweit in der Werkstatt. Aber obwohl ich meistens die Edith bedienen hab lassen und hinten geblieben bin, sind die Kunden weniger geworden. »Der F. ist durchgedreht«, hat's geheißen, »der will jetzt eine Frau sein!« Und eines Tages hör ich einen von den wenigen Dekorateuren, die noch bei uns gekauft haben, draußen zur Edith sagen: »Frau F., ich muss Ihnen des sagen. Mir wär's ja gleich, Sie sehen ja, ich bin Ihnen weiterhin treu. Aber die Leut, die reden. So was macht ein Geschäft hin.« – »Ich dank Ihnen schön, dass Sie so ehrlich sind«, hat die Edith gesagt. Und dann ist sie zu mir in die Werkstatt und hat geweint. »Wie soll des denn werden?«

Ich hab's doch auch nicht gewusst. Aber ich hab gewusst, ich kann nicht mehr zurück.

Ich hab dann die Flucht nach vorn angetreten, anders ist es einfach nicht mehr gegangen. Ich hab überhaupt keine Männerkleider mehr getragen, und ich hab offen über mein Problem geredet. Es ist schon interessant, wie die Menschen drauf reagiert haben. Welche, von denen du denkst, die verachten dich, die machen gar keine große Sache draus und nehmen dich an. Unsere Nachbarn zum Beispiel, von denen hätt ich des nie geglaubt. Andere, von denen du sicher geglaubt hast, dass die dir helfen, die wenden sich ab. Unsere Freunde und Bekannten, für die war des halt schwierig, die haben nicht gewusst, wie sie mit mir umgehen sollen. »Ja, ich kann doch net auf einmal Helga zu dir sagen!«, hat's da geheißen. Man hat sich anstandshalber noch ein-, zweimal getroffen, aber die meisten sind dann irgendwann weggeblieben. Des war schon traurig. Aber ich hab's nicht ändern können. Warum ist des bloß so, dass die Menschen des nicht aushalten können, wenn einer anders ist, hab ich gedacht. Ich bin doch so schon genug gestraft, und ihr gebt mir noch den Rest. Als wär ich ein Monstrum. Als würd ich kleine Kinder fressen.

Viele haben auch einfach zu mir gesagt, du spinnst doch, du hast doch einen Patscher. Des war für mich besonders schlimm. Wenn du so bist wie ich, dann machst du

Vor dem Geschäft in der Ehemannstraße, um 1969

dir ja dauernd Gedanken drüber, was die anderen von dir denken. Ob sie dich mögen oder nicht. Ob sie dich ernst nehmen und verstehen. Ob du als Mensch wertvoll bist für die. Wenn jetzt alle anderen denken, du bist verrückt, dann kriegst du furchtbare Minderwertigkeitskomplexe. Du glaubst, du bist nix wert. Keinen Pfifferling. Da hilft's auch nicht, wenn dir die Ärzte sagen, dass du nix dafürkannst. Du bist doch irgendwie abhängig vom Urteil der Leute. Manchmal war mir des so arg, dass ich mich kaum mehr aus dem Haus getraut hab. Ich bin beinah zum Menschenfeind geworden.

Am schlimmsten hat mich das mit meinem Bruder getroffen, dem Erwin. Mit dem hab ich länger schon kaum mehr Kontakt gehabt, des ist eine traurige Geschichte. Ich glaub, der Erwin, der hat unsere elende Kindheit nicht verkraftet. Der hat angefangen zu saufen. Und dann ist er manchmal ausfällig geworden und sogar handgreiflich. Er hatte inzwischen seine eigene Familie, sechs Kinder hat er am Schluss gehabt, und am Anfang haben wir auch noch öfters was miteinander unternommen. Aber er ist mit der Zeit zur Edith immer unleidlicher geworden, und wir haben uns dann nur noch selten getroffen. Trotzdem war's mir wichtig, ihm alles zu erzählen, bevor er's von woanders her erfährt. Ich wollt des nicht vor seiner Frau und den Kindern machen, also hab ich ihn angerufen, und wir haben uns in unserer alten Stammwirtschaft verabredet, im Geismann-Quell. Als ich hingekommen bin, war er schon beim dritten Bier, und er hat mich angestarrt wie ein Gespenst. »Was soll jetzt des?«, hat er gefragt. »Bist du jetzt übergeschnappt?« Ich hab mich kaum hinsetzen und ein paar Sätze herausbringen können, da ist er aufgesprungen und hat geschrien: »Du hast doch einen Knall, dich muss man doch einliefern! Des is ja des Letzte!« Ich hab ihn schier angebettelt, dass er mich net so verurteilen soll. »Du bist doch mein Bruder«, hab ich gesagt. »Kannst du da net zu mir halten?« Da hat er gemeint: »Wenn du so weitermachst, dann bin ich des nimmer. Dann brauchst du zu mir nimmer kommen! Da muss man sich ja schämen!« Alle Leut haben schon geschaut, aber mir war das in dem Moment wurscht. Ich hab ihm die Hand auf den Arm gelegt und wollt, dass er sich wieder hinsetzt. »Lass mich bloß los, du schwule Sau!«, hat er geschrien. »Hau ab, geh in deinen Puff zurück! Du bist ja schlimmer als die Mutter und die Schmidti miteinander!« Da bin ich aufgestanden und aus der Wirtschaft gerannt. Nicht einmal mehr meinen Mantel hab ich mitgenommen, der hängt vermutlich heut noch an der Lamperie. Draußen hab ich mich erst einmal ins Auto gesetzt und geheult.

Ja, so war des mit meinem Bruder.

Und dann endlich, kurz vor Weihnachten 69, haben sie in Erlangen festgestellt, dass ich so weit bin. Durch die Hormone hat sich die Samenflüssigkeit so verändert, dass die Operation möglich geworden ist. Nicht mehr milchig, sondern ganz klar war die. Ich war praktisch nicht mehr zeugungsfähig. »Wenn Sie immer noch entschlossen sind, dann können wir im Januar den Kontakt nach Casablanca für Sie herstellen«, hat der Doktor verkündet. »Aber ich sag Ihnen noch einmal: Wenn Sie diesen Eingriff machen lassen, dann gibt es kein Zurück mehr. Sie müssen dann bis zu Ihrem Ende als Frau leben. Jetzt gehen Sie heim, denken übers Wochenende noch einmal drüber nach, und am Montag geben Sie mir Bescheid.« Für mich gab's da nichts mehr zu überlegen. So schlimm das alles für mich war – der Gedanke, wieder als Mann leben zu müssen, war noch viel schlimmer. Ich hab mir beim besten Willen nicht mehr vorstellen können, der Hermann zu sein. Geschüttelt hat's mich bei der Vorstellung. Nein, des war schon alles richtig so. Es war der einzige Weg für mich.

Ich hab noch ein letztes Mal das Ganze mit der Edith durchgesprochen. So viele Ängste hat sie gehabt und ich ja auch. Aber wir sind übereingekommen, dass ich es mache. Es wird sich für alles eine Lösung finden, hab ich gesagt, wenn ich erst operiert bin. Ich hab doch gedacht, des wird alles komplett richtig, ich werd eine vollwertige Frau, und dann, dann wird endlich alles gut. Man hat doch die Hoffnung und den Glauben dran, wenn einem was so unendlich wichtig ist. Sonst könnt man doch gar nicht leben, ohne den Glauben und die Hoffnung.

Am Montag hab ich also in der Klinik in Erlangen angerufen und mein Einverständnis zur Operation erklärt. Danach ging es mir viel besser. Es war wie ein großes Aufatmen. Die Entscheidung war gefallen.

So haben wir ganz gemütlich Weihnachten gefeiert, mein letztes als Mann. Wie jedes Jahr bin ich mit den Buben in den Wald, und wir haben einen schönen Christbaum ausgesucht. Den haben wir dann alle miteinander geschmückt, mit Lametta und silbernen Kugeln. Wegen dem Klausi haben wir immer auch eine rot-schwarze Club-Kugel mit hingehängt, obwohl die Edith jedes Mal gebrotzelt hat. Echte Kerzen sind keine mehr draufgekommen, ein Wohnzimmerbrand hat uns gelangt. Also hat unser Baum eine elektrische Beleuchtung bekommen. Die Edith hat schon am Mittag eine schöne fleischige Gans in den Ofen gesteckt, und um sechs Uhr ist dann die Schwiegermutter gekommen. Ich hab erst ein paarmal durchgeschnauft, bevor ich die Tür aufgemacht hab. Die Elfriede hat ja von nix was gewusst. Sie hat mich schon in meinem Küchenschürzle gekannt, aber sie hat nie was gesagt, weder zu mir noch zur Edith. Wir haben uns gedacht, jetzt muss sie's ja doch einmal erfahren, und vielleicht ist der Heilige Abend eine ganz gute Gelegenheit. Wegen des Friedens und so.

Ich hab also aufgemacht, in einem weißen Strickkleid mit langen Ärmeln, und die Edith hat genau das gleiche Kleid in kurz getragen, ganz festlich haben wir uns hergerichtet. Die Elfriede hat mich mit großen Augen angeschaut. Das Grüß Gott ist ihr im Hals steckengeblieben, sie hat bloß gefragt: »Was ist denn mit dir los?« Gott sei Dank war gleich die Edith da und hat gesagt: »Jetzt komm erst einmal rein, Mutti, und zieh deinen Mantel aus.« Und dann haben wir uns zu dritt ins Wohnzimmer gesetzt – die Buben waren noch droben –, und ich hab gesagt: Elfriede, pass auf, ich erzähl dir jetzt die ganze Wahrheit. Seit ich auf der Welt bin, hab ich dagegen angekämpft, aber es hat nix genutzt. Ich bin im falschen Körper. Die Ärzte sagen, des liegt daran, dass mein Gehirn anders arbeitet als normal. Eigentlich war ich in mir drin immer eine Frau. Und nächstes Jahr werd ich umoperiert, dann bin ich's auch nach außen. Die Edith ist einverstanden und die Buben auch.« Die Elfriede ist stocksteif dagesessen, ich hab gedacht, die rührt sich heut nimmer. Und dann hat sie gesagt: »Des kann ich net begreifen.« Die Edith hat mir geholfen: »Der Hermann begreift's ja selber net. Aber es ist halt so.« Die Schwiegermutter hat dann gesagt: »Ja, kann man denn da nix machen? Kannst du da dagegen keine Tabletten nehmen? Oder Spritzen kriegen? Oder auf Kur?« Ich hab bald lachen müssen, wenn's nicht so todernst gewesen wär. »Ich bin bei den besten Spezialisten in Erlangen in der Behandlung«, hab ich gesagt. »Des, was ich hab, heißt bei denen Transsexualität. Des ist unheilbar.« – »Ach, du lieber Gott!«, hat die Schwiegermutter aufgestöhnt und ist auf dem Sofa in sich zusammengesunken. Die Edith ist derweil in die Küche hinausgerannt, hat die Gans im Ofen heruntergeschaltet und die Bowle gebracht. Die war eigentlich für die Bescherung nach dem Essen gedacht, aber jetzt war schon alles wurscht. Eine ewige Zeitlang haben wir bloß dagesessen und Ananasbowle getrunken. »Was sagst jetzt du, Edith?«, hat die Schwiegermutter irgendwann gefragt. Die Edith hat meine Hand genommen und zur Antwort gegeben: »Ich steh zu meinem Mann.« Da hat mich meine Schwiegermutter streng angeschaut. »Hermann, ich versteh des zwar nicht, aber ich weiß, dass du ein guter Kerl bist. Und wenn dich der liebe Gott so gemacht hat, wie du bist, dann wird er schon wissen, warum. Er wird auch gewusst haben, warum er meinen Josef in die Granate hat rennen lassen. Wenn ich das nicht denken würd, dann könnt ich nicht weiterleben. Es steht niemandem zu, über solche Sachen zu urteilen. Aber eins sag ich dir: Wenn du meine Edith unglücklich machst, dann kriegst du's mit mir zu tun.« Die Edith hat ihre Mutter umarmt, und ich hab gegrienen. So sind wir dann beieinandergesessen, bis die Bowle fast leer war und die Elfriede gefragt hat: »Und was ist jetzt mit der Gans?«

Bis zu ihrem Tod hat meine Schwiegermutter zu mir gehalten, auch wenn sie's nie verstanden hat. Ich bin nicht gläubig, jedenfalls nicht so, wie sich die Kirche des vorstellt. Aber so, mein ich, wie die Elfriede zu mir war, des ist christliche Nächstenliebe.

Gleich nach Silvester bin ich dann auf die Bank wegen des Kredits für die Operation. 8000 Mark sollte die kosten, und dazu würde ja noch der Flug kommen. Also hab ich zehntausend Mark aufnehmen wollen. Der Mann von der Bank hat nach Sicherheiten gefragt. Hatte ich keine, höchstens meine Maschinen vielleicht, aber die hat er nicht akzeptieren wollen. Dann hat er einen Einkommensnachweis verlangt. »Ich bin selbständig«, hab ich gesagt, »ich hab ein

Geschäft, mein Einkommen ist unterschiedlich.« Also hat er Unterlagen sehen wollen, wie das Geschäft geht. Ich hab alles zusammengesammelt, was ich so hatte, und ihm in die Bank gebracht. Acht Tage später saß ich dann wieder bei ihm vor dem Schreibtisch. »Frau F.«, hat er gesagt, ich glaub, das war der erste Mensch außer den Ärzten, der mich ganz selbstverständlich als Frau angeredet hat. »Frau F., ist Ihnen klar, dass Ihre Firma vor dem Konkurs steht?« Ich hab geglaubt, mir zieht's den Boden unter den Füßen weg. »Ja, wieso denn?«, hab ich gestottert, »des gibt's doch gar nicht!« So blöd war ich. Heut sag ich: Eigentlich hab ich froh sein können, dass die Sache mit der Firma überhaupt so lang gutgegangen ist. Wenn meine Kunden nicht so geduldig gewesen wären, dann wär viel früher alles den Bach nuntergegangen. Denen muss ich heut noch dankbar sein, dass die so anständig waren.

Ich bin dann ganz verstört in die Ehemannstraße und hab einen Ordner nach dem anderen aus dem Regal gezogen. Hab versucht, meine Außenstände zu überblicken, hab alle Forderungen herausgesucht, hab erste, zweite und dritte Mahnungen auf Stapel sortiert. Hab mit der Rechenmaschine Beträge zusammengezählt und mich tausendmal dabei vertippt. Hab alles gemacht, was ich schon seit mindestens zwei Jahren hätt ordentlich machen sollen. Bis abends um neun bin ich gesessen, drei Päckchen Stuyvesant hab ich aufgeraucht, und dann hab ich mir eingestehen müssen, dass mein Geschäft nicht mehr zu retten war. Meineherren, des hab ich sauber fertiggebracht, ich

Granatendepp, ich gottsjämmerlicher. Aus, Äpfel, hab ich gedacht, jetzt bist du bankrott.

Ja, da war ich endgültig am Boden. Ich hab gedacht, tiefer kann ich nicht mehr sinken. Die Edith war noch verzweifelter als ich, es war alles einfach zu viel für sie. Bei der Abwicklung hat sie mir sowieso nicht helfen können, ich hab ja selber kaum einen Überblick gehabt. Ich weiß noch, dass ich an einem Tag so hoffnungslos und niedergeschmettert war, dass ich überhaupt nicht mehr wusste, wo vorn und hinten ist. Ich hab dann einfach irgendwelche Ordner weggeschmissen, bloß so in den Müll geschmissen, damit sie weg waren, mir war alles einerlei. Ich hab nichts mehr im Griff gehabt, keinen Ausweg gesehen. Am Ende bin ich mit 40 000 Mark Schulden und sieben Offenbarungseiden dagesessen. Alles war verloren. Wenn ich bis jetzt nicht verrückt war, hab ich mir gedacht, mit den Schulden werd ich's. Ich hab beim besten Willen nicht mehr gewusst, wie es weitergehen soll.

Auf Anraten der Bank hab ich dann alle Schulden auf mich genommen und das Geschäft auf die Edith überschrieben. Des war die einzige Möglichkeit, einen Konkurs zu vermeiden. Die Edith hat mich dann als Angestellten angemeldet, und so haben wir irgendwie versucht, die Köpf über Wasser zu halten. Gebetet hab ich zu meinem Herrgott, dass er mir eine zweite Chance gibt. Nicht wegen mir, sondern wegen der Edith und den Buben, die waren doch ganz unschuldig an allem. Ich war schuld, ganz allein. Ich hab mich von dem Zeug in mir so gefangennehmen lassen, dass ich mein ganzes Leben an die Wand gefahren hab.

Und wie, hab ich gedacht, soll ich jetzt jemals eine Frau werden?

Der Mensch kann viel schaffen. Er muss bloß wollen. Heut weiß ich des. Ob du Frau bist oder Mann, was du willst, des kannst du auch. Ich hab mir damals gedacht, ich muss alles wieder in Ordnung bringen. Ich muss schauen, dass es irgendwie weitergeht und dass ich die Dinge wieder ins Lot krieg. Ich hab net aufgeben wollen. Ich wollt wieder auf die Beine kommen, ich wollt meine Familie weiter ernähren, und ich wollt mich operieren lassen.

Also hab ich mich auf die Hinterbeine gestellt. Hab mir gesagt, Helga, jetzt musst einfach des Stehaufmännle machen. Du musst dich jetzt an den eigenen Haaren aus dem Sumpf ziehen. Lang genug sind's jetzt ja. Und dann bin ich laufert geworden. 25 000 Mark hab ich erlöst durch den Verkauf von dreizehn Maschinen, damit hab ich über die Hälfte von den Schulden abbezahlen können. Dann waren's bloß noch 15 000. Ich hab immer bloß gedacht, wie bring ich die weg, wie bring ich die weg? Das Auto hab ich verkauft. Aufs Gericht bin ich gegangen und hab mir die Adressen von meinen Gläubigern geben lassen, und dann hab ich mit denen verhandelt. Hab gesagt, es tut mir leid, ich schäm mich ja so, aber ich kann nicht alles zurückzahlen, vielleicht wenn Sie mit einem Teil zufrieden wären?

Die meisten haben ein Einsehen gehabt. Eine hat sogar gar nix mehr gewollt, ein anderer bloß noch die Hälfte. Trotzdem sind am Ende über 10 000 Mark Schulden geblieben, und die haben mich gedrückt.

Und jetzt muss ich ein Geständnis machen: Da waren noch zwei Maschinen, die hab ich gegen bar losgebracht. Davon hat keiner was gewusst. Fast 8000 Mark waren das, die hab ich in einen Umschlag getan und bei mir daheim im Nachtkästle versteckt. Des war für meine Operation. Ich hab geglaubt, sonst müsst ich für immer ein Mann bleiben. Und des war doch das einzige Ziel im Leben, das mir jetzt noch geblieben ist. Des, was mich noch aufrecht gehalten hat in dem ganzen Unglück.

Damit ich meine Familie ernähren kann – das bisschen Geld, das unser Geschäft noch eingebracht hat, war ja längst nicht genug zum Leben –, hab ich dann hier tapeziert und da gemalert. Schwarz natürlich, na freilich, was hätt ich denn sonst machen sollen? So wie ich ausgeschaut hab, hätt mich doch niemand eingestellt. Des waren andere Zeiten damals. Ja, heut bedient dich in jedem Laden einer mit Ringen im Gesicht oder Tätowierungen überall, und ob Männlein oder Weiblein, da stört sich niemand mehr dran. Aber damals hat ein Mann, der als Frau geht, keine Chance auf eine Arbeit gehabt. Das haben sie mir auf dem Arbeitsamt auch gesagt: »So brauchen wir Sie nirgends hinschicken, Frau F.!« Aber ich konnt einfach nicht zurück, des hätt mich umgebracht. Also hab ich mich über

Wasser gehalten mit Handwerksarbeiten. Alles hab ich gemacht, vom Gitterzaunschweißen bis zum Parkettverlegen bis zum Partykeller mit Holz verkleiden. Heut noch sagen meine Neffen, die Kinder vom Erwin: Die Tante Helga, die kann alles. Das war halt meine Begabung, und damals war es mein Glück. Ich hab geschuftet wie ein Ochs. Bin mir vorgekommen wie ein gehetztes Tier. Schulden hab ich damit nicht abzahlen können, aber wir haben leben können. Wir haben halt gestrampelt und gestrampelt und gehofft, es geht uns wie dem Frosch im Sahnetopf.

Und dann kam der nächste Tiefschlag. Eines Tages steht unser Vermieter vor der Tür, ich war nicht daheim, die Edith hat aufgemacht. »Frau F.«, hat er gesagt, »ich wollt Ihnen das persönlich mitteilen. Ich hab einen Käufer für das Haus, und der neue Besitzer würde sofort einziehen.« Jetzt war es so, dass ich zwar ein Vorkaufsrecht im Mietvertrag stehen hatte, aber wie sollte ich denn mit meinen ganzen Schulden das Häuschen bezahlen? Ich hab beim Vermieter gebittelt und gebettelt, und der hat schon Mitleid mit uns gehabt, aber er hat auch das Geld gebraucht. Am Ende hat er gesagt: »Es tut mir ja leid, aber ich muss Ihnen trotzdem kündigen.«

Jetzt waren wir ganz am Ende. Des war eine verdammte Zeit, eine Sch…zeit, für uns alle. Die Edith hat bloß noch geweint, und ich hab keine Ahnung mehr gehabt, wie es weitergehen soll und wohin mit uns. Wer vermietet uns jetzt eine Wohnung? Einem Ehepaar, von dem der Mann eine Frau ist? Und keine Arbeit hat? Da lach ich doch! Den Vermieter hätte mir einer zeigen sollen! Wir haben beraten, tagelang und nächtelang. Wir wollten ja beieinanderbleiben. Am Schluss haben wir sogar die Schnapsidee gehabt, wir geben uns als Schwestern aus. Aber wenn der Vermieter dann den Personalausweis sehen will, was machen wir dann, hat die Edith gefragt. So ging es nicht. Ich hab keine Möglichkeit mehr gesehen für meine Familie. Ich wollt auch die Edith und die Buben nimmer mit mir belasten. Ich hab immer mehr das Gefühl gehabt, jetzt ist der Punkt da, an dem ich meine eigene Sache machen muss. Anders kommen wir nie wieder auf die Beine, die Edith nicht und ich nicht. In meiner Verzweiflung hab ich dann einen Entschluss gefasst. Ich hab gesagt: »Edith, ich muss allein sein. Ich kann nimmer. Ich schaff des alles sonst nicht. Du gehst mit den Buben vorübergehend zu deiner Mutter, und ich such mir eine Wohnung und eine Arbeit. Glaub mir des, ihr seid ohne mich besser dran.« – »Helga«, hat die Edith gesagt, »du kriegst doch nie eine Wohnung!« – »Wenn, dann krieg ich nur allein eine«, hab ich gesagt. »Und ich bring auch bloß allein die Schulden los. Du entlässt mich, dann krieg ich Arbeitslosengeld. Vom Geschäft kannst du ohne mich mit den Buben noch eine Zeitlang leben. Der Werner verdient sowieso bald selber genug. Die guten Möbel behältst du, ich will nix. Und wenn alles abbezahlt ist, dann schauen wir weiter.« Ja, was Besseres ist mir einfach nicht eingefallen. Und der Edith auch nicht.

Das war dann der endgültige Abschied vom alten Leben

und unsere Trennung. Der totale Zusammenbruch. Ich hab nimmer gedacht, dass für uns noch jemals was wieder gut werden kann. Alles war vorbei und verloren. Tränen haben wir damals keine mehr gehabt. Ich glaub, damals haben wir alle zwei schon gewusst, dass wir nimmer zusammenkommen.

Die Edith war damals unglaublich tapfer. Sie ist erst bei ihrer Mutter untergekrochen, die hat eine Wohnung in Langwasser gehabt. Später hat sie dann das Geschäft endgültig aufgegeben und stattdessen eine Arbeit angenommen, bei den Dreger Werken im Büro. Danach ist sie mit den Buben in ein Hochhaus am Einsteinring gezogen. Schon vorher hab ich nach vielen Versuchen eine Einzimmerwohnung mit Balkon gefunden, in Gerasmühle. Die Vermieter waren die Wirtsleute vom Winzerhof, die hat des überhaupt nicht gestört, dass ich anders war. Da bin ich dann eingezogen, am 1. März 1971. Der Werner hat mir noch beim Umzug geholfen und die Möbel und Kisten mit geschleppt, das hab ich ihm hoch angerechnet. Ich hab wirklich bloß des G'lump aus Wachendorf mitgenommen, die alten Schränk und die wackligen Stühl, die guten Sachen hat die Edith behalten. Aber mich hat des net gestört, dass ich nicht schön neu eingerichtet war. Zum ersten Mal in meinem Leben hab ich allein gelebt, und auch noch als Frau, des war ein unglaubliches Gefühl. Da ist auf einmal ganz viel von mir abgefallen. Ich hab dort »Helga F.« aufs Klingelschild geschrieben und hatte damit mein eigenes Reich, auch wenn's bloß klein war. Ich will gar nicht sagen, dass das Leben in der Familie mich bedrückt hat, aber plötzlich hab ich mich nur noch um mich selber kümmern müssen, das war eine große Erleichterung. Und ein richtiger Neuanfang. Ich hab wieder Mut gefasst. Jetzt fehlt bloß noch die Operation, hab ich gedacht.

Gleich nach meinem Einzug hab ich dann eine Idee verwirklicht, die mir ein paar Wochen vorher bei einer Unterhaltung mit einem Taxifahrer gekommen ist. Der hat gesagt, er könnt mir sofort eine Stelle beschaffen, wenn ich will. Ich brauch bloß einen Taxischein. Na ja, hab ich da gedacht, wenn mich schon keiner einstellt, dann könnt ich das wirklich probieren. Vom Verdienst als angestellte Taxifahrerin kann ich leben und mit der Zeit vielleicht sogar meine Gläubiger auszahlen. Auf dem Arbeitsamt waren sie einverstanden, und so hab ich mich im April bei der Stadt angemeldet für die Taxi-Lizenz. Ja, in der Taxifahrerei, da hab ich meine Zukunft drin gesehen.

Und jeden Tag hab ich meine 8000 Mark gezählt. Die Ärzte in Erlangen hatten mir schon alle Unterlagen mitsamt der Adresse in Casablanca geschickt, aber ich hab mich dort noch nicht hinwenden können. Ein Flug hin und zurück hätte zusätzlich rund 1000 Mark gekostet, und ein bisschen in der Hinterhand braucht man ja auch, zur Sicherheit. Also hab ich mir zum Ziel gesetzt, noch 1500 Mark zusammenzubringen. Ich hab tagsüber jede Arbeit gemacht, die ich kriegen konnte, und nachts hab ich gelernt für die Taxilizenz. Jeden Pfennig hab ich umgedreht. Ja, das war eine harte Zeit, mein Lieber. Ich hab die Edith vermisst und die Buben, des kann ich gar nicht sagen. Einzig der Gedanke an die Operation hat mich noch aufrecht gehalten. Und an ein Leben als Frau. Damals gab es einen Schlager, der ging so: »Es wird ja alles wieder gut, nur ein kleines bisschen Mut.« Den hab ich immer wieder gehört, das hat mir Hoffnung gemacht.

Anfang Juli 71 hab ich dann die Prüfung für den Personenbeförderungsschein bestanden und bin ab da für ein Taxi-Unternehmen gefahren; mein Taxi hatte die Ordnungsnummer 126. Erst hatte ich nur Nachtdienst, aber ich bin auch manchmal tagsüber gefahren, ich hab doch das Geld gebraucht. Heut noch hab ich den Stadtplan von Nürnberg im Kopf, wir alten Taxerer brauchen kein so neumodisches G'schmarri wie ein Navi. Das wär gegen unsere Berufsehre gegangen, da hätten wir uns ja genieren müssen. Wir haben überallhin von selber gefunden, da waren wir immer stolz drauf. Auf jeden Fall, das Wichtigste war, dass ich endlich wieder regulär Geld verdient hab. Aber der Preis war schon hoch. Die Kollegen haben mich nicht akzeptiert, für die war ich wie eine Nutte. Beschimpft haben die mich und gedemütigt. Ich hab mich nicht wehren können, ich hatte einfach keine Kraft dazu. Und ich musste doch die Anstellung behalten, ich hab doch das Geld so dringend gebraucht. Ich hab gelitten wie ein Hund, aber ich hab die Zähne zusammengebissen und weitergemacht. Ich hab mir gesagt, Helga, des hilft alles nix, du musst da jetzt durch. Des war eine ganz schlimme Zeit, aber Ende August hab ich mein Ziel erreicht: In meinem Umschlag waren 9500 Mark.

Endlich, endlich konnte ich nach Casablanca schreiben und um einen Operationstermin nachfragen. Stundenlang war ich gesessen und hab den Brief aufgesetzt, die Vorlage hab ich heut noch.

An Dr. Georges Burou
Clinique du Parc
13 Rue Lapebie
Casablanca Marokko

Nürnberg, 8. 9. 71

Sehr verehrter Herr Dr. Georges Burou!

Bitte, bitte helfen und erlösen Sie mich von den unheimlichen Qualen des männlichen Geschlechtes an meinem Körper. Ich möchte endlich als ganze Frau ein Leben in Zukunft führen, welches mir bis heute verwehrt und verschlossen ist.

Ich habe schon sehr viel über Ihre großen und erfolgreichen Künste der Geschlechtsumwandlung gehört u. gelesen. Ich verehre Sie und habe vollstes Vertrauen.

Ich bin am 22. 5. 31 in Nürnberg geboren, bin led. und leide seit meiner Kindheit an dieser unerträglichen körperlichen Entwicklung. 1 × versuchte ich schon aus dem Leben zu gehen daraufhin kam ich in die Universitätsklinik Erlangen. Ich musste mich 3 psychiatrischen Testen unterziehen dann begann 1969 die Hormonbehandlung durch Antiandrogene und Östrogene heute bekomme ich Spritzen Pragynon Depot 100 mg Östradiolundecylat. Ich führe ein hemmungsvolles Leben in Verzweiflung dazu in Hohn und Spott.

Seit meiner Behandlung gehe und arbeite ich offiziell als Frau. Bin Taxifahrerin in Nbg. Ich würde mein Leben geben, um nur mein wahres Geschlecht als Frau zu besitzen. Dazu möchten Sie mir lieber Herr Dr. bitte, bitte helfen. Ich kann nicht mehr länger warten, meine Nervenkraft ist am Ende. Sonst finde ich nur noch den einen Ausweg – aus dem Leben zu scheiden. Nur Sie Herr Dr. können das Leben eines Transsexuellen verstehen und helfen durch Ihre großartige und hervorragende Operation.

Habe mir endlich unter größten Entbehrungen und durch meiner Hände Arbeit 8000,– DM für diese Operation zusammengespart. Schreiben Sie mir bitte sofort einen Termin für die Operation und wohin ich den Betrag überweisen soll. Ich werde Ihnen mein ganzes Leben dankbar sein für mein neues glückliches Leben in der Zukunft. Bitte lassen Sie mich nicht warten ich komme sofort. Ich lege mein Leben in Ihre Hand der Erlösung.

Ich begrüße Sie in voller Hoffnung aus der Ferne.
Ihre sich Ihnen anvertraute

Helga F.

Es hat drei Wochen gedauert, bis die Antwort kam. In den drei Wochen bin ich bald verrückt geworden. Die nehmen dich net, hab ich gedacht. Die schreiben dir nicht einmal eine Antwort. Oder ist der Brief nicht angekommen? Soll ich noch mal einen schicken? Ich hätt nicht auf Deutsch schreiben dürfen, das verstehen die bestimmt nicht. Ich hätt alles auf Französisch übersetzen lassen müssen oder auf Englisch. Ja, wenn man seine ganze Hoffnung an was hängt, wenn das ganze Glück davon abhängt, dann hat man halt keine Geduld. Dann kommen die Zweifel, und das Warten ist unerträglich. Aber dann, Gott sei Dank, hat's endlich am Briefkasten geklappert. Meine Hände haben so gezittert, dass ich den Umschlag kaum aufgebracht hab. Und dann steht da: Eine Operation ist in Ihrem Fall möglich. Es hat kurzfristig eine Absage gegeben, Sie können schon in zwei Wochen kommen. Überweisen Sie DM 8000,- auf das Konto soundso. Ich bin vor lauter Freud durch die ganze Wohnung gehüpft. Zwei Wochen noch, dann fang ich ein neues Leben an. Zwei Wochen! Ich kann bloß sagen, viel länger hätt ich auch nicht mehr durchgehalten. Zur Feier des Tages hab ich mir dann was gegönnt, ich bin in die Winzerstube runter und hab dort schön zu Abend gegessen. So gut hat mir im ganzen Leben nie mehr ein Schnitzel geschmeckt.

Am nächsten Tag bin ich nach Nürnberg auf eine Bankfiliale, wo man mich nicht kennt, hab ein Konto auf den Namen einer Freundin eröffnet und das Geld in bar eingezahlt. Und am Tag drauf alles sofort auf das Schweizer

Konto überwiesen, das die mir angegeben hatten. Gleich anschließend bin ich zum Flughafen gefahren und hab einen Flug gebucht. Dann hab ich die Edith angerufen. Eigentlich hab ich gedacht, die freut sich mit mir, aber so war's dann doch nicht. Ich hab schon gemerkt, wie sie am anderen Ende von der Leitung mit den Tränen kämpft. Jetzt ist es wirklich ernst geworden, des war auch schwer für die Edith, ich kann's ihr nicht verdenken. Wenn dein Ehemann und der Vater von deinen Kindern unwiderruflich eine Frau wird, dann schreist du halt nicht grad hurra. Und du weißt ja auch, was das am Ende für deine Ehe bedeutet. »Sei net traurig«, hab ich zur Edith gesagt. »Du verlierst mich doch net. Ich bin doch immer da, wenn du mich brauchst.« Jaja, leicht gesagt, kann man jetzt denken, aber ich hab des wirklich ernst gemeint. Für mich war des ein Versprechen, aber ich versteh schon, dass des damals für die Edith kein großer Trost war. Wir haben dann irgendwann aufgelegt und waren alle zwei wieder einmal traurig.

Ich hab dann bei meinem Chef Urlaub eingereicht und ihm erklärt, warum. »Hoffentlich schmeißen Sie mich jetzt net raus«, hab ich gesagt. Er hat gemeint, selbstverständlich kannst du hinterher wiederkommen, Helga. Das war wirklich ein feiner Kerl, der Birnbachers Helmut, was der alles für mich getan hat, das vergess ich ihm nie.

Ich hab also alles vorbereitet für die Reise nach Casablanca. Ich war in Hochstimmung, aber gleichzeitig hab ich's auch langsam mit der Angst gekriegt vor der eigenen Courage. Des ist schon komisch, da wünscht man sich sein ganzes Leben lang nix anderes, und wenn's dann so weit ist, dann kommt die Panik. Ich hab mir schon Gedanken gemacht, was wird, wenn ich bei der Operation sterbe. Hätt ja passieren können. Des haben mir die Ärzte in Erlangen klipp und klar gesagt. Ich glaub ja, wenn man tot ist, ist man tot. Lauter so Sachen wie die Auferstehung und das ewige Leben, des ist doch alles ein Blödsinn. Es gibt keinen Himmel, bloß ein Weltall. Die Kirche, des sag ich auch heut noch, die ist ein Kapitalunternehmen und die Bibel ein Märchenbuch. Was uns die Pfarrer weismachen wollen, des mit der Erbsünde und der Hölle und dem Fegefeuer, des ist doch alles ein Krampf. Die Natur, das ist unser Herrgott, davon bin ich überzeugt.

Und dann war der Tag der Abreise da, der 14. Oktober 1971. Ich bin schon um 5 Uhr früh aufgestanden und hab dann noch meine Sachen für die Reise fertig gepackt. Um 9 Uhr hupt es drunten, da steht schon mein Chef mit dem Taxi, es war ausgemacht, dass er mich abholt und zum Flughafen fährt. Ich war so aufgeregt, dass ich gezittert hab. Beim Zusperren hab ich mit dem Schlüssel kaum das Türschloss getroffen. Ich hatte nur noch einen Gedanken: Casablanca, der Ort meiner Erlösung. Am Flughafen, nachdem ich meinen Koffer abgegeben hab, war noch viel Zeit. Ich bin allein in der Halle herumgegangen, ich weiß noch, ich hab ein schickes, hellblaues Kostüm angehabt, und viele Leute haben mir nachgeäugt. Nimmer lang, hab ich gedacht, nimmer lang. Dann bin ich eine vollwertige Frau. Auf dem

Weg zur Maschine sind mir die Tränen gekommen, einerseits vor Hoffnung, andererseits vor Ungewissheit. Werde ich meine Heimatstadt noch einmal lebend, als richtige Frau, wiedersehen oder nicht? Mir war ja völlig klar, dass das eine Operation auf Leben und Tod ist und dass ich vielleicht als Mann sterben würde. Der Gedanke war mir so unerträglich, dass mir schlecht geworden ist.

Dann endlich war es so weit, ich bin mit ganz weichen Knien ins Flugzeug eingestiegen. Ich hab mich angeschnallt und mein Schicksal in Gottes Hand gelegt – komisch eigentlich, wo ich doch gar nicht richtig gläubig war. Ich hab aus dem Fenster geschaut und mir gedacht, Nürnberg, ade. Entweder komm ich als Frau wieder heim, oder ich sterb halt in Casablanca. Aber dann hab ich nur noch an die bevorstehende Erlösung von meinem männlichen Geschlecht gedacht, das mir so viel Unglück, Hemmungen und Angstgefühle gemacht hat. Und ich hab mir immer wieder gesagt, dass es richtig ist, was ich mach. Ich musste es einfach wagen, es war der einzige Weg in meine Freiheit.

In Frankfurt am Main musste ich umsteigen, ich weiß noch, dass es in Strömen geregnet hat. Mein Flug Nr. 190 nach Casablanca hatte eine Stunde Verspätung, deshalb kam ich erst zwischen 17 und 18 Uhr in Casablanca an. Mit meinem Köfferchen bin ich dann in ein Taxi gestiegen und hab dem Fahrer einen Zettel mit der Adresse von der Clinique du Parc hingehalten. Der hat die Augenbrauen gehoben und mich angeschaut wie ein Stück Dreck, der hat schon Bescheid gewusst, ich war für den offensichtlich nicht die oder der Erste, der zu Dr. Burou wollte. Später hab ich erfahren, dass der Doktor zu dieser Zeit schon über sechshundert solche Operationen gemacht hatte, meistens an Patienten aus dem Ausland.

Die Klinik sah von außen nach nichts Besonderem aus, eher unscheinbar, einfach ein großes Haus in einer Häuserreihe in der Stadt. Kein Park, wie ich eigentlich aus dem Namen geschlossen hatte. Mir ist des komisch vorgekommen, im ersten Moment hab ich gedacht, Allmächt, wo bin ich jetzt da gelandet? Wer weiß, was des für eine Klinik ist? Vielleicht war des alles bloß ein Betrug, und die haben mich ausgeschmiert? Da bin ich ganz schön dumm dagestanden mit meinem Köfferchen. Aber na ja, was hätt ich machen sollen? Jetzt bist du schon da, hab ich mir gedacht, jetzt gehst du da auch nei!

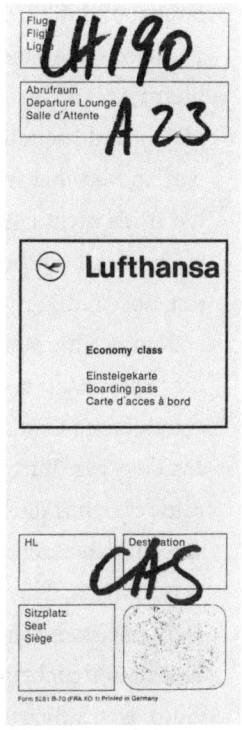

Die Boardingkarte nach Casablanca (CAS)

Drinnen hat's schon besser ausgeschaut, es hat nach Krankenhaus gerochen, und alles war sauber und ordentlich. Da war ich dann wieder einigermaßen beruhigt. Ich bin zum Empfang gegangen, hab die Unterlagen aus Erlangen und die Überweisungsquittung über die 8000 Mark auf den Tisch gelegt und mich angemeldet. Des ging problemlos. Eine marokkanische Krankenschwester kam dann gleich und hat mich sofort auf mein Zimmer gebracht. Sie war so nett, hat mich die ganze Zeit freundlich angelacht, hat mich nicht einmal meinen Koffer tragen lassen, des hat sie besorgt. Und dann war ich angekommen, im Zimmer der Rose Nr. 32.

Kaum war mein Köfferchen ausgeräumt, da hat mich die Schwester schon wieder abgeholt. Sie führte mich durch lange Gänge bis zu einer weißen Tür, auf der stand: Dr. Georges Burou. Ich hab erst noch ein paarmal geschluckt, und dann hab ich angeklopft und bin hinein. Da saß ein gutaussehender älterer Herr hinter einem gläsernen Schreibtisch. Ich war schon verblüfft, weil er trug keinen weißen Kittel, sondern ganz legere Freizeitkleidung, er sah überhaupt nicht wie ein Arzt aus, eher wie ein Playboy. Ganz freundlich hat er mir die Hand gegeben und mich in französisch eingefärbtem Deutsch begrüßt: »Guten Tag, Mademoiselle Helga, isch freue misch, Sie kennenzulernen. Geht es Ihnen gutt?« Ich war ganz eingeschüchtert von seiner Erscheinung. Ich weiß gar nicht mehr, was wir damals noch geredet haben, jedenfalls nicht viel. Er hat mir ein Blatt gegeben, in dem ich die Gefahren der Operation nachlesen und dann unterschreiben sollte. Da stand auf Deutsch noch einmal das, was mir mein Erlanger Doktor schon erklärt hat: Sie schneiden erst Penis und Hoden weg, das ist im Grund nix anderes als eine Kastration. Dann machen sie eine Vagina und kleiden die mit der Penishaut aus. Aus der Eichel wird eine Klitoris, und aus den Hodensäcken werden die Schamlippen. Das Ganze dauert mindestens zwei bis acht Stunden; du wirst auf eine Liege geschnallt, die wird dann hochgedreht, bis du auf dem Kopf stehst, dann kann der Arzt dran arbeiten. »Sie müssen nischt Angst haben«, hat Dr. Burou am Schluss zu mir gesagt. »Ist Operation isch macke jede Tag.« Da hab ich meine Unterschrift druntergesetzt.

Ich bin dann wieder zurück auf mein Zimmer. Ganz allein hab ich mich auf das Bett gesetzt. In mir war alles in Aufruhr und in Widerstreit. Ich hab solche Angst gehabt, und gleichzeitig war da so eine Hoffnung und so eine Freude. Ja, heut würd man in so einem Fall jemanden mit dem Handy anrufen, da könnt man reden und seine Sorgen loswerden, gell? Aber damals? Ich konnte mich mit den Krankenschwestern fast gar nicht verständigen, ich war ganz allein in einem fremden Land unter Menschen mit anderen Sitten. Da hab ich mich schon recht einsam gefühlt. Ich hab an meine Söhne gedacht und an die Edith. Dann wurde mir mein Abendessen serviert, so eine Art Bratwurst mit Röstkartoffeln und Salat und eine Flasche Bier. Es kam mir vor wie das Abschiedsessen von der Männlichkeit.

Am nächsten Tag hab ich schon nix mehr zum Essen gekriegt. Abends sollte die Operation sein, ich hab irgendwie die Zeit totgeschlagen. Erst hab ich marokkanische Musik im Radio gehört, aber des hält kein Mensch lang aus. Ist halt ein anderer Geschmack, gell. Dann hab ich stundenlang aus dem Fenster geschaut und zugehört, wie mein Magen immer lauter knurrt. Tausend Sachen sind mir im Kopf rumgegangen. Langsam ist es Abend geworden, und ich hab schon gedacht, des gibt's doch gar net, die haben mich bestimmt vergessen. Aber dann, um 20 Uhr 30, haben sie mich endlich abgeholt, mich untenrum komplett rasiert und mir ein Beruhigungsmittel gegeben. Die Spritze von der Narkose hab ich schon kaum noch gespürt. Ich war sofort weg.

Am anderen Morgen wach ich auf. Einen Schreck hab ich gekriegt. Ich denk: Menschenskinder, ich hätt doch operiert werden sollen! Bin ich jetzt operiert? Ich hab geglaubt, die haben überhaupt nix gemacht. Aber dann hab ich nach unten getastet und die Verbände gespürt. Gott sei Dank, hab ich gedacht, Gott sei Dank. Des Ding ist weg! Jetzt hab ich's geschafft! Jetzt bin ich raus aus meinem Gefängnis! Ich bin frei von meinen Fesseln!

In dem Moment war für mich plötzlich alles heller. Alles war auf einmal ganz anders, das Zimmer, die Wände. Ich hab zum Fenster geschaut, draußen war blauer Himmel, des hat alles geleuchtet. Wie wenn auf einmal ein riesengroßes Licht angeht. So hat sich meine Erlösung angefühlt. Frei, hab ich immer bloß gedacht, endlich bin ich frei!

Na ja, die Schmerzen sind dann schon gekommen, aber die Schwestern waren alle so nett, die haben mir jeden Wunsch von den Augen abgelesen. Und am Nachmittag hat dann der Dr. Burou auf Visite vorbeigeschaut, mein Lebensretter. Er hat sich zu mir aufs Bett gesetzt und gesagt: »Mademoiselle Helga, du wunderschöne Vagina. Du kannst mit jede Mann schlafen, ist alles gutt.« Mir sind die Tränen bloß so runtergelaufen.

Die erste Woche war dann schon noch schlimm. Die Vagina, das muss man sich vorstellen, die ist ja am Anfang nix anderes als eine offene Wunde, wie eine Stichwunde quasi. So was will ja normalerweise beim Menschen wieder zusammenwachsen, des will zuheilen, und damit des nicht passiert, muss man die Wunde mehrmals täglich mit einer Art Stab weiten, bougieren nennt man das. Das Wort vergess ich nie. Am Anfang haben das die Schwestern gemacht. Ich hab jedes Mal geschrien vor Schmerzen. Nach ein paar Tagen durfte ich es selber versuchen, das war erträglicher, aber immer noch schlimm genug.

Auf dem Gang hab ich dann eine Schicksalsgenossin getroffen, eine junge Frau aus Dortmund, die Susanne. Die ist eine Woche vor mir operiert worden. Sie hat mir gesagt, es wird jeden Tag besser, und ich muss fleißig bougieren, sonst wird des mit der Vagina nix. Wir haben uns ab und zu auf unseren Zimmern besucht und unser neues »Untergeschoss« verglichen. Es war für mich schon was ganz Besonderes, zum ersten Mal einen Menschen zu treffen, der so war wie ich. Die Susanne, der muss es noch schlechter in ihrem Leben als Mann gegangen sein als mir. Richtiggehend verbittert war die. Sie hatte eine Frau und ein Kind, aber mit denen wollte sie nix mehr zu tun haben. Die hat sie richtig verleugnet. Mein Geburtstag, hat sie gesagt, das ist der Tag meiner Operation. Also, des hab ich nicht verstehen können. Wie kann man seine Frau und sein Kind ablehnen? Des hätt ich nie fertiggebracht. Die Edith und meine Buben, die waren doch immer noch das Wichtigste auf der Welt für mich. Nie, nie hätt ich die verleugnet! Aber die Susanne, die hat gesagt, vor meiner Operation, das war kein Leben. Für mich existiert meine Vergangenheit nicht mehr. Ganz eiskalt war die in der Beziehung. Trotzdem haben wir uns richtig verbunden gefühlt. Als sie entlassen wurde, haben wir geweint und uns umarmt und gesagt, wir sind jetzt Schwestern. Sie hat mich dann später auch einmal besucht in Nürnberg, aber mit der Zeit ist der Kontakt abgerissen. Heut noch hab ich ein Bild von ihr. Was aus der wohl geworden ist?

Im Stehen und Liegen ging's mir dann schon ganz gut, aber das Sitzen hat noch g'scheit weh getan, und das Herumlaufen auch. Des war ja alles immer noch mordsgeschwollen, untenrum. Aber es ist jeden Tag ein bissle besser geworden. Nach zehn Tagen haben sie mir den Bauchkatheter aus der Blase entfernt, und ich hab zum ersten Mal wie eine Frau Wasser lassen können. Das hat zwar gebrannt wie Feuer, aber ich war überglücklich, dass es überhaupt funktioniert. Ich hab viel getrunken und viel gepieselt, damit alles schön durchgespült wird. Am zwölften Tag ging's mir dann schon so gut, da hab ich eine richtige Energie entwickelt. Ich wollt mir gern den Hafen anschauen mit den großen Schiffen, eine von den Schwestern hat gesagt, das ist nicht weit. Ich war schon fertig angezogen, aber dann haben die mich nicht rausgelassen. Ach du liebe Güte, ein Gezeter haben die veranstaltet und mir dabei mit Händen und Füßen erklärt, dass da draußen welche rumlaufen, vermummte Männer, die fangen die Frauen aus der Klinik ein und verkaufen sie dann. Da bin ich dann doch lieber dageblieben. Ich wollt nicht so gern im Harem von irgendeinem Scheich landen. Später ist mir erst aufgegangen, dass so ein Harem noch gemütlich gewesen wär – es hat Fälle gegeben, da haben sie umoperierte Frauen in Bordelle verschleppt.

Ich bin dann tatsächlich, wie geplant, nach 14 Tagen entlassen worden. Ein Arzt und ein Pfleger haben mich zum Taxi gebracht und dem Fahrer gesagt, er darf mich erst am Flughafen wieder rauslassen und muss mich auch persönlich zur Maschine bringen. Im Nachhinein denk ich, des war bestimmt alles wegen der Entführungsgefahr! So bin ich dann mit meinem männlichen Pass durch die Kontrollen, als Frau. Das war ein eigenartiges Gefühl, ich hab gedacht, hoffentlich geht alles gut, aber die kannten das schon, die haben mich anstandslos durchgelassen.

Auf dem Heimflug war mir g'scheit mulmig. Ich hab ja gewusst, dass daheim noch viel zu bewältigen sein würde: die Namensänderung, das Umschreiben von meiner Geburtsurkunde, meine Ehe. Außerdem hab ich beim Sitzen solche Schmerzen gehabt! Ich hab mich in meiner Verzweiflung auf meine Fäuste gehockt, das hat ein bisschen geholfen. Die Stewardess hat mich gefragt, ob mir übel ist, weil ich so blass war. Ja, hab ich gesagt, mir ist nicht gut. Hab ja schlecht erzählen können, nein, mit dem Magen ist alles in Ordnung, mir tut bloß meine neue Vagina weh. Da hat sie mir eine Papiertüte gebracht.

Grad als ich gedacht hab, jetzt halt ich's nimmer aus, sind wir in Nürnberg gelandet. Ich hab mein Köfferchen vom Fließband geholt und bin aus der Gepäckabfertigung. Da haben schon Leute gewartet, haben ihren Verwandten zugewunken, manche sind sich um den Hals gefallen, haben sich abgeküsst, wie des halt so ist. Ich war ein bissle traurig, weil es war ja klar, dass auf mich keiner wartet. Ganz allein bin ich in Richtung Taxistand weitergegangen. Und wer steht da beim Ausgang und schaut mich an? Die Edith! Einen Strauß Rosen hat sie in der Hand gehalten, extra für mich! Ich hab gar nix sagen können, so gerührt war ich. Ganz fest haben wir uns umarmt. »Ist alles gutgegangen?«, hat die Edith gefragt. »Ja«, hab ich zur Antwort gegeben, »ich bin jetzt eine vollwertige Frau.«

So kann man sich Sachen einbilden. Damals hab ich des wirklich geglaubt. Ich hab sogar geglaubt, ich könnt Kinder kriegen, so ein Doldi war ich. Dabei, simmer doch ehrlich, du kannst aus einem Mann keine vollwertige Frau machen. Innerlich bleibst du ja doch männlich. Die Prostata ist noch da. Und eine Gebärmutter kannst du auch nicht herzaubern. Und Eierstöcke und alles.

Ich hab lang gebraucht, bis ich des irgendwann begriffen hab. Die Natur, die lässt sich halt nicht vom Menschen überlisten.

Aber erst einmal war ich glücklich. Ich bin sofort nach Erlangen zur Kontrolluntersuchung. Mein Doktor hat mir gleich gratuliert, und dann hat er seine Kollegen zusammengetrommelt und sich zusammen mit denen die Sache angeschaut. Eine »Umoperierte« war für die ja auch nix, was man jeden Tag sieht. »Das ist ja täuschend echt!«, haben die gesagt, richtig begeistert waren die. Sie haben dann sogar die Vagina gemessen, wie tief die ist. »Alles ganz normal«, hat's geheißen, »so wie sich's gehört.« Aufgeschnauft hab ich da, und wie! Ich war ja unsicher, ob das einer merken würde, dass ich keine geborene Frau bin. Und ich wollt schon irgendwann Verkehr haben, des gehört doch auch dazu zu einem Menschen. Aber nicht, dass sich jetzt einer was Falsches denkt: Ich hab die Operation nie gewollt, damit ich einen Mann krieg. Der einzige Grund war, dass ich endlich frei hab leben wollen, in einem weiblichen Körper. Ich wollt eine Frau sein, sonst gar nix. Das Sexuelle hat da ganz hintendran gestanden.

Jedenfalls, ich bin nach der Untersuchung in Erlangen voller Erleichterung gewesen. In meinem Überschwang hab ich dann auch sofort die ersten Formalitäten in Angriff genommen. Zuerst bin ich aufs Einwohnermeldeamt wegen der Namensänderung. Von Hermann auf Helga, so wollt ich's haben. Und Geschlecht: weiblich. Du liebe Güte, die haben erst einmal überhaupt nicht gewusst, wie sie mich anreden sollen. »Wir täten Ihnen ja gern weiterhelfen«, haben die gesagt, »aber wir betreten da völliges Neuland.« Herumtelefoniert haben sie, wie seinerzeit der Buchbinder Wanninger, und irgendwann hat sich dann herausgestellt, dass es für eine Geschlechtsänderung keinerlei Vorschriften gibt. Und wenn es keine Vorschriften gibt, dann kann's auch die Sache nicht geben, dann kann man nix machen. So denkt halt der deutsche Beamte. Da kann die Menschheit zum Mond fliegen, aber einen Pass ändern, des ist zu viel verlangt! Ich weiß gar nicht, wie oft ich am Ende auf dem Amt war. »Ja, aber, schaun S' mich doch an«, hab ich gesagt. »Und schaun S' in die ärztliche Bestätigung! Da muss es doch einen Weg geben, dass im Ausweis ›weiblich‹ steht!«

Denen hat's wirklich leidgetan, aber es ging einfach nicht. Rechtlich unmöglich, hat's geheißen. Und von Hermann auf Helga, das ging dann auch nicht, weil ja eine laut Personalausweis männliche Person keinen Frauennamen haben kann. Ich hab gemeint, ich muss die Wand hoch. Und dann ist irgendwann einer auf die Idee gekommen: »Machen S' halt ›Helge‹ mit e! Im Norden ist das ein Männername, damit hätten wir keine Schwierigkeiten.« Ich hab des zuerst nicht einsehen wollen. »Dann sieht ja immer noch keiner am Personalausweis, dass ich eine Frau bin!«, hab ich gesagt. »Und wenn Sie noch ›Maria‹ als Zweitnamen dazutun? Das schaut doch dann schon wieder ein bissle besser aus!« Ich hab's dann aufgegeben, es hat ja keinen Zweck gehabt. Dann steht halt im Ausweis Helge, und ich lass mich mit Helga anreden. In Herrgotts Namen.

Urkunde

über die **Änderung** eines **Vornamens**

Hermann ▉▉▉▉▉▉▉▉▉▉ Taxifahrer
(Vorname, Familienname) (Beruf)

geboren am 22. Mai 1931 in Nürnberg

wohnhaft in Nürnberg

führt vom Zeitpunkt der Aushändigung dieser Urkunde 27. November 1972 ab an Stelle des (der) bisherigen Vornamen(s) den (die) Vornamen

--------------------------------Helge Maria------------------------------

Nürnberg, den 20. November 1972

(Dienstsiegel)

STADT NÜRNBERG

In Vertretung:

[Unterschrift]

Dr. S a u b e r
Berufsm. Stadtrat

Ausgehändigt am 27. Nov. 1972
Tgb.-Nr.: 26/72
Gebühr: 35,-- DM

EP 2558/59 -10966- 7.65 100/600

Die Urkunde zur Namensänderung in ›Helge‹, 1972

So haben wir's am Ende gemacht. Aber zufrieden war ich nicht.

Der nächste Schritt war zwangsläufig meine Ehe mit der Edith. Da hätte man jetzt ja denken können, dass es da auch Schwierigkeiten gibt. Aber komischerweise ist das problemlos machbar gewesen. Weil, und des ist bald zum Lachen, zwei Frauen nicht miteinander verheiratet sein dürfen. Jetzt stand zwar in meinem Ausweis immer noch Geschlecht: männlich, aber da war's dann offensichtlich wurscht. Rechtlich. Jetzt komm ich gar nicht mehr mit, hat die Edith gesagt. Des begreift doch kein Mensch. Und kein Viech auch nicht. Jedenfalls, unsere Ehe ist aufgelöst worden. Nicht geschieden, wie wir es erwartet hatten. Da waren wir total überrascht. Nein, hat es da beim Gericht geheißen, Ihre Ehe wird einfach nur aufgelöst, weil Sie ja theoretisch gar nicht verheiratet sein können. Ungültig also – ja Gott, wir haben das halt akzeptiert. Jetzt waren wir beide wieder ledig. Als wir das Ganze am Ende schriftlich in die Hand bekommen haben, sind die Edith und ich schön Kaffeetrinken gegangen, in der Nähe vom Amtsgericht Fürth, wo der Termin war. Wir haben uns über die Kinder unterhalten und über die Arbeit. Ganz harmonisch war des, ich hab mich richtig wohl gefühlt. »Weißt, Helga«, hat die Edith gemeint, »des war zwar alles schlimm genug, aber ich bereu's trotzdem nicht, dass ich dich geheiratet hab. Was wir miteinander erlebt haben, des kann uns keiner wegnehmen.« Und ich hab gesagt: »Der Werner und der Klausi, die sind auch immer da. Für die bleiben wir immer die Eltern. Und wir zwei bleiben Freundinnen.«

Ja freilich, der Werner und der Klausi, die haben schon unter der Eheauflösung gelitten. Für die war das so gut wie eine Scheidung, und damals war eine Scheidung noch nicht so normal wie heut. Heut lassen die jungen Leut sich ja schon wegen jeder Kleinigkeit scheiden, des is ja inzwischen ganz einfach, schwuppdiwupp, und auseinander ist man. Aber damals, da war das noch was, wo man sich hat schämen müssen, des ist gegen Moral und Anstand gegangen. Und jetzt waren die Edith und ich net nur mehr getrennt, ich war auch noch eine Frau! Das ist schon net einfach, wenn der Vater auf einmal kein Mann mehr ist. Vor allem der Werner, der hat recht mit der ganzen Entwicklung kämpfen müssen. Des hat mir immer arg weh getan, ja, des war das Schlimmste, dass ich den zwei Buben des hab abfordern müssen. Des hab ich net gern gemacht, wirklich net. Und ich hab verdammt Angst gehabt, dass die zwei nix mehr von mir wissen wollen. Aber die waren so feine Kerle, die haben mich nicht fallenlassen. Hätten ja auch sagen können, mit dir wollen wir nix mehr zu tun haben. Aber sie haben mich angenommen, wie ich bin. So stolz kann überhaupt keiner auf seine Söhne sein wie ich.

Es war überhaupt vieles schwer, nach der Operation. Ich war vielleicht naiv, aber ich hab halt geglaubt, wenn ich erst eine richtige Frau bin, dann akzeptieren mich die Leut. Dann sehen die ein, dass es so sein muss. Schau her, des sind halt so Wunschvorstellungen, die man hat. Ich hab dann schnell merken müssen, dass des Wünschen bloß im Märchen hilft und nicht im richtigen Leben. So viele Beleidigungen sind gekommen. Lieber Gott, was ich mir alles hab anhören müssen, von wildfremden Leuten, von Freunden, aber vor allem von den Kollegen! Ich hab ja beim Taxifahren immer den Sprechfunk gehört. »Der hat sich sein Zipfele wegschneiden lassen«, haben die sich über mich lustig gemacht. »Der brunzt jetzt auf dem Damenklo!« Nachts, wenn ich manchmal Kunden ins Rotlichtviertel gefahren hab, in die Ottostraße oder zum Frauentorgraben, da sind dann die Kommentare gekommen. »Der singt jetzt ein paar Liedle in der Amigo-Bar!« Einmal, da hab ich ein Herrenlokal anfahren müssen, da haben die Kollegen mir gefunkt: »Da kannst gleich drinbleiben, Schatzibobbers, wir schicken dann einen, der deine Schicht übernimmt.« Des war furchtbar für mich. Ich hab oft geweint nachts im Taxi. Ich hab doch mit den Schwulen nie was zu tun gehabt. Homosexuell, des war für mich immer ein Fremdwort. Schau her, ich akzeptier die freilich, aber ich wollt mit denen doch nie Bettgeschichten haben. Genau wie mit den Transvestiten. Einmal, da hab ich einen im Taxi gefahren, der war schön geschminkt und schick angezogen, mit Minikleid und Stöckelschuhen. »Und«, hab ich den gefragt, »bist schon operiert?« Der wär mir bald ins Gesicht gesprungen. »Ich lass mich doch net verstümmeln, du blöde Kuh«, hat er geschimpft, »da denk ich doch gar net dran!« Ab da hab ich in solchen Fällen lieber meine Waffel gehalten.

Ja, im Taxi, da kannst du was erleben! Grad mit Männern! Erst hab ich immer Angst gehabt vor denen, dass die mich anfassen wollen. Des muss man sich vorstellen, ich hab ja von nix was gewusst, als Frau, mein ich. Ich bin mir vorgekommen wie ein Wieberla, frisch auf die Welt gekommen. Ich hab gedacht, die Männer, die sind alle so wie ich. Wie ein weiblicher Teenager war ich und hab denen alles geglaubt, was sie mir erzählt haben. Jaja, die Männer haben mir den Hof gemacht, und wie! Ich hab doch gar net gewusst, was die wirklich von mir wollen! Wohl hab ich mich gefühlt, wenn die mir Komplimente gemacht haben, stolz war ich. Ich hab ja auch toll ausgeschaut. Ich hab mich immer ganz sauber rasiert, hab mich dezent geschminkt und die Haare auf Wickler eingedreht. Und ich hab mich immer gepflegt angezogen, nie aufreizend mit zu kurzen Röcken oder zu tiefem Ausschnitt. Und trotzdem haben viele Männer mich behandelt, als wär ich eine billige Nutte.

Und des muss ich jetzt schon zugeben, ich hab's doch versuchen wollen mit denen. Ich hab doch wissen müssen, ob's überhaupt funktioniert. Ob mich die Männer als Frau annehmen. Ob die mitkriegen, dass an mir was anders ist. Ob ich einem Mann überhaupt das geben kann, was er von einer Frau will. Ob's mir weh tut. Ob ich was spür. Alles halt. Ich hab einfach die Bestätigung gebraucht. Ich war doch auch selber neugierig, des war doch wichtig für mich! Ich wollt mich doch vollwertig fühlen.

Aber Angst hab ich auch gehabt, vor dem ersten Mal. Und wie!

Na ja, und dann bin ich halt mit einem mitgangen. Das war ein Stammgast, ein recht ein netter. Schöne Augen hat der mir gemacht. Und ein Süßholz hat der geraspelt. Was ich für eine rassige Frau bin! Und so schön groß und schlank! Und dann hat er erzählt, dass ihn seine Hildegard daheim nimmer ranlässt und dass er ein ganz armer Wicht ist. Er bräucht halt eine, die ein bissle lieb zu ihm ist. Ich hab dem meine Geschichte natürlich nicht auf die Nase gebunden. Ich wollt ja wissen, ob er was merkt. Wir sind dann in den Wald gefahren, in der Nähe vom Steinbrüchlein. Ich war so nervös, dass ich heimlich vorher einen Schnaps getrunken hab. Merken hab ich mir natürlich nix lassen. Und der wär ja nie auf die Idee gekommen, dass ich noch Jungfrau bin.

Ich glaub, ich hab mich ganz schön dumm gestellt. Allmächtiger Gott, bis des endlich geklappt hat. Ich war ja ganz trocken, so viel Spucke hat der gar nicht dahergebracht, dass des leichter gegangen wär. Aber gegangen ist es am End. Viel Spaß hat's dem bestimmt nicht gemacht, aber mir erst recht nicht. Des hat sogar noch g'scheit weh getan. Ich war so froh, wie der endlich fertig war. Heimgefahren hab ich ihn dann noch, aber dem hat's gelangt mit mir, der hat sich nie wieder gerührt. Der wird sich gedacht haben, so eine wie die muss ich net noch amal haben.

Das war ein Riesenschritt für mich, das erste Mal mit einem Mann. Aber eine schöne Erfahrung hab ich des nicht nennen können. Wenigstens hab ich jetzt gewusst, dass es technisch geht. Und der hat auch net gemerkt, dass ich operiert bin. Und wenn der nix merkt, hab ich mir gedacht, dann merken andere bestimmt auch nix. Und ich hab überlegt, wenn ich's öfter probier, wenn ich öfter Verkehr hab, dann wird's schon besser. Alles braucht seine Übung, oder net?

Also hab ich Erfahrungen gesammelt. Gute und schlechte. Einmal, da hab ich einen Kunden gehabt! Der ist öfters mit mir gefahren und war am Ende so hartnäckig, dem hab ich dann zum Spaß gesagt, bloß, wenn du mir 100 Mark gibst! Ein Kirchenmaler war der, kreuzbrav hat er ausgeschaut, und ein Bäuchle hat er gehabt. Und der war so blöd, dem war des gar nicht zu viel. Wir sind dann zu dem heim in seine Junggesellenbude. Wie er dann gemerkt hat, dass er gar net so viel Geld da hat, des war dem ganz peinlich, da hat er gesagt, wart, Helga, ich geh schnell auf die Bank. Na ja, bis der wieder da war, hab ich derweil a weng aufgeräumt in seiner Wohnung und die Betten gemacht, ein Durcheinander war des. Auf jeden Fall, hinterher ist er eingeschlafen und hat laut geschnarcht. Ich hab mir gedacht, nix wie weg, bevor der aufwacht. Ich hab ihn schön liegen lassen, bin über ihn drübergestiegen, hab mich im Bad gewaschen und angezogen, und dann bin ich von dannen. Der Hunderter, der war auf dem Schuhschränkle gelegen, aber den hab ich net mitgenommen, weil, des war doch net ernst gemeint.

Aber meine Kollegen, mit denen hab ich mir einen Witz erlaubt. Die haben mich immer wieder gedrängelt, sie wollen endlich einmal sehen, ob ich wirklich keinen Zipfel mehr hab. Zeig doch amal, Helga, hat's geheißen, tu amal dein Röckle hochheben. Ich bin erst überhaupt nicht drauf eingegangen. Aber dann hab ich mir gedacht, geht nur her. Ich hab gesagt, also gut, jeder einen Zwanz'ger, dann dürft ihr schauen. Einer hat eine Woche lang gesammelt, und da sind tatsächlich 120 Mark zusammengekommen. Die hab ich eingesteckt, und dann sind wir in der Zentrale in den Waschraum. Ich hab mein Röckle gehoben – drunter hab ich natürlich die Unterhosen angehabt. So, des war's, hab ich gesagt. Röckle heben war ausgemacht, sonst nix! Euer Gaudi habt ihr gehabt! Die dummen Gesichter seh ich heut noch vor mir. Na ja, ich hab dann hinterher in der Taxerer-Stammkneipe alle auf ein Bier eingeladen und ein Bratwurstweckle. Da waren die Burschen dann wieder ganz zufrieden. Die Helga, des ist vielleicht eine Marke, haben sie gesagt, die traut sich was! Ab da war ich in den Kreis aufgenommen. Bis heut kennt mich in Nürnberg jeder Taxifahrer, bei denen bin ich seit dem Tag gut angesehen.

Aber ich hab damals auch Brutalität mitgemacht. Da hab ich dann kennengelernt, wie die Männer sein können. Des war für mich ein richtiger Schock, ich war doch selber nie so! Ich hab doch immer gedacht, Frauen muss man sanft behandeln, ich hab die immer als zärtliche Wesen empfunden. Eine Frau, die muss man beschützen, der darf man doch net weh tun. Aber viele Männer sind da ganz anders, richtig gewalttätig werden die. Einmal bin ich mit einem in den Wald, am Kanal, der war so brutal, ich hab geschrien vor Schmerz. Des war dem wurscht, der hat einfach nicht aufgehört, des hat dem grad gefallen! Ich hab mich dann schon gewehrt, und ich war ja ein Brocken Weib, aber der hat sich nicht abhalten lassen. Ich hab die Kraft nicht gehabt. Eigentlich war das eine Vergewaltigung.

Ich bin dann zum Taxi, und bevor der hat einsteigen können, hab ich die Türen zugesperrt und bin losgefahren. Einfach stehenlassen hab ich den gemeinen Kerl. Fix und fertig war ich. Ich bin erst einmal heimgefahren, hab mich in der Badewanne abgewaschen und mir ein kaltes, nasses Frotteetuch zwischen die Beine geklemmt. Von den Männern hab ich ab da genug gehabt. Wenn die so sind, hab ich mir gedacht, dann brauch ich die net.

Bis ich dann das Gegenteil erfahren hab.

Ach Gott, man hat ja so seine Träume. Die hat doch jeder, oder net? Jetzt hab ich mich zwar früher, als ich noch ein Mann war, nie für Männer interessiert, und nach der Operation bin ich so reingefallen mit denen, aber man hat doch Sehnsucht. Keiner will gern allein bleiben. Allein siehst du einem Affen gleich, des hat mein Onkel Julius immer gesagt, der Bruder von meiner Mutter, als er Witwer geworden ist. Na ja, und ich hab dann doch so einen Traum gehabt. Des klingt jetzt vielleicht blöd, aber ich hab seit meiner Operation davon geträumt, dass ich einmal einen Mann heirate, der Peter heißt.

Und dann steigt eines Tages ein Fahrgast zu mir ins

Taxi, den hab ich von einem Lokal abholen sollen. Es war ein Herr, groß und schlank. Gut hat der ausgeschaut, mit schönen, glatten braunen Haaren und Koteletten. Nach Schweinau hab ich ihn fahren sollen, und ich hab schon gemerkt, dass der mich bewundert. »Darf ich Sie vielleicht zu einem Drink einladen?«, hat er am Schluss gefragt, als ich ihn rausgelassen hab. »Naa«, hab ich gesagt, »ich trink keinen Alkohol, wenn ich fahren muss. Aber wenn Sie wieder einmal ein Taxi brauchen, dann fragen S' in der Zentrale nach der Helga.«

Tatsächlich, in der Woche drauf hat er sich wieder von mir fahren lassen. Diesmal hat er zum Rathenauplatz gewollt. Und dann haben wir miteinander einen Kaffee getrunken. Wir haben uns die halbe Nacht so gut unterhalten, über alles Mögliche. Dass er Möbelpolierer ist, hat er erzählt, und allein lebt, in Schweinau. Dass er gern nach Reichelsdorf auf die Radrennbahn geht am Wochenend, zu den Steherrennen. Dass er oft Musik hört, am liebsten Rock and Roll, aber auch den James Last oder die Hitparade. Ein ganz feiner Mensch ist das, das hab ich mir sofort gedacht. Gepflegt angezogen, saubere Hänť – ja freilich, auf so was leg ich Wert. Und so blaue Augen! Der hat schauen können, mein Lieber! Ich war ganz durcheinander von dem Blick. Und wie er dann noch gesagt hat, dass er Peter heißt, des hat mich wie ein Blitz getroffen.

Bei Schichtende bin ich dann zu meinem Chef. Ich hatte ja während der Zeit mit dem Peter die Taxiuhr abgeschaltet, 53 Mark hätt ich in der Zeit verdienen können. Die hab ich dem Birnbacher gegeben. Des Geld war mir in dem Moment so wurscht, ich war einfach bloß verliebt.

Tagelang hab ich an nix anderes denken können als an den Peter. Bald wär ich an einer Ampel am Kohlenhof einem draufgefahren, da hätt ich ganz schön Ärger gekriegt. Gebibbert hab ich, bis der Peter dann wieder für mich angerufen hat.

Ja, und bei der nächsten Fahrt, als ich schon geglaubt hab, jetzt steigt er aus, da hat er meine Hand genommen. »Du g'fällst mir fei arg gut«, hat er gesagt. »So eine schöne Frau bist du. Des kann ich gar net glauben, dass du keinen Freund hast.« Ich hab gesagt: »Weißt, ich hab mit den Männern schlechte Erfahrungen gemacht. Die wollen immer alle bloß das eine.« – »Ich net«, hat er da zur Antwort gegeben. »Ich will net eine Frau für eine Nacht. Ich will eine für mein Leben.« Und dann hat er mich das erste Mal geküsst, ganz zart. Da hab ich mir gesagt: Der ist es.

Wir haben uns dann ein paarmal so getroffen, auf ein Gläschen Wein in der Trödelstuben oder zum Spazierengehen im Stadtpark. Er ist nie aufdringlich geworden, mehr als einen Kuss hat er nie gewollt. Er hat auch nie gedrängt, dass ich mit ihm in die Wohnung geh. Des war der erste Mann, der vor mir Respekt gehabt hat. Ich hab mich mit dem Peter so wohl gefühlt, so als Frau, des war unbeschreiblich. Und als wir wieder einmal so herumspaziert sind, Hand in Hand, da konnt ich dann nicht mehr anders. »Peter«, hab ich gesagt, »ich muss dir die Wahrheit sagen.

Ich war 17 Jahre verheiratet, und ich hab zwei Söhne. Mein ganzes Leben hab ich im falschen Körper gelebt, da war ich ein Mann. Vor einem Jahr haben sie mich zur Frau umoperiert. Willst mich jetzt immer noch haben?« Er hat mich bloß angeschaut mit seinen blauen Augen. Und den Satz, den er mir gesagt hat, den vergess ich mein Lebtag nicht: »Helga«, hat er gesagt, »des macht mir nix aus. Ich halt zu dir.«

Das war am 17. September 1972.

Wie ich mit dem Peter das erste Mal ins Bett gangen bin, da war alles ganz anders. Ich hab Angst gehabt, dass ich ihm net gefall, wegen meinem kleinen Busen. Da war nämlich immer noch nix, trotz der ganzen Hormone. Und geniert hab ich mich für meinen Haarwuchs. Du kannst rasieren und rasieren, wie du willst, immer sind irgendwo noch Stoppeln, und über Nacht wächst der Bart ja auch. Aber ihm hat des alles nix ausgemacht. Du bist für mich die schönste Frau, hat er gesagt. Und: »Wenn's dir weh tut, sag's fei, dann hör mer auf.« So rücksichtsvoll war der Mann! Beim Verkehr hab ich schon a weng was gespürt, aber einen richtigen Höhepunkt hab ich nicht gehabt. Als Frau ist des bei mir nie so weit gekommen. Des haben mir die Ärzte aber auch ehrlich gesagt, vor der Operation. Frau F., haben die gesagt, es kann sein, dass Sie nach dem Eingriff orgasmusfähig sind, Sie bekommen ja eine Pseudo-Klitoris. Aber unseren Erfahrungen nach liegt die Wahrscheinlichkeit nicht sehr hoch. Ja, des muss ich jetzt schon zugeben, da waren die Ärzte richtig gelegen. Ich hab in den ganzen Jahren als Frau nie einen Orgasmus gehabt. Bis zum Schluss hab ich dem Peter was vorgespielt, jedes einzelne Mal.

Ja, so war des. Ich wollt doch net, dass er glaubt, des liegt an ihm. Und ich wollt mich vor ihm auch net blamieren. Ich wollt net, dass er sich vielleicht deswegen eine andere sucht. Aber wenn des stimmt, was man so hört, dann machen des viele Frauen, denen geht's genauso wie mir. Schön war's trotzdem immer, grad beim ersten Mal. Und wenn man einen Menschen liebt, dann ist des Sexuelle doch net alles. Da ist doch eine Zärtlichkeit genauso wichtig, die Nähe halt. Und die haben wir gehabt.

Keine sechs Wochen später ist der Peter so gut wie bei mir eingezogen. Vorher hab ich ihm noch erzählt, dass ich noch ein paar tausend Mark Schulden hab von meinem Konkurs. Ich wollt einfach, dass er alles über mich weiß. Da hat er gesagt: »Helga, ich muss dir auch was gestehen. Ich hab auch Schulden. Kennst du die Wirtschaft zur Roten Glocke in der Hinteren Marktstraße? Mit der Glockenwirtin bin ich eine Zeitlang gangen, vor dir. Die hat Geld gebraucht, und da hab ich mir von der WKV-Bank 1500 Mark geliehen und der gegeben. Des Geld hab ich nie mehr gesehen.« – »Des kriegen wir schon hin«, hab ich zur Antwort gegeben. »Wenn wir bloß noch eine Wohnung haben, dann sparen wir eine Miete, und dann zahlen wir alles zurück.«

So ist es dann auch gewesen. Der Peter, des hab ich bald gemerkt, der hat mit Geld nicht so gut umgehen können.

Der hat oft zu viel ausgegeben und nie gewusst, was er am Monatsende übrig hat. Anfangs hat er noch für sich allein gewirtschaftet, aber nach ein paar Wochen hat er gesagt: »Helga, jetzt gehst mit mir auf die Bank. Du kriegst die Vollmacht für mein Konto und machst ab jetzt das Finanzielle. Ich tu arbeiten und bring des Geld heim, und du schaust, dass wir unsere Schulden zahlen können.« Ich hab zu ihm gesagt: »Des ist von deiner Seite fei ganz schön leichtsinnig! Ich könnt dich ja ausschmieren, so wie die Glockenwirtin.« – »Naa, so bist du net«, hat er da bloß gemeint. Ich hab dann gesagt: »Des übernehm ich gern, aber dann machen wir's auch g'scheit. Wenn du ein Geld brauchst, musst du zu mir kommen und mir des sagen. Ob zwanzig Mark oder fünfzig, des muss ich wissen, dass ich die Kontrolle hab.« Da war er einverstanden. So ein Vertrauen hat der zu mir gehabt, stell dir vor. Der hat sein Leben in meine Hände gelegt.

So haben wir's geschafft, dass wir nach und nach unsere Schulden losgebracht haben. Zuallererst, da hab ich drauf bestanden, war dem Peter sein Kredit dran. Da hab ich mich schön hergerichtet, mein Kostüm angezogen und bin auf die WKV-Bank. »Ich bin die Verlobte vom Herrn L.«, hab ich gesagt, »und möcht was abbezahlen.« Und dann hab ich die 1500 Mark bar auf den Tisch geblättert, lauter Hunderter. Die haben vielleicht Augen gemacht.

Danach waren dann meine Schulden an der Reihe. Wenn mich der Peter nicht finanziell so unterstützt hätt, dann wär des viel langsamer gegangen. Der hat ja gut verdient, viel mehr als ich mit dem Taxifahren, zeitweise hat der 2000 Mark heimgebracht im Monat. Wir haben eisern gespart, und ich hab angefangen, Stück für Stück alles abzustottern. Ich hab gewusst, des schaff ich.

Ja, des verdank ich alles dem Peter. Dass ich einmal so einen Mann krieg! Mit dem hab ich einen Dusel gehabt, mein Lieber. Ein Glück! Der hat mich so geliebt, das kann sich ein Mensch nur wünschen. Dem hat's ja sogar nix ausgemacht, dass ich neun Jahre älter war als er. Ohne den Peter weiß ich net, was aus mir geworden wär, nach der Operation.

Der größte Witz war, dass meine leibliche Mutter, die Else, den Peter sogar schon vor mir gekannt hat, zumindest vom Sehen. Die hat damals nämlich auch in Schweinau gewohnt, gleich bei ihm in der Nähe. Und die war abends ja immer in den Wirtschaften gehockt, zum Spielen und Biertrinken und wegen ihrer Männer. Und der Peter, der war ja allein, da ist er oft zum Abendessen in die Wirtschaft. Des hat sich ja gar net rentiert, dass der für sich kocht. Und mehr wie ein paar Ochsenaugen hat er sowieso nicht zammbracht. Meiner Mutter ist der abends schon aufgefallen, der war ja ein fescher Mann, und nach den Männern, da hat sie immer geschaut. Aber wie ich ihr dann gesagt hab, dass wir beieinander sind, der Peter und ich, da hat sie einen Zorn gekriegt. Die hat mir den Peter net gegönnt. »Der L., des ist der größte Lump von ganz Schweinau!«, so ist sie über ihn hergezogen, »der taugt doch keinen Pfifferling!« Schlecht hat sie den Peter gemacht, bloß weil er sie nie angeschaut hat, aber ich hab mir nix von ihr einreden lassen. »Mir gefällt er«, hab ich gesagt, »und bei dem bleib ich. Und du hältst deine Schneppern!«

Die Else hat dann noch eine ganze Zeitlang so weiter geschändet, bis der Peter einmal zum Schafkopfen in die Wirtschaft gekommen ist, wo sie grad ihre Stadtwurscht mit Kraut gegessen hat. Und weil er jetzt gewusst hat, dass sie meine Mutter ist, hat er ihr das Essen bezahlt, ja so war der Peter, immer großzügig. Und auf einmal, da war er bei ihr angesehen. Da hat sie nix mehr auf ihn kommen lassen, bloß weil der einmal ihre Rechnung übernommen hat.

Mit der Zeit ist meine Einzimmerwohnung für zwei Leut einfach zu klein geworden. Gleichzeitig hat der Peter eine neue Arbeit gefunden, bei einer Spedition. Er hat aufgehört in seinem Beruf als Polierer, weil er schlimme Händ gekriegt hat. Die mussten damals so giftiges Zeug für die Oberflächenbehandlung von den Möbeln verwenden, da hat er einen derart bösen Ausschlag gekriegt, des hat ausgeschaut wie die Krätze. Ihm ist es schwergefallen, aber des war schon gut so, weil in der neuen Firma, da hat er einen ganzen Brocken mehr verdient. Und drum, als die alten Mieter aus dem ersten Stock vom Winzerhof ausgezogen sind, haben wir uns die größere Wohnung leisten können. Das war schon ein Luxus, drei Zimmer mit fünf Fenstern nach vorn raus, direkt über der Gästeterrasse. Ja, da in Gerasmühle, da haben wir uns immer wohl gefühlt. Die

Seiferts, die Besitzer, die waren wie eine Familie für uns, mit denen haben wir uns oft abends zusammengehockt, gemütlich war das. Wenn alle Gäste weg waren, sind wir noch am Stammtisch gesessen und haben einen Schnitt getrunken oder zwei. Manchmal, wenn viel los war, da haben der Peter und ich auch ausgeholfen. Er war in der Küche, und ich hab bedient. Des hat mir sogar Spaß gemacht, und Trinkgeld hab ich auch gekriegt. Und im Herbst, da sind wir in die Pfiffer gangen für den Winzerhof, der Peter hat im Wald ein paar Eckle gekannt. Die Maronen haben wir selber gegessen, und die Gelberle, die hat der Koch gekriegt für Schweinelendchen in Pfifferlingrahmsoße. Der Winzerhof hatte schon eine gehobene Küche, nicht bloß Bratwürscht mit Kraut. Die Gäste, des waren bessere Leut. Da waren viel Mercedes vor der Tür gestanden, und große BMW. Die haben für ein Essen so viel Geld ausgegeben, wie wir für eine ganze Woche zum Leben gebraucht haben. Wir haben nämlich immer noch eisern jeden Pfennig gespart, damit wir die Schulden ganz wegbringen.

Die Edith, die hat anfangs schon gelitten, dass ich einen neuen Lebensgefährten hab. Aber ihr ist es dann auch gutgegangen. Sie hat inzwischen eine schöne Stelle bei der KSB-Pumpenfabrik in der Allersberger Straße gehabt. Das Einzige, was ihr gefehlt hat, war wieder ein Mann. Aber sie war halt schüchtern, und allein fortgegangen ist sie nie. Deshalb haben sich unsere Buben eines Tages zusammengesetzt und einen Plan geschmiedet. Sie haben heimlich eine Kontaktanzeige in die Zeitung gesetzt, stell dir vor, damit ihre Mutter auch wieder glücklich ist. Und an Ostern 75, da haben sie ihr ein großes Osterei geschenkt aus Pappdeckel, so eins zum Aufmachen. Die Edith macht des Ei auf – und was ist drin? 52 Zuschriften von Männern auf die Bekanntschaftsanzeige! Und einer war dabei, der war aus Forchheim, der hat sogar ein Bild von sich mitgeschickt. Da hat sich die Edith gleich in des Bild verliebt. Mit dem Mann hat sie sich dann am Bahnhof verabredet, und dazu hat sie zur Sicherheit ihre Mutter mitgenommen. Man weiß ja nie, gell? Des hätt ja auch ein übler Typ sein können.

Aber der Rudi war kein übler Typ. Der war Schlosser, geschieden, und ein anständiger Kerl. Da hat's gefunkt bei der Edith und bei ihm auch. Wie mir die Edith des am Telefon erzählt hat, hab ich mich g'scheit für die zwei gefreut, wirklich wahr! Einmal, da hab ich die Edith zufällig besucht, und er war bei ihr auf dem Balkon gesessen. Wir haben ein Bier miteinander getrunken, und dann hab ich ihn auf die Seite genommen: »Herr D.«, hab ich gesagt, »ich möcht gern wissen, ob Sie's auch ehrlich mit der Edith meinen.« – »Jawohl«, hat er gesagt, »ich hab die Edith gern, und wenn sie mich will, dann tät ich sie auch einmal heiraten.« Da war ich zufrieden, des hab ich der Edith gewünscht. »Den musst du dir halten«, hab ich danach zu ihr gesagt, »du willst doch auch net ewig einschiftig durch die Gegend laufen.« Da hat sie gelacht. »Tät's dich net stören, wenn ich mich mit dem Rudi zusammentu?« – »Selbstverständlich net!«, hab ich zur Antwort gegeben. »Ich wünsch euch alles

Gute!« Ja, der Rudi, des war so ein netter Mann, der hat net viel Anständ gemacht. Immer wenn wir später zu Besuch waren, hat er zu uns am Schluss gesagt: »Kommt fei wieder!«

Des muss man sich amal vorstellen: So haben unsere Buben dafür gesorgt, dass ihre Mutter wieder einen Mann kriegt. Jetzt war die Edith auch wieder glücklich.

Die Buben haben sich mit dem Rudi dann auch prima verstanden. Der Werner hat ja schon längst nimmer bei seiner Mutter gewohnt, der hat sein eigenes Leben gehabt. Und der Klausi hat damals grad seine Lehre zum Maler und Tapezierer angefangen, der war also auch auf einem guten Weg. Die Buben haben auch ab und zu bei mir und dem Peter vorbeigeschaut, der Klausi öfter als der Werner. Ja, der Klausi, der hat die Dinge immer ein bissle leichter genommen, obwohl er so ein Ruhiger war. Der hat niemandem lang bös sein können. Der Werner, der war ganz das Gegenteil, eher lebhaft, aber innerlich, da war er sensibel. Der hat sich mehr zurückgehalten. Mit dem Peter haben sich die Buben zuerst nicht so gut vertragen, die haben sich manchmal schon ein bissle angestritten. Die haben sich halt erst aneinander gewöhnen müssen. Wenn die zwei ab und zu mir gegenüber recht pelzig waren, hat der Peter immer mir helfen wollen. Einmal hat er hinterher zu mir gesagt: »Die Burschen haben zu dir kein gutes Benehmen net, die brauchen gar nimmer kommen, wenn die dich so saudumm anreden mit ihrem frechen Mundwerk!« Da hab ich ihm zur Antwort gegeben: »Du, Peter, wenn du meinst, du kannst meine Buben net mögen, dann verlierst du mich.« Ich hab immer zu meinen Söhnen gehalten. Auf die hab ich nix kommen lassen! Des hat der Peter aber schon eingesehen, und mit der Zeit haben wir uns alle recht gut verstanden.

Auch wie die zwei geheiratet haben, da hab ich ihnen keine Schwierigkeiten machen wollen. Des muss man sich einmal vorstellen, des wär schon ein Problem für die Schwiegerleut und die Verwandtschaft gewesen, wenn der Bräutigamsvater in der Kirche als Frau auftaucht. Und grad die Braut vom Klausi, die war ja aus der Oberpfalz, da sind sie ja alle gut katholisch. Ich hab dann von selber gesagt, horcht her, ich komm lieber net. Damit's keinen Ärger gibt. Ihr sollt bei eurer Hochzeit bloß eine Freud haben und sonst nix. Da will ich net stören. Na ja, ich hätt mir schon gewünscht, dass sie sagen, Helga, des kommt überhaupt nicht in Frage, du musst dabei sein, du gehörst doch auch dazu. Aber sie haben halt nix gesagt. Ja, des ist mir schon schwergefallen, an den zwei Tagen war ich recht deprimiert. Aber des war schon besser so. Ich hab den Buben weiß Gott schon genug abverlangt.

Mit dem Peter, da hab ich vollkommen vergessen, dass ich einmal ein Mann war. Da war ich zum ersten Mal im Leben ich. Da bin ich in meinem Körper als Frau aufgegangen, hab mich immer recht schön gemacht. Wenn wir fortgegangen und Arm in Arm in ein Lokal gekommen sind, da war ich

In Gerasmühle, Mitte der siebziger Jahre

so stolz! Und der Peter, der hat mich immer behandelt wie ein Gentleman. Der hat mir die Tür aufgehalten, hat mir in den Mantel geholfen, hat für mich den Wein bestellt, da hab ich mich vielleicht gefühlt! Wie eine Dame halt. Wir haben schon das Aufg'schau gekriegt von den Leuten, wir waren halt ein auffälliges Paar, und ich war ja auch ein Stückle größer als er. Aber mit dem Peter an meiner Seite hat mir des alles nix ausgemacht. Da bin ich aufgetreten wie die Grazia Patrizia von Monaco mit ihrem Fürst Rainier.

Ja, jetzt hätt ich doch zufrieden sein können, oder net? Aber wenn der Mensch glücklich ist, dann muss er sich immer was suchen, was ihm doch noch fehlt. Dann meint er immer, des und des braucht er noch unbedingt, damit alles perfekt ist. So blöd sind wir Menschen. Und ich sowieso. Jetzt, wo ich mit dem Peter zusammen war, da hab ich auf einmal den Drang gehabt, dass ich ein Kind kriegen muss. Da werden jetzt bestimmt alle denken, da komm ich etz nimmer mit! So was Dämliches, des kann doch gar net funktionieren! Aber des hat sich so in meinem Kopf festgesetzt, dass ich an gar nix anderes mehr hab denken können. Des ist halt der Trieb einer Frau. Eine Frau, die will immer schwanger werden, und ein Mann, der will befruchten und sich fortpflanzen. Des ist beim Menschen genauso wie bei den Tieren. Dabei hab ich doch gewusst, ich hab keine Gebärmutter net. Des war mir doch die ganze Zeit klar. Aber in meiner Einbildung hab ich Trottel mir eine Bauchschwangerschaft vorgestellt. Des geht doch, des muss doch gehen, hab ich mir eingeredet. Freilich war des alles ein Quatsch. Aber mir ist des damals so wichtig vorgekommen, und ich war so unglücklich deswegen. Der Peter hat mich oft getröstet. »Ich bleib doch bei dir, auch wenn du keine Kinder kriegen kannst.« Aber mir war des kein richtiger Trost. Eine richtige fixe Idee ist des geworden mit der Schwangerschaft. Ich hab jedes Mal des heulende Elend gekriegt, wenn ich Mütter mit Kindern gesehen hab, des war für mich ganz schlimm. Um Spielplätze hab ich einen großen Bogen gemacht. Schließlich hab ich mir Kinderwägen im Quelle-Katalog angeschaut, Babykleidung und Spielzeug. Sogar ein Umstandskleidle hab ich mir bestellt, und dann hab ich mir den Bauch ausgestopft und bin als Schwangere gegangen. So bin ich auch Taxi gefahren. Einmal, da ist ein älterer Herr zu mir eingestiegen, der hat mich erst so von der Seite angeschaut, und dann hat er gesagt: »Des is doch eine Schand! Eine Zumutung is des, dass Sie noch Taxi fahren müssen, wo Sie doch schwanger sind.« Ich hab dann bloß gemeint: »Des ist net so schlimm, ich bin ja erst im dritten Monat.« Hinterher hab ich schon lachen müssen, weil da ist mir dann aufgegangen, dass ich mir für den dritten Monat einen viel zu großen Bauch zammg'stopft hab. Aber als ich des dem Peter erzählt hab, da hat er zu mir gesagt: »Helga, etz langt's. Du musst nach Erlangen und dir helfen lassen.«

Des hab ich dann auch eingesehen. Und mein alter Doktor, der hat mir klipp und klar erklärt, dass ich mir nix vormachen soll. »Weibliche Transsexuelle können niemals schwanger werden, Frau F.«, hat er gesagt. »Da muss ich Sie enttäuschen. Sie wissen des doch auch. Sie wissen, dass Sie keine Gebärmutter und keine Eierstöcke haben. Die Voraussetzungen für eine Schwangerschaft sind einfach nicht da, auch wenn Sie sich das noch so sehr wünschen. Auch eine Bauchhöhlenschwangerschaft ist nicht möglich. Aber schauen S', Sie haben doch leibliche Kinder, zwei Söhne, gell? Und das ist doch das Allerwichtigste.«

Als ich heimgekommen bin und ihm des erzählt hab, da hat der Peter zu mir gesagt: »Weißt was, Helga, jetzt schmeißen wir des Umstandskleid weg. Und ans Kinderkriegen denkst einfach nimmer.« Trotzdem hab ich noch lang deswegen gelitten. Man kann halt net einfach auf ein Knöpfle drücken, und dann denkt man nicht mehr dran. Wenn's so einfach wär auf der Welt! Ich war halt doch keine vollwertige Frau, des hab ich damals akzeptieren müssen. Damit muss ich leben, ob ich will oder nicht. Es ist schon so: Der Mensch kann einfach net alles haben. Des musst du halt einsehen.

Zu der Zeit hat es dann auch angefangen, dass ich Schwierigkeiten mit dem Wasserlassen gekriegt hab. Das Pieseln ist einfach immer schlechter gegangen. Bloß noch getröpfelt hat des. Und des ist dann so, wenn immer ein Rest in der Blase bleibt, dann kommen Bakterien, und man kriegt eine Blasenentzündung. Und die kann sich dann naufziehen bis zu den Nieren. Also bin ich wieder nach Erlangen. Die haben gesagt, das ist häufig so, da hat sich nach der Operation vermutlich die Harnröhre zusammengezogen, die kann man weiten. Also bin ich in die Frauenklinik und hab des machen lassen. Da wird dir unter Narkose ein Röhrle in die Harnröhre geschoben und des Ganze gedehnt. Damals hab ich geglaubt, des mach ich einmal mit, und dann ist die Sache erledigt. Und wenn mich heut einer fragt, wie oft ich das inzwischen machen hab lassen, dann komm ich mit den Zahlen durcheinander. Mindestens alle zwei, drei Jahre war das fällig. Das Weiten hat irgendwann nimmer gelangt, da ist dann die Harnröhre jedes Mal der Länge nach geschlitzt worden. Du, des macht fei keinen Spaß, des kann ich dir blasen und trompeten! Bis zu zwei Wochen war ich da im Krankenhaus, mit Katheter und dem ganzen Drumherum.

Ja, des hat sich auch erst mit der Zeit herausgestellt, dass fast alle transsexuellen Frauen Probleme mit der Harnröhre kriegen. Damals hat man die Operation halt noch nicht so gut machen können, da hat man des noch nicht gewusst, nicht einmal der Dr. Burou, der so ein großer Experte war. Heut wird des wieder ganz anders gemacht, viel besser. An so Patienten wie mir, da haben die Ärzte gelernt. Wir waren halt die frühen Fälle. Und solche wie jetzt der berühmte Zehnkämpfer da in Amerika, der Olympia gewonnen hat, der Bruce Jenner oder wie der heißt, die profitieren jetzt davon, dass sich vor über vierzig Jahren welche wie ich des schon getraut haben. Aber ich gönn's denen von Herzen, dass die es jetzt leichter haben. Unser Leben ist sowieso schon schwer genug.

Äußerlich war ich jetzt so weiblich, dass ich jeden Tag gern in den Spiegel geschaut hab. Ich hab mir die Nägel lackiert und die Haare eingedreht, hab mir seidene Unterwäsche gekauft und Schminksachen. Sogar schöne Damenschuhe für meine großen Füß hab ich gefunden. In Stuttgart, da gibt's nämlich eine Firma Horsch, auch heut noch, die machen Schuhe für Damen und Herren in allen Übergrößen. Da hab ich endlich Stöckelschuhe gekriegt in

Größe 46. Ach ja, das war immer ein Kreuz, meine Händ und meine Füß. Die hab ich immer versteckt, so gut's gegangen ist. Manchmal geht's mir heut noch so, dass ich die Händ untern Tisch steck oder die Füß unterm Stuhl verschränk. Da hab ich mich einfach dran gewöhnt. Mir sagen die Leut oft, Helga, du hast doch schöne, schlanke, feminine Hände. Ja, sag ich dann immer, aber groß sind's halt! Wie Klodeckel.

So ist des eben, des eine ist zu groß und des andere dafür zu klein. Ich hab nach Jahren halt immer noch keinen Busen gekriegt, obwohl ich doch ständig die Hormone genommen hab, täglich. Das braucht jeder Umoperierte bis zu seinem Lebensende, weil er die Hormone vom anderen Geschlecht eben nicht von sich aus hat. Ich hab gehofft, dass mir mit der Zeit vorn was wächst, aber vier, fünf Jahre nach der Operation hat sich da nix mehr verändert. Des waren halt bloß Spitzle, die ich gehabt hab. Und ich hab mir doch immer einen richtigen Busen gewünscht. Heimlich hab ich dann jeden Monat Geld auf die Seite. Wir waren inzwischen schuldenfrei, der Peter und ich, und es ist uns richtig gutgegangen. Jeder von uns hat einen Bausparvertrag abgeschlossen, und wir haben uns schon was leisten können. Im Urlaub waren wir, am Starnberger See und in Italien, in Pescara, schön war's da. Einen gebrauchten Ford Coupé haben wir uns gekauft, in Rot mit schwarzen Polstern. Und weil der Peter auch so begeistert von meiner elektrischen Eisenbahn und der Schallplattensammlung war, haben wir da ganz schön was reingesteckt. Da hab ich mir gedacht, für einen schönen Busen muss doch auch noch was übrig sein.

Ich bin dann zu einem Schönheitschirurgen in Erlenstegen, Dr. Gsell hat der geheißen. Ja, genau, des ist der, den sie vor ein paar Jahren bei einem Raubüberfall in seiner Villa umgebracht haben. Erschlagen, stell dir so was vor! Des ist sogar in der Bildzeitung gestanden, weil der Dr. Gsell später ganz berühmt war. Damals bei mir, da war er noch nicht so bekannt. Zu dem bin ich jedenfalls hin und hab gesagt: »Schaun S' her, des sind doch bloß Ansätze bei mir, und ich möcht so gern einen normalen Busen haben. Kann man denn da was machen?« »Selbstverständlich«, hat der gesagt. »Möchten S' einmal schauen, was man da machen kann?« Freilich hab ich gewollt. Da hat er seine erste Frau reingeholt. Das war eine Perserin, die Tochter von einem reichen Teppichhändler, eine so elegante Frau hab ich noch nie gesehen. Die hat sich dann obenrum ausgezogen vor mir, des war mir richtig peinlich. Einen Busen hat die gehabt, mein lieber Schieber! So was Schönes! »Schaun S'«, hat der Dr. Gsell gesagt, »so kann des dann ausschauen. Ist doch schön, gell? Wollen S' amal anfassen?« Des war mir noch viel peinlicher, aber der hat nicht nachgelassen, also hab ich halt hingelangt, ganz vorsichtig. Schön fest war des, und es hat sich gar nicht künstlich angefühlt. »Ach, so was möcht ich auch gern«, hab ich da geseufzt.

Da hat er mir Einlagen gemacht, eine Brustvergrößerung halt. Ich wollt erst ordentlich große, aber davon hat er mir abgeraten. »Wenn die Implantate zu groß sind«, hat er gemeint, »dann ziehen die mit ihrem Gewicht recht nach unten. Und wenn Sie dann älter werden, dann hängt des, des gefällt Ihnen dann nimmer.« Zwei Dinger hat er mir hingehalten, grad so groß wie Tennisbäll, da hab ich mir gedacht, na, ob des langt? Aber der wird schon wissen, was er tut, der Doktor. Und dann haben wir einen Termin vereinbart. Dem Peter hab ich davon nix erzählt, der hat gemeint, ich bin vierzehn Tage auf Kur in Bad Kissingen. Dabei war ich in der Schönheitsklinik und hab zwei Wochen stramme Verbände über der Brust gehabt.

Aber wie ich dann heimgekommen bin mit meinem neuen Busen, des war was! Der Peter war ganz baff, der hat sich kaum hinlangen trauen! »Ganz echt fühlt sich des an«, hat er dann gestaunt. Der hat sich so gefreut, richtig gestrahlt hat der! »Und gar keine Narben!« Ja, der Dr. Gsell, der hat das damals schon von der Achsel aus gemacht, da sieht man am Busen selber gar nix! »Weißt noch, Peter, wie wir damals im Schwimmbad waren?«, hab ich gefragt. Der Peter hat gelacht. Da ist mir nämlich was passiert. Ich hab doch immer so Körbchen in meine BHs gestopft, damit mein Busen nach was ausschaut. Unter dem Badeanzug natürlich auch, grad erst recht! Und einmal, als wir im Fürther Freibad im Wasser waren, da hab ich die Körble verloren. Bis ich was gemerkt hab, sind die oben geschwommen, mitten unter die Leut. Der Peter ist dann hingekrault und hat die Körble zammg'rafft, und ich hab so getan, als geht mich des alles gar nix an. Aber knallrot bin ich geworden, und geniert hab ich mich furchtbar. »Na, so was passiert dir jetzt nimmer«, hat der Peter gesagt. »Jetzt kannst die Dinger wegschmeißen!«

Und ich hab jetzt endlich schöne BHs kaufen können, Körbchengröße B, Unterbrustumfang 100. Na ja, ich hab halt einen Männerbrustkorb, da kann man nix dran ändern. Mit meinem neuen Busen und den BHs, da war ich ganz glücklich, jeden Früh hab ich die mit Genuss angezogen, da hab ich nix mehr ausstopfen müssen. Ja, hab ich mir gedacht, Kinder kannst zwar keine kriegen, aber äußerlich fehlt dir jetzt nix mehr zur Frau. Die Brustvergrößerung, die hab ich nie bereut.

Bloß eins hab ich mir später noch überlegt, ob ich mir mit dem Laser meinen Bart wegmachen lass. Aber da hat der Peter gesagt: »Helga, du hast so eine schöne Gesichtshaut. Wenn die da was verbrennen, dann kriegst du bestimmt Narben, oder dir bleiben große Poren, wenn die Barthaare weg sind. Dann kriegst am End ein G'sicht wie ein Grießbrei. Lieber rasierst du dich!« Da hab ich gesagt: »Peter, wenn du meinst, dann lass ich des sein.«

Ich war auch so zufrieden mit meinem Körper, bis auf die Harnröhre halt. Aber wo man nix machen kann, kann man halt nix machen.

Damals sind wir dann auch öfters schön in den Urlaub gefahren. Im Schwarzwald waren wir, im Zillertal und in Berchtesgaden, weil der Peter das Gebirg so gern gehabt hat. Da ist er dann auch auf die Schnapsidee gekommen, dass wir unbedingt wandern müssen. »Wandern«, hat er gesagt, »des is was Wunderbares. Frische Luft und Bewe-

Um 1978

gung und der Blick!« Na ja, meins war des net, aber ich hab ihm halt seine Freud lassen wollen. Ganz begeistert war er, wie ein kleines Kind! Wir haben uns unbedingt jeder eine schwarze Kniebundhose kaufen müssen, in der hab ich so blöd ausgeschaut. Und rotweiß karierte Hemden und Wanderstiefel. So sind wir dann losgangen, irgendwo um den Königsee rum. August war's, die Sonne hat runtergeprellt, eine Hitz! Geschnauft und geschwitzt hab ich wie ein Kutschengaul! Aber der Peter, der ist fröhlich vor mir hergestampft. »Schau ner hie« und »Schau ner her«, hat er gesagt, »des is der Watzmann, und des is der Hohe Göll, und des is der und der Berg.« Eine richtige Wut hab ich auf den gekriegt. Mir war des so wurscht, welcher Berg wie geheißen hat. Blasen hab ich auch schon gehabt. Und dann ist noch des Beste passiert. Wir waren schon fast am Ziel, da sind wir an einer kleinen Hütte vorbeigekommen, wo sie Enzian gebraut haben. Gott sei Dank, hab ich mir gedacht, da kehren wir jetzt ein und machen eine Pause. Wir haben jeder einen Enzian getrunken, der hat uns prima geschmeckt. Der Peter hat sich an die Hauswand in den Schatten gesetzt und ich mich auf ein Bänkle vor der Kuhtränke. Des war so ein langer Steintrog, in den aus einem Rohr das Wasser gelaufen ist. Hinter mir auf der Alm die Kühe. So haben wir ein bissle verschnauft. Irgendwann ist dann eine Kuh zum Trog getappt, und ich hab zugeschaut, wie die gesoffen hat. Auf einmal macht die so ein komisches Geschau, grunzt ganz tief, und dann niest des Viech mir mitten ins Gesicht. Ausgeschaut hab ich! Der ganze grüne Schleim

Mit dem roten Coupé, um 1978

überall, pfui Teufel! Der Peter hat grad nausgelacht, der hat überhaupt nimmer aufhören können. Am liebsten hätt ich den gepackt und in den nächsten Kuhfladen gehockt. Wir sind dann heimmarschiert in unsere Pension. Kein Wort hab ich mehr gesagt, mir hat's gelangt.

Des war's dann mit dem Wandern. Der Peter hat sich nie mehr getraut, was zu sagen. Und des war auch besser so, sonst wär ich ihm ins G'sicht gesprungen.

Im nächsten Jahr haben wir dann zu Pfingsten eine Weinfahrt an den Neusiedler See gemacht. Du lieber Gott, ist des eine Gegend, da kannst du die Wasserwaage danach ausrichten! Da ist es so topfeben, da siehst du schon am Mittwoch, wer am Sonntag zu Besuch kommt. Trotzdem war's da eigentlich recht schön, wir haben die kleinen Dörfer angeschaut, wo bald auf jedem Haus ein Storchennest war. Im See haben wir gebadet – um meine Körble hab ich mir inzwischen ja keine Sorgen mehr machen müssen. Weinproben waren auch mit im Programm, und ein Ausflug nach Budapest. Wir sind in aller Früh mit dem Bus zur Grenze gefahren, damals war des ja noch Ostblock, da hat's noch einen Todesstreifen gegeben und Wachtürme und alles. Zwei Grenzer sind dann durch den Bus patrouilliert und haben unsere Papiere sehen wollen. Alles war in Ordnung, bis die zu mir gekommen sind. Dann haben die über meinem Ausweis das Diskutieren angefangen, auf Ungarisch. Angeglotzt haben die mich, dann wieder den Pass, und mir ist schon aufgegangen, dass des jetzt ein Problem wird. Dann sind die mitsamt meinem Ausweis ausgestiegen und in ihre Grenzstation rein. Der ganze Bus hat warten müssen wegen mir, Mensch, war mir des peinlich. Nach zehn Minuten waren die wieder da und haben zu mir gesagt: »Aussteigen. Mitkommen.« Und dann hab ich versucht, denen zu erklären, dass ich einmal ein Mann war und jetzt eine Frau bin und dass aber im Pass immer noch ›männlich‹ steht, weil des rechtlich nicht anders geht, und die ganze Geschichte. Derweil hat der Bus immer länger warten müssen. Die Grenzer haben nix verstanden oder nix verstehen wollen. Sie haben mir dann deutlich klargemacht, dass sie eine Frau, die im Pass ein Mann ist, im ganzen Leben nicht nach Ungarn reinlassen. Irgendwann ist der Peter aus dem Bus gekommen und hat gesagt: »Komm,

Helga, wir bleiben da, wir halten ja die ganze Welt auf. Des hat doch keinen Sinn.« Wir haben dann ein Taxi genommen und sind in unser Quartier zurück. Die ganze Fahrt über hab ich geheult. Wie ein Mensch zweiter Klasse bin ich mir vorgekommen. Und auch Budapest hätt ich doch so gern gesehn! Da hab ich mir geschworen, jetzt geh ich daheim aufs Amt, zum hundertsten Mal. Und ich lass denen keine Ruhe nicht, bis die mir meinen Ausweis geändert haben. Und wenn ich bei denen im Büro vorm Schreibtisch kampieren muss.

Also hab ich wieder einmal Anträge gestellt. Hab telefoniert von Pontius zu Pilatus. Bin immer wieder aufs Amt. »Ich will meine weiblichen Rechte haben!«, hab ich gesagt. Ich bin denen so auf die Nerven gegangen, die haben schon die Augen zum Himmel verdreht, wenn ich bloß zur Tür reingekommen bin. Einen Anwalt hab ich mir genommen. Prozessiert hab ich. Durch alle Instanzen bin ich gegangen. Glaubst es, des hat fei Kraft gekostet. Aber ich hab nimmer nachgelassen. Sogar an die Familienministerin hab ich geschrieben, das war damals die Käthe Strobel von der SPD. Die war ja auch aus Nürnberg. An die hab ich mich persönlich gewendet. Sie hat dann auch geantwortet, dass sie Verständnis hat, aber nicht zuständig ist. Und dann, ich wollt schon gar nicht mehr dran glauben, ist endlich ein Schreiben vom Amt im Briefkasten gelegen. Wir machen in Ihrem Fall eine Sonderregelung, hat es geheißen, eine gerichtliche Entscheidung. Da hab ich aufgeschnauft. Und im Januar 79 war es dann so weit. Endlich hab ich meine geänderte Geburtsurkunde abholen können. Da stand dann schwarz auf weiß das drin, was immer die Wahrheit war. Geschlecht: weiblich.

Damit konnte ich endlich auch einen neuen Personalausweis beantragen. Mit dem Vornamen, den ich immer gewollt hab: Helga. Ohne e.

Ja, das war das Ende meines langen Kampfes mit den Behörden. Von meiner Operation 1971 bis dahin hat es mehr als acht Jahre gedauert, bis die mir meine weiblichen Rechte zugestanden haben. Für mich war des ungeheuer wichtig, des war ja praktisch meine offizielle Anerkennung, der endgültige Abschluss meines Leidenswegs. Stell dir vor, bis dahin war ich ja eine Person, die nicht mit ihrem Ausweis übereingestimmt hat. Ein Mensch, den es von Rechts wegen gar nicht hätt geben dürfen. Heut, bei der ganzen Überwachung, die wir jetzt haben, da wär des überhaupt nicht mehr vorstellbar. Da wär ich ja als Terrorist verdächtig, die täten mich ja verhaften! Aber heut ist des ja Gott sei Dank viel einfacher mit der Geschlechtsumänderung, rechtlich gesehen. Weil nämlich Anfang der achtziger Jahre ein neues Transsexuellen-Gesetz gekommen ist. Das hat genau das geregelt, was ich mir vorher noch mühsam hab erstreiten müssen. Manchmal wird die Menschheit ja doch gescheiter!

Meine offizielle Anerkennung als Frau hab ich mit dem Peter schön gefeiert. Damals hat hinterm Plärrer einer von den ersten Chinesen in Nürnberg aufgemacht, des war schon was Besonderes, da wollten wir unbedingt hin. Eine

Ente haben wir bestellt, knusprig gebraten. Na, da haben wir vielleicht geschaut, als die unser Essen gebracht haben. Von der Ente hast du gar nix gesehen, bloß Fleisch und Gemüse kunterbunt durcheinander! Und alles ganz klein geschnitten! »Aber essen dürfen wir's schon noch selber?«, hat der Peter die Bedienung gefragt. Die hat natürlich nix verstanden. Also, geschmeckt hat's uns dann eigentlich net so, des war halt ungewohnt. Andere sind dafür recht begeistert vom asiatischen Essen. Na ja, wie sagt man so schön: Wer's mag, für den is des des Höchste!

Des Essen war aber nicht die Hauptsache an dem Abend. Die Hauptsache war, dass der Peter mich hinterher gefragt hat, ob ich ihn denn jetzt endlich heiraten tät. Vorher war des ja net möglich, weil ich rechtlich noch ein Mann war. »Ja«, hab ich gesagt, »Peter, ich heirat dich! Des ist mein größter Wunsch!«

Die Bedienung hat des hintendran mitgehört, und stell dir vor, auf einmal kommt der Chef vom Lokal und gratuliert uns auf Chinesisch. Und dann haben wir von dem noch einen Obstcocktail aus der Dose als Gratis-Nachspeise gekriegt. Mit Kirsche.

Ach, wir haben eine wunderschöne Hochzeit gefeiert, am 29. Juli 1979. Weil meine erste Ehe mit der Edith ungültig war, hab ich den Peter sogar kirchlich heiraten können. Mein Lieber, da bin ich vermutlich einer der wenigen Menschen, die in ihrem Leben zweimal haben kirchlich heiraten dürfen. Einmal als Mann und einmal als Frau.

Hochzeit 1979

Ein Hochzeitskleid hab ich mir gekauft, einmalig, wie im Märchen. Des war doch immer mein Traum! Weiß, mit einer langen Schleppe. Und ein Brautstrauß aus rosa Orchideen. So bin ich neben meinem Peter vor dem Altar gestanden, in der Kreuzkirche in Schweinau. Ich hab die ganze Zeit bloß geheult vor lauter Glück, mein Taschentüchle war am Schluss patschnass. Die Wimperntusche hätt ich mir glatt sparen können.

Hinterher haben wir dann gefeiert, im Gasthaus zur Post am Dutzendteich. Dreißig Leut waren wir. Meine Buben waren da mit ihren Frauen und die Else auch, obwohl sie mir den Peter am Anfang hat ausreden wollen. Die Edith war nicht dabei, um die Zeit haben wir uns net so viel gesehen, und es wär ja auch komisch gewesen, für sie und für den Peter. Und ihrem Rudi hätt des auch net recht gefallen. Dafür waren dem Peter seine Mutter und sein Halbbruder da. Und alle meine Taxerer!

Im Eck von der Gaststube haben wir den Geschenketisch aufgebaut. Ich hab vorher jedem gesagt, ich will nix, ich hab doch alles! Aber da hat sich keiner dran gehalten. Die Buben haben mir ein Bowleservice geschenkt, mit Schöpfer. Zwei Toaster haben wir gekriegt und eine Personenwaage und von meinem Chef ein Kaffeeservice, des hab ich bis heut noch nie benutzt. Und einen Haufen Zinnteller und Zinnbecher. Zinn war damals groß in Mode, da waren alle ganz scharf drauf. Auf einem Teller waren unsere Namen eingraviert, Peter und Helga, in einem Herz. Später hab ich extra ein Regal gebaut, dass wir das alles aufstellen können.

Zum Essen hat es erst eine Hochzeitssuppe gegeben mit Pfannkuchenstreifen und Leberklößle. Danach einen gemischten Braten und als Nachspeise Eis mit heißen Himbeeren und selbergebackene Kuchen, die haben die Frauen von den Taxerern mitgebracht. Als Überraschungsgag hat mir mein Chef auch noch einen Quetschenspieler organisiert, der hat hinterher den Brautwalzer gespielt. Und die haben mir so lange keine Ruh gelassen, bis ich selber die Quetschen genommen hab, »Wenn bei Capri die rote Sonne im Meer versinkt« und »My Bonnie is over the Ocean«, mehr hab ich nimmer z'ammbracht, ich hab ja lang nimmer geübt. »Menschenskinder«, hat einer geschrien, »eine Braut mit einem Schifferklavier, des gibt's ja auf keinem Dampfer!« Hinterher haben wir dann noch getanzt.

Ach, des war eine schöne Feier! Dass mir des Glück mit dem Peter vergönnt war, dafür bin ich heut noch dankbar! Dass ich den gefunden hab und dass der mich g'möcht hat, des war ein Geschenk vom Himmel.

Eine richtige Hochzeitsreise haben wir nicht gemacht, des wär uns zu teuer kommen. Man muss ja nix übertreiben, und wir haben ja schon einen Haufen Geld für die Feier bezahlen müssen. Des Einzige, was wir uns gegönnt haben, war eine Fahrt zur Blumeninsel Mainau am Bodensee, und da hat's geregnet.

Jetzt hätten wir uns eigentlich eine ruhige Zeit machen können, der Peter und ich. Aber es muss ja immer was weitergehen im Leben. Kaum waren wir verheiratet, haben wir überlegt, wir wollen ein Haus. Was eigenes. Der Peter war ganz versessen drauf, der hat ja sein Leben lang immer bloß im dritten Stock gewohnt. Dazu kommt noch, dass ein Bekannter, der Karlheinz, uns damals ein bissle in Geldsachen beraten hat. Unseren Finanzminister haben wir den immer genannt, im Spaß. Und der hat zu uns gesagt: »Kin-

Hochzeit mit Peter 1979

der, wenn ich eure Bausparverträge anschau! Kauft, kauft!« Wir hatten nämlich jeder einen Wüstenrot-Vertrag, und die waren inzwischen zuteilungsreif.

Ich war zuerst dagegen. Ich war doch ein gebranntes Kind mit den ganzen Schulden. Dass ich endlich schuldenfrei war, dass ich wieder einen Lichtschein gesehen hab, des hat mir so gutgetan. Und jetzt hätt ich wieder einen Haufen Geld aufnehmen sollen? Aber der Karlheinz hat zu uns gesagt: »Horcht amal, ihr zahlt momentan jeden Monat 600 Mark Miete, und hinterher, was habt ihr da? Nix. Wenn ihr einen Kredit aufnehmt und ein Haus kauft, zahlt ihr im Monat genauso viel, aber später, da gehört euch alles. Da wärt ihr doch schön blöd!« Der Peter hat dann so lang in mich neigeredet, bis ich nachgegeben hab. Also gut, hab ich gesagt, dann mach mer's halt, in Gottsnamen.

Und dann hab ich mich drangemacht. Weißt, ich bin so ein Mensch, wenn ich einmal ja sag, dann werd ich laufert. Dann muss ich was tun, dann muss des schnell gehen. Ich hab jeden Früh im Taxi die Zeitungen studiert, und dann hab ich des gelesen: Reihenmittelhaus, Baujahr 71, 110 qm Wohnfläche, 400 qm Grund, 280 000,- DM, sofort frei. Ich bin dann sofort zu dem Makler hingefahren, hab gesagt, des Haus möcht ich sehen. »Hocken Sie sich ins Taxi nei, dann fahrn wir gleich da naus.« Und dann steh ich mit dem vor dem Haus und denk mir, Allmächtiger Gott, des is doch Eiwo-Bau! Des kenn ich, des is doch genau des gleiche Haus wie von unseren Bekannten in Schwand, und des hat uns so gut gefallen.

Am nächsten Tag hab ich's dem Peter gezeigt, und der war genauso begeistert. Und zufällig, des glaubt mer kaum, steigt zwei Tage später eine Frau zu mir ins Taxi, und wir kommen ins Plaudern. Die hat doch tatsächlich die Besitzer von dem Haus gekannt und hat erzählt, des sind Leut mit Geld, und die wollen des Haus unbedingt losbringen, bloß weil's ihnen nimmer gefällt. Da hab ich gedacht, Mensch, da kannst du vielleicht noch was raushandeln! Ich hab also beim nächsten Ortstermin zum Makler gesagt: »Ich zahl Ihnen 240 000, und dann ist Ruhe!« Nach Rücksprache waren die Besitzer auch tatsächlich einverstanden. »Also gut. Sie kriegen's!«, hat der Makler mir von denen ausgerichtet. »Da kommt aber dann noch die Provision dazu.« Horch, den Schuh, den hab ich mir nicht anziehen lassen. »Ich zahl doch keine Provision«, hab ich gesagt. »Wenn des so ist, dann tret ich zurück. Dann hören wir sofort auf, dann vergess' mer den Fall!« Der Makler hat dann noch mal mit den Besitzern telefoniert, und die haben dann auch noch die Provision übernommen. Des war dann endgültig der Clou!

Auf der Motorhaube von meinem Taxi haben wir dann den Vertrag unterschrieben. Und am 1. März 1980 sind wir in unser Häusle eingezogen. Da haben wir dann erst einmal so drin gewohnt, wie's war. Man hätte schon einen Haufen Sachen richten müssen, aber dafür hat's nicht auch noch gereicht. Wir haben ganz schön sparen müssen, aber da waren wir ja dran gewöhnt. Ich hab zum Peter gesagt: »Jetzt haben wir des Haus, also müssen wir auf Urlaub und andere Spirenzle verzichten.«

Na ja, später, als die Zinsen so naufgangen sind, da hab ich dann wieder gegrienen, aber der Peter hat immer gesagt: »Tu dich net ab, des schaffen wir. Ich bin ja auch noch da!« Ja, gearbeitet hat der, so fleißig wie der war keiner. Und ich bin Taxi gefahren, Tag und Nacht. Man darf nie nachlassen, des war immer unser Motto. Und des Häusle ist uns ja dann auch geblieben, bis zum Schluss. Der Peter hat immer gesagt, des is unser Paradies. Und des haben wir uns doch auch verdient, oder net?

Ja, andere Sorgen sind dann schon auch noch dazugekommen. Dem Peter und mir ist schon bei unserer Hochzeit aufgefallen, dass die Else nicht gut beieinander war. Meinen Werner hat sie in der Kirche zuerst gar nicht gekannt, des ist uns schon komisch vorgekommen. Und zum Peter hat sie zweimal Hermann gesagt. Wir haben uns erst gedacht, na ja, Gott, sie wird halt vergesslich. Sie hat damals immer noch allein in Schweinau gewohnt, von ihren Goris ist ihr keiner geblieben. Der Erwin hat sich überhaupt nimmer um sie gekümmert, der hat immer gesagt: »Die hat mich net haben wollen, und jetzt, wo's mich brauchen tät, da will ich sie net. Die kann meinetwegen bleiben, wo der Pfeffer wächst.« Des hab ich net fertiggebracht. Wenn Not am Mann war, hat sie immer angerufen, dann bin ich halt hingefahren mit meinem Taxi, hab ihr was gebracht oder für sie eingekauft. Später, als es schlechter mit ihr geworden ist, hab ich auch noch gewaschen und die Wohnung geputzt. Sie ist ja dann schon langsam auf die achtzig zugegangen, aber des hat sie am End selber nicht mehr gewusst. Immer wenn ich sie gefragt hab: »Else, wie alt bist denn du jetzt?«, hat sie bloß gesagt: »So alt wird doch ka Sau!« Am Schluss hat sie den ganzen Tag nur noch zum Fenster runterg'schaut, mit einem Kissle auf dem Fensterbrett. Und dann hat's angefangen, dass sie auf der Straße drunten ihre ganzen Männer von früher gesehen hat. »Da kommt der Gustl ums Eck«, hat sie mir erzählt, »und da vorm Metzgerladen steht der Fritz. Schau ner bloß, wie der zu mir raufglotzt!« Dabei waren ihre Kerle doch alle längst unter der Erde, des hat die sich bloß eingebildet. Und alles hat sie verlegt! Die Brille, die Schlüssel, die Armbanduhr. Einmal, da haben wir eine Stunde lang ihr Gebiss gesucht, des war dann im Kühlschrank in einem Schnabeltöpfle. In demselben Töpfle hat sie ein paar Tage drauf einen einzigen Kartoffel gekocht, und wie ich zufällig bei ihr vorbeigeschaut hab, war der bloß noch Kohle, des Töpfle hat geglüht, und die Gasflamme hat immer noch gebrannt. Da hab ich mir nimmer anders zu helfen gewusst, ich hab ihr das Gas abstellen lassen müssen. Die größte Aufregung war aber dann, wie sie von daheim ausgebüxt ist. Ich komm in die Wohnung, das war am Buß- und Bettag, und keiner ist da. Da ist mir schon so was geschwant. Eine Stund hab ich gewartet, nix. Dann hab ich bei den Nachbarn herumgefragt. Ja, hat einer gesagt, die hab ich gesehen, die ist fortgegangen. Ich hab den Peter angerufen, und dann sind wir durch Schweinau, bis es finster geworden ist. Nirgends die Else. Am End haben wir uns nicht anders zu helfen gewusst und sind zur Polizei. Die haben dann meine Mutter übers Radio suchen lassen. Da gibt's doch heut immer noch die Meldungen auf Bayern 3: »Gesucht wird der oder die Soundso, 80 Jahre alt, und so weiter. Irrt vermutlich hilflos umher.« Wir sind dann heim, der Peter und ich, und um halb zwölf in der Nacht kommt Gott sei Dank ein Anruf aus der Polizeiwache Innenstadt: »Sie können Ihre Mutter abholen!« Es hat sich dann herausgestellt, dass die Else in der Kälte ohne Strümpf, bloß mit ihren Filzpantoffeln und einem Strickjäckle losgezogen ist und einfach nimmer heimgefunden hat. In einer Bierschwemme am Burgberg ist sie dann so lang gesessen, bis sie einem Wirt aufgefallen ist, der die Polizei geholt hat. In der Tasche hat sie eine angebissene Breze, eine halb aufgerauchte Zigarette und ein Zehnerle gehabt.

Ab da hab ich für sie einen Platz im Altersheim gesucht, aber bevor es so weit war, ist sie daheim über eine Teppichfalte von ihrem falschen Perserteppich gestolpert und hingefallen. Oberschenkelhalsbruch. Im Krankenhaus hat sie dann vom langen Liegen eine Lungenentzündung gekriegt, und daran ist sie schließlich gestorben. Das war 1982.

Bei der Beerdigung hab ich net weinen können. Ich war an dem Urnengrab gestanden und hab mir gedacht: Die Frau hat mich geboren, aber eine Liebe hat die nie für mich gehabt. Ich war ein nicht gewolltes Kind mein Leben lang. Eine Mutter war die nie für mich. Und jetzt bin ich allein, des is auch net anders als vorher. Geerbt hab ich natürlich nix, war ja nie was da. Im Gegenteil, ich bin dann in

Schweinau rum und hab in den Wirtschaften der Else ihre Schulden beglichen. Und ihre Wohnungseinrichtung, die haben wir auf den Sperrmüll.

Trotzdem geh ich heut noch zweimal im Jahr aufs Grab und richt alles schön her. Dabei tu ich dann a weng die Eichhörnle füttern, da gibt's ja viel auf dem Südfriedhof und die freuen sich über ein paar Nüssle. Und ich denk mir, die Else, die hat auch nicht viel gehabt in ihrem Leben. Auf ihrer Beerdigung waren bloß der Peter und ich und eine Nachbarin.

Ja, kaum waren wir in unserem Häusle drin, ist schon die nächste Neuerung gekommen. Der Schusters Manfred, ein Taxiunternehmer, den ich gut gekannt hab, der hat zwei Konzessionen gehabt, die waren ihm zu viel. Er hat mir eine davon angeboten, samt Taxi. 32 000 Mark hat er gewollt, des war ein Sonderpreis. Weil du's bist, Helga, hat er gesagt. Und des stimmt, des war ein gutes Angebot. Horch, mir hat des schon gefehlt, des Selbständigsein. Des war ich ja von früher her so gewohnt, dass ich mein eigener Herr war. Ich hab mir gedacht, Mensch, da könnt ich fahren, wann ich will, müsst mich an keine Zeiten mehr halten, des hätt schon viele Vorteile. Und mehr verdienen tät ich auch, nach dem, was mir der Manfred vorgerechnet hat. Und der Mercedes war picobello in Ordnung, fünf Jahre alt und mit Winterreifen. Also hab ich noch einmal Schulden gemacht und dem Manfred die Taxikonzession abgekauft. Mein Chef hat mich ungern gehen lassen, und es hat mir auch

Vor dem ersten eigenen Taxi, Anfang der achtziger Jahre

leidgetan. Aber des Ganze hat sich für mich auf jeden Fall rentiert. Den Mercedes hab ich noch fünf Jahre gefahren, und der Verdienst hat auch gestimmt.

So ist die Zeit vergangen. Des Leben rennt. In unserem Häusle, da haben wir uns wohl gefühlt. Der einzige Nachteil war, dass ganz in der Nähe die große Kaserne von den Amis war. Und dass die jeden Tag mit ihren Mordstrümmer-Panzern an unserem Schlafzimmerfenster vorbeirumpeln, des haben wir erst gemerkt, wie wir schon eingezogen waren. Und in aller Herrgottsfrüh, da sind die Soldaten in kleinen Trüppchen an unserer Haustür vorbeigejoggt, und gesungen haben die dabei! Einer hat immer vorgesungen, die andern nach. Ach, die haben mir manchmal leidgetan, im Winter bei Sauwetter, oder die armen Kerle, die Dickerle, die net mitgekommen sind und hinterherhecheln haben müssen. Später sind die Amis dann abgezogen, und seitdem ist eine Ruh.

Die Edith, die hat dann auch geheiratet, des muss so ein Jahr nach mir gewesen sein. Mit dem Rudi hat sie's wirklich net schlecht getroffen, der war immer gut zu ihr. Ich hab dann gedacht, unsere Männer müssen sich doch auch einmal kennenlernen, drum hab ich die zwei zum Grillen eingeladen. Die sind dann auch gekommen, mit einem Blumenstrauß für mich und einer Flasche Asbach für den Peter. Dabei mag der gar keinen Cognac. Am Anfang, da waren unsere zwei Männer noch recht verlegen. Später hat mir die Edith erzählt, dass der Rudi sogar ein bissle eifersüchtig auf mich war, des muss man sich einmal vorstellen! Auf mich! Dabei war ich doch längst kein Mann mehr! Des hat sich dann aber schnell gegeben. Mit dem Peter, da hat er sich gleich gut verstanden. Bis die zwei mit dem Föhn die Holzkohlen zum Brennen gebracht haben, waren schon vier Fläschle Bier fort. Ab da haben wir uns dann immer mal wieder getroffen, so zwei-, dreimal im Jahr. Ja, so ist des mit mir und der Edith gekommen, gell, erst waren wir zu zweit, dann waren wir halt zu viert. Des ist auch gegangen.

Die ersten Enkele sind dann auf die Welt gekommen, eins nach dem andern. Da war ich schon froh, dass das Eheleben von meinen Söhnen so gut funktioniert hat. Ich hab ja gewusst, dass des Zeug in mir net vererblich ist, aber man hat ja doch immer so seine Zweifel und Ängste. Des sitzt irgendwo im Hinterkopf, so was kriegst du halt schwer los, da kannst du nix machen. Die Enkelkinder, die haben mich dann aber endgültig bestätigt, dass der Werner und der Klaus richtige Männer sind, Gott sei Dank! Des wär mir doch furchtbar gewesen, wenn die auch so leiden hätten müssen wie ich.

Ja, mit den Enkeln, da hätt ich schon gern mehr gemacht, aber die waren alle net so viel bei uns. Sechs sind's insgesamt geworden, die Susi, die Carola, der Michael, die Julia, die Christine und die Alexandra. Des war dann auch schwierig, denen zu erklären, dass die Oma einmal ein Mann war. Meine Söhne haben es ihnen gesagt, als sie alt genug waren, es zu verstehen. Und die Kinder haben des auch gleich akzeptiert, dass sie halt bloß einen Opa, aber dafür drei Omas haben. Des ist schon ein Glück. Ich mach mir trotzdem immer noch Gedanken, dass es meine Familie wegen mir nicht leicht hat. Des drückt auf mein Gewissen. Des trag ich mit mir herum, bis ich einmal sterb.

Wie dann Mitte der achtziger Jahre die Zinsen von unserem Kredit gestiegen sind, da ist mir ganz Angst geworden. Des war doch alles so geplant, dass des Haus einmal uns gehört, spätestens, wenn der Peter in Rente geht. Dafür hab ich dann g'scheit schwarzgesehen. Des schaffen wir nie, hab ich mir gedacht. Dreimal am Tag hab ich mich in den Hintern gebissen. Herrgott, hätt mer des ner bloß sein lassen mit dem Sch…haus! Nächtelang hab ich gegrübelt, was könnt mer denn machen, was könnt mer denn machen? Und dann hab ich beschlossen, ich trenn mich erst einmal von meiner Eisenbahn. Des wär doch ein Anfang. Dass die ganz schön was wert war, des hab ich schon gewusst, ich hab ja seit meinen jungen Jahren fleißig gesammelt, immer besondere Sachen, des normale Zeug, was in jedem Kinderzimmer steht, des hat mich nie interessiert. Meine Eisenbahn, des war was für echte Liebhaber, des hat net jeder gehabt! Ich bin also aufs Dach und hab zusammengeschrieben, was alles da ist, hab mich erkundigt bei den Sammlerbörsen, was des Zeug so kostet. Mein lieber Schwan, da ist ein ganz schönes Sümmle zusammengekommen. Erst hab ich gedacht, des annoncier ich in der Zeitung, aber dann fahr ich eines Tages ein älteres Ehepaar zum Zug und seh, dass in der Bahnhofstraße ein Laden leer steht. In dem Moment hab ich die Idee gehabt, Mensch, den könnt ich doch mieten! Da mach ich dann ein Trödelgeschäft auf, und als Erstes verkauf ich da die Eisenbahn. Der Peter hat gemeint, des ist ein ausgemachter Schmarrn, aber der hat mich schon gekannt. Wenn ich mir was einbild, dann bringst du mich nimmer weg davon! Ich hab gesagt: »Peter, des geht schon, wirst sehen. Am Tag bin ich im Laden, und abends und in der Nacht fahr ich Taxi.«

Genauso hab ich's dann auch gemacht, des war im Jahr 1984. »Modellbahnstation Schwabach« hab ich mein neues

Geschäft genannt, »An- & Verkauf, Gelegenheiten«. Die Modelleisenbahn, des war mein Grundstock. Des is gangen wie die Feuerwehr! Den anderen Krempel, den hab ich mir bei Entrümpelungen besorgt und Wohnungsauflösungen, und ich hab im Marktspiegel inseriert. Des hat nix gegeben, was ich net verkauft hab, von der Blumenvase bis zur Klobrille, vom Massagesessel bis zum Duftbäumchen, von der Familienbibel bis zur Stehlampe. Der Renner waren die elektrischen Kleingeräte. Toaster, Radios, Tauchsieder, Kassettenrekorder, Kaffeemaschinen, Fernseher, Rasierapparate, was du dir bloß vorstellen kannst. Und weil ich mich auch aufs Reparieren verstanden hab, haben mir die Leut dann auch ihr kaputtes Zeug gebracht. Was ich net selber richten hab können, des hab ich nach Nürnberg ins Elektrogeschäft gefahren, hab des denen gezahlt und für mich am Schluss ein bissle was draufgeschlagen. Die Leut waren zufrieden. Ich hab viel Stammkundschaft gehabt, und mit den meisten von denen war ich per Du. Der Laden ist so gut gelaufen, über eine halbe Million Umsatz hab ich im Jahr gemacht, stell dir des amal vor! Des war so viel, dass ich's allein gar nimmer geschafft hab. Und meine Taxifahrerei, die wollt ich net aufgeben, des war doch mein Leben! Also hab ich eine Verkäuferin eingestellt, lustig, die hat auch Helga geheißen, mit der ist des dann ganz gut gegangen. Und wenn die im Urlaub war oder krank, dann hat die Edith ab und zu ausgeholfen. Derweil sind die Schulden jedes Jahr weniger geworden. Der Laden, ja, des war meine beste Idee! Bis 94 hab ich den behalten, aber dann ist es mir doch zeitlich über den Kopf gewachsen, und ich hab ihn an einen Bekannten von der Helga verkauft. Bloß des war ein Riesendepp, der hat des Geschäft innerhalb von einem halben Jahr an die Wand gefahren. Des hat mir in der Seele leidgetan, aber manche bringen halt einfach nix z'amm.

Meine Ehe mit dem Peter, die war immer glücklich, die hab ich nie bereut. Und er auch net. Der hat mich nie enttäuscht. Ich sag immer, es hat zwei Menschen in meinem Leben gegeben, die ehrlich zu mir waren: die Edith und der Peter. Auf die hab ich mich blind verlassen können. Des heißt ja net, dass wir uns net amal gestritten haben, so was kommt überall vor. Ich bin ja auch net einfach, ich kann schon manchmal recht empfindlich sein, des muss ich ehrlich zugeben. Wenn ich eing'schnappt war, dann hat der Peter schon amal drunten im Wohnzimmer aufm Sofa g'schlafen. Und er hat schon auch seine Wut kriegen können, dann hat er mich recht angefaucht. »Geh doch zurück zu deiner Edith!«, hat's dann geheißen. Da sind schon manchmal die Fetzen geflogen. Jaja, aber so bleibt die Liebe jung, oder net? Wenn du immer einer Meinung bist, des is am End auch langweilig. Wichtig ist doch, dass zwei Menschen z'ammhalten. Ich wollt immer mit dem Peter alt werden, und er mit mir. An meinem siebzigsten Geburtstag, des muss man sich vorstellen, da hat der Peter zu mir gesagt: »Jetzt setzt du dich amal aufs Sofa, und dann schau her!« Da hält der mir ein Schächtele hin, macht's auf – und da ist ein Brillantring drin! »Ja, Peter«, hab ich gesagt, »jetzt mein ich, übertreibst aber a weng!« – »Musst net greinen, Helga«, hat er zur Antwort gegeben, »des bist du mir wert!« Welcher Mann, frag ich, schenkt seiner Frau mit siebzig Jahren noch einen Brillantring? Bis vor einem Jahr hab ich den noch getragen, aber jetzt sind meine Finger zu dick geworden, jetzt bring ich den nimmer hin. Ich hab schon überlegt, ob ich aus dem Stein einen Anhänger machen lass, aber, na ja, des ist bestimmt wieder recht teuer.

So ab meinem siebzigsten Geburtstag ist es mit meiner Gesundheit immer schlechter geworden. Es war ja net nur, dass ich regelmäßig mit meiner Harnröhre des G'schiss gehabt hab. Eine Operation nach der anderen. Des war ich ja schon lang gewöhnt. Aber dann ist es langsam losgegangen mit dem Wasser in den Beinen. Nach dem Taxifahren, wenn ich den ganzen Tag im Auto gesessen bin, da waren meine Füß so dick wie kleine Fässle, rechts war's schlimmer als links. Ich bin mir vorkommen wie ein Elefant. Erst hab ich mir Kompressionsstrümpf gekauft und die Beine jeden Tag mit Rosskastaniensalbe eingerieben, des hat nix geholfen. Dann hat mir jemand erzählt, kneippen könnt gut sein. Also bin ich dreimal in der Woche in der Anlage vom Kneippverein im kalten Wasser rumg'stapft – nix. Der Hausarzt hat gesagt, am Herz liegt's nicht, die Venen sind halt ein bissle schwach. Was soll man dann da machen? Ich hab mich dran erinnert, dass meine Mutter manchmal gesagt hat: Jaja, wenn du alt wirst, dann schaust halt mit dem Ofenrohr ins Gebirg.

Dazu ist noch gekommen, dass ich des Zittern angefangen hab. Des ist ganz allmählich gekommen, erst denkst du dir nix, aber wenn dir dann irgendwann die Suppe vom Löffel hupft, dann lachst du nimmer. Ich hab zuerst Angst gehabt, dass des Parkinson ist, aber der Doktor hat mich beruhigt. In der Richtung müssen Sie sich keine Sorgen machen, hat er gesagt, da dran sterben Sie net, des ist halt einfach eine Nervensache. Da war ich schon froh, aber 'zittert hab ich trotzdem.

Mein alter Doktor in Erlangen, der war um diese Zeit schon lang im Ruhestand. Deshalb bin ich auch nicht mehr dorthin gefahren, sondern ich hab mir meine Hormone von einem ganz normalen Frauenarzt verschreiben lassen. Ja, wenn ich in Erlangen geblieben wär, dann ging's mir heut vielleicht besser, dann hätt ich eher gewusst, was mit mir los ist. Des war vielleicht eine Dummheit von mir, dass ich da nimmer hin bin. Aber hinterher, da ist man immer g'scheiter.

Und ich war ja nicht die Einzige, die nimmer ganz gesund war. Die Edith, die hat mit den Bandscheiben zu tun gehabt und mit der Hüfte. Der Rudi mit dem Blutdruck. Und der Peter hat auch langsam alle möglichen Zipperleins gekriegt, und mit seinem Husten ist es immer schlimmer geworden. Jeden Früh hab ich mir des anhören müssen, dann hab ich immer gesagt: »Peter, du musst mit dem Rauchen aufhören, des ist nix mehr für dich.« Da hat er immer gelacht und zur Antwort gegeben: »Wer lang hustet, lebt lang!« Ich hätt net nachgeben dürfen damals. Selber hab ich ja schon 86 mit den Zigaretten aufgehört, aber des ist mir leichtgefallen, ich hab ja nie mehr geraucht als zehn Stück am Tag. Aber der Peter, der war schon ein richtiger Kettenraucher. Selber gedreht hat er, mit so einem kleinen Apparat, der den Tabak in die Papierhülsen gestopft hat. Des ist billiger, hat er immer gemeint. Einmal, wie er gar so arg gehustet hat, da hab ich ihm den Apparat versteckt, da ist er aber fuchtig geworden. Da hat er keinen Spaß verstanden. Ja, der Körper rächt sich halt irgendwann, wenn man Schindluder mit ihm treibt. Wenn man immer vorher wüsst, was kommt … »dann tät man g'sünder sterben«, hätt jetzt der Peter gesagt. So war er halt.

Mein Taxi, des war 40 Jahre lang meine Welt. Stell dir vor, so lang bin ich gefahren! Da erlebst du Sachen! Naa, Angst hab ich nie gehabt. Ich bin doch ein Brocken Weib, ich hab mich immer wehren können. Manche Kollegen, die fahren im Handschuhfach eine Schreckschusspistole oder so ein Pfefferspray mit rum. Ich hab so was nie benutzt, ich hab immer bloß meine Goschen dabeigehabt. Weil, wenn du richtig mit den Fahrgästen redest, dann passiert dir auch nix. Du musst einfach ein halber Psychiater sein. Grad nachts, wenn die Besoffenen kommen, mit denen musst du dich unterhalten, die musst du ablenken, dann kannst du die kontrollieren, dann kommen die dir auch net blöd. Einmal, da hab ich einen jungen Kerl gefahren, der war sternhagelvoll, und am Schluss wollt er nicht zahlen. Da hat alles Reden nix geholfen. Dem hab ich so eine Watsch'n gegeben, an die denkt der sein Leben lang. Und dann hat er plötzlich doch noch sein Portemonnaie gefunden. Und dann wieder ist einer mitgefahren, der hat Selbstmord machen wollen. Mit dem hab ich dann eine Stunde lang geplaudert und hab ihn überredet, dass er's sein lässt. Ich hab ja gewusst, wovon ich red. Des war für mich eine Wohltat, dass ich den gerettet hab. Obwohl, die Stund war natürlich hie.

Besonders zahlungsfreudige Kunden, die hat's auch gegeben. In der Löbleinstraße, da ist amal einer bei mir eingestiegen. »Wo fahr'n mer denn hin?«, hab ich gefragt. »Ins ›Einsame Herzen‹«, hat der gesagt. Des hab ich schon gekannt, da hinterm Plärrer, des war so ein Nepplokal. Also bin ich losgefahren. Am Rathenauplatz fragt mich der: »Langt ein Zwanz'ger?« Ich sag ja, und der gibt mir einen Zwanzigmarkschein. Am Bahnhof, da fragt der wieder: »Langt ein Zwanz'ger?« Ich sag jaja, und der gibt mir wieder einen Schein. Am Plärrer wieder das Gleiche: »Langt ein Zwanz'ger?« Jaja. Wieder ein Schein. Und vor dem Lokal fragt der wieder: »Langt ein Zwanz'ger?« Da hab ich den letzten Zwanz'ger auch noch genommen. Ich hab ja gewusst, der geht heut Nacht sowieso ohne einen Knopf in der Tasche heim. Und ob er's in der Klitschen lässt oder bei mir, des is auch schon wurscht.

Ein anderer Stammkunde, den hab ich einmal in der Woche zum Psychiater nach Ansbach gefahren, der hat sich eingebildet, er wär ein Nato-General. Unterwegs hat der mir seine Manöverpläne erklärt. Am End war ich Militärexperte. Na ja, den haben sie dann irgendwann behalten, in der Bezirksklinik. Und Schwangere hab ich gefahren, haufenweise. Aber Gott sei Dank, eine Geburt ist mir nie vorgekommen in meinem Mercedes. Die hab ich alle noch rechtzeitig abgeliefert, und wenn ich über rote Ampeln hab rumpeln müssen.

Viecher hab ich auch in meinem Taxi rumgefahren, alles, vom Hamster bis zum Papagei. Einmal, da hab ich einen mit seinen zwei Hunden zum Tierarzt bringen sollen. Wie ich hingekommen bin, da steht der vor seiner Haustür, mit zwei riesigen Doggen. Die haben gesabbert, denen ist der Gafer bloß so runtergetropft. Des ganze Auto hätten mir die versaut. Da hab ich gesagt: »Guter Mann, wenn Sie jetzt zwei Dackel hätten, tät ich Sie ja mitnehmen. Aber für Ihre Kälber, da brauchen Sie schon einen Viechtransport.«

Belästigt bin ich schon ab und zu worden. Aber ich hab mich immer rauswinden können. Einmal, da hab ich einen GI statt nach Fürth zum Bahnhof direkt auf die Polizei gefahren, weil der neben mir seinen Zebedäus rausgeholt und angefangen hat, zu mir rüberzulangen. Zahlen wollt er auch nicht. Da ist dann die MP gekommen, die haben des auf ihre Art geregelt. Die haben erst mich bezahlt, und dann haben sie den Kerl mit ihren Holzknüppeln ganz brutal verprügelt, dass er mir am Schluss recht leidgetan hat.

So eine Tageseinnahme, die ist damals bei 100, 120 Mark gelegen. Außer, du hast lauter »Stumpen« gehabt, also Kun-

Immer noch gern am Steuer

den, die nicht weit gefahren sind und grad einmal 5 Mark bezahlt haben. Meine weiteste Fahrt, die ist von der Hohen Marter in Schweinau bis zum Wilden Kaiser nach Tirol gegangen. Des war eine Frau, die wollt unbedingt zum Skifahren. 650 Mark hab ich da verdient.

Anstrengend war des Taxifahren vor allem in der Nacht. Wenn du Kundschaft hast, dann geht's ja noch, aber die Warterei, die ist net schön. Da wirst du so müd, und grad wenn dir die Augen zufallen, dann kriegst du einen Ruf. Ich hab des dann sein lassen, als ich meinen Laden verkauft hab. Wenn du jeden Früh ganz erledigt heimkommst, des ist nix. Und irgendwann, da hat der Peter gesagt: »So, Helga, jetzt is Schluss. Jetzt musst du dich nimmer so plagen.« Da war ich dann ja auch schon bald 75. Aber ganz aufgehört hab ich erst 2009, am 22. Dezember hab ich meine letzte Fahrt gemacht. Und danach, da hat's mir dann noch richtig gefehlt.

40 Jahre bin ich Taxi gefahren, mit Leib und Seele. Und nie einen Unfall gehabt, da bin ich stolz drauf! Meine Taxerer, die kennen mich heut noch, bei denen bin ich immer noch gut angesehen. Wenn ich eine Fahrt brauch, dann ruf ich an, und dann heißt's: »Ja, Helga, hältst denn du des überhaupt aus, dass du in einem Taxi hockst und net selber fährst?« – »Freilich«, sag ich dann immer, »des g'fällt mir, wenn ich euch beim Arbeiten zuschauen kann. Da hock ich mich hinten nei und hab eine richtige Gaudi.«

Wie der Peter in Rente gegangen ist, da waren wir alle Sorgen los. Zumindest, was des Finanzielle betrifft. Wir haben's nicht ganz geschafft wie geplant, ein Rest Schulden war schon noch da. Aber des war überschaubar, nimmer viel. Dem Peter seine Rente und mein Verdienst mit dem Taxi waren uns genug zum Leben, schau, wir haben ja nie große Ansprüche gehabt. Der Mensch kann auch mit wenig zufrieden sein. Ich muss net jedes Jahr mit dem Kreuzfahrtschiff rumgondeln, und ich brauch auch net jeden Tag ein Fleisch auf dem Teller. Des is sowieso gesünder, sagt der Doktor. Der Peter, der war glücklich, wenn er mittags eine schöne Suppe gekriegt hat, mit Nudeln drin oder

Schwemmklößle, des war sein Liebstes. »Der Helga ihre Suppen, die wecken einen Toten auf«, hat er immer geschwärmt. Und abends dann ein Vesper, ein Schwarzbrot mit Presssack oder einen Backsteinkäs mit Musik, des hat ihm gelangt. Und am Sonntag ein schöner Schweinebraten und nachmittags Kaffee und Kuchen. Wenn's Wetter gut war, haben wir uns am Wochenende auf unsere Liegestühl neben den Gartenteich gelegt, untern Sonnenschirm, und haben ein Radler getrunken. »So lässt sich's aushalten«, hat der Peter dann immer gesagt. So haben wir gelebt miteinander, und mehr haben wir auch net gebraucht.

Des hätt meinetwegen noch lang so weitergehen können. Ja, wenn halt die Gesundheit immer mitspielen tät! Ich kann mich noch genau erinnern, des war in dem Sommer, als die Fußball-Europameisterschaft war und wir im Halbfinale gegen die Italiener verloren haben, da hab ich offene Beine gekriegt. Schön ist des net, des kann ich dir sagen, mein Lieber. Und mit dem Zittern war's auch kein Spaß mehr, manchmal hab ich zwei Händ gebraucht, damit ich überhaupt die Kaffeetasse hab halten können. Und dann eines Tages, ich weiß gar net, warum, steh ich droben im Bad und will meine Tabletten nehmen, da fällt mir der Beipackzettel aus der Schachtel. Den könnt'st ja amal lesen, denk ich mir so. Ich hock mich also auf den Rand von der Badewanne und falt des Papierle schön auf. Auf einmal war der Zettel bald so groß wie die Zeitung. Verstanden hab ich net viel, des ist ja alles Ärztedeutsch, da kommt ja gar keiner mit. Was da drin ist und so und gegen was des alles hilft und wieviel man nehmen muss. Aber dann hat's da geheißen: Nebenwirkungen. Ich les des, und mich haut's bald hinterisch in die Badwanne nei. Des hab ich, denk ich mir. Des hab ich alles! Meine Bein, des Zittern, dass ich immer so schnell müd bin, des kommt alles von den Hormonen! Und derweil hab ich ja bloß die Hälfte verstanden von dem, was da gestanden ist. Ich war wie erschlagen, richtig geschwitzt hab ich. Des ist mir wie Schuppen von den Augen gefallen. Und die ganzen Jahre fress ich des Zeug! Ich bin gleich runter ins Wohnzimmer, wo der Peter grad auf der Eckbank gesessen ist und an seiner Kuckucksuhr herumrepariert hat. »Pass auf, Peter«, hab ich zu ihm gesagt, »weißt du, was ich bin? Ein wandelnder Beipackzettel bin ich!« Der Peter hat's erst gar net begriffen, aber ich hab's ihm dann schon erklärt. »Die Östrogene«, hab ich gesagt, »von denen kommen meine ganzen Krankheiten!« Ich hab ihm den Zettel gegeben. »Da steht's drin. Des hab ich alles!«

Der Peter hat nachgelesen, und dann hat er bloß noch den Kopf geschüttelt. »Helga«, hat er gesagt, »des hörst du sofort auf. Des Gift nimmst du nimmer!« Und dann sind wir miteinander ins Bad, haben die ganzen Schachteln genommen und dann drunten in den Abfall geschmissen.

Ja, freilich, ich war schon auch selber schuld, des muss ich mir vorwerfen lassen. Ich hätt ja schon viel früher nachlesen können. Aber die Ärzte, die hätten mir des doch auch erklären müssen. Die hätten mir doch sagen müssen, was die Tabletten mit einem machen. Dass die die Nerven ruinieren und den ganzen Körper noch dazu. Dann hätt ich schon viel früher damit aufgehört. Ich war zu der Zeit doch schon über siebzig. Vielleicht wär's mir dann die ganzen Jahre über besser gegangen.

Aber jetzt war es halt zu spät. Wenigstens mein eines Bein ist wieder zugeheilt, aber das andere nicht. Und das Zittern ist mir auch geblieben. Na ja, des wär ja alles noch zum Aushalten gewesen. Wir haben ja uns gehabt.

Und dann hat's den Peter erwischt.

Angegangen ist des Ganze mit Schmerzen in den Füßen. Die hat er schon lang gehabt, aber gesagt hat er nie was. Er war keiner vom Jammern, mein Peter. Mit dem Laufen ist es schlechter geworden, des hab ich schon gemerkt, er ist halt immer öfter stehen geblieben und hat Pause machen müssen. Links war's dann ganz schlimm, da hat er dunkle Flecken gekriegt, und des Bein hat ganz wächsern ausgeschaut. Aber er wollt nie zum Doktor. »Peter«, hab ich auf ihn eingeredet, »sei halt net so unvernünftig.« Aber er hat halt net auf mich hören wollen. Bis es dann zu spät war. Als er endlich doch zum Arzt ist, hat ihn der sofort ins Krankenhaus eingewiesen. Raucherbein. Da haben sie ihm dann das linke Bein amputiert, bis ganz nauf. Ja, die Raucherei, die ist des Schlimmste. Die hat dem Peter seine Gesundheit gekostet. Gegrienen hat er, als er seine Unterschrift unter die Einwilligung zur Operation gesetzt hat. Ich bin am Bett gesessen, als er aufgewacht ist. »Jetzt hast einen Krüppel, Helga«, hat er gesagt.

Wir haben dann Krücken und einen Rollstuhl gehabt, des ist schon gegangen, und eine Prothese hätt der Peter nach einem halben Jahr auch kriegen sollen. Aber glaubst du, der hätt des Rauchen aufgehört? Probiert hat er's ja, aber er hat's einfach net geschafft. Des ist eine Sucht, die ist ganz schlimm. Die hat dich im Griff, eisern. Ich hab ihm am End das Rauchen im Haus verboten, hab gedacht, so wird's weniger. Aber dann ist er halt auf die Terrasse gegangen mit seiner Zigarette. Ja, wenn du dein Leben lang deinem Körper Nikotin gegeben hast, dann kommst du davon im Alter nimmer weg. Und des Nikotin, des is ein Killer.

Aufgehört hat der Peter erst, als er den Mundbodenkrebs gekriegt hat, des war ein Jahr später. Ach Gott, des war ein furchtbarer Schlag. Dass so ein Schicksal über uns reingebrochen ist! Der Doktor hat uns zuerst Mut gemacht. Er hat gesagt, es gibt schon Möglichkeiten, wir versuchen alles. Zuerst hat der Peter Bestrahlungen gekriegt, 40 Stück. Wir haben immer die Hoffnung gehabt, es wird wieder. Des muss man doch glauben. Wenn der Mensch keine Hoffnung hat, dann ist er doch kein Mensch. Dann wär er doch bloß wie ein Tier, des nix weiß und nix kennt. »Wir müssen jetzt da durch«, hab ich zum Peter gesagt, »und des schaffen wir. Du wirst wieder gesund, ganz bestimmt.« Die Bestrahlungen haben dann auch geholfen, der Tumor ist nicht mehr weitergewachsen. Da waren wir so froh. Eine Zeitlang haben wir gedacht, wir haben die Krankheit im Griff.

Die Edith hat uns damals öfters besucht, zur Aufmunterung. Ihr Rudi, der hat nicht mitkommen können, der war um die Zeit auch schon recht krank. Deshalb sind sie damals auch ins »Betreute Wohnen« eingezogen, damit es für ihn einfacher wird. Wenn sie zu uns gekommen ist, hat die Edith dann immer gesagt: »Einen schönen Gruß soll ich ausrichten vom Rudi, und gute Besserung. Er kann halt die Treppe nimmer schaffen, mit dem Laufen wird's immer schlechter bei ihm, und der Blutdruck, der steigt und steigt.« Das hab ich dem Rudi beinah verübelt. Weil schlecht laufen können und hoher Blutdruck halt doch nicht so schlimm sind wie der verdammte Krebs von meinem Peter, hab ich gedacht. Der Rudi war ja gleiches »Baujahr« wie ich, da ist man halt nimmer gesund. Aber pass auf, die schönste Krankheit taugt nix. Dass es dann so schnell geht mit dem Rudi, des hat dann doch keiner ahnen können. Von einem Tag auf den anderen. Ganz unverhofft hat die Edith angerufen und hat's uns selber gesagt: »Mein Rudi ist seit gestern im Himmel.« Einen Schlaganfall hat er gehabt. Sie haben ihn noch ins Krankenhaus gebracht, aber da war nichts mehr zu machen. Des war am 22. Mai 2013. Ja, der Rudi, der hat mich gereut, des war ein anständiger Kerl, da gibt's gar nix. Und der Edith war er immer ein guter Mann, besser als ich, mit meinem Zeug in mir drin.

Wir sind natürlich auf die Beerdigung gegangen, den Peter hab ich im Rollstuhl geschoben. Die ganze Familie war da, die von seiner Seite und unsere Buben mit ihren Frauen und Kindern. Ein schönes Gesteck haben wir machen lassen, mit gelben Nelken und einem Band: Letzter Gruß von Peter und Helga. Danach sind wir alle zum Kaffeetrinken, und wir haben die Edith gefragt, ob sie jetzt in ihrer Wohnung bleiben oder in eine kleinere ziehen will. Aber sie wollt nicht umziehen. »Auch wenn ich jeden Tag meinen Rudi auf dem Sofa sitzen seh«, hat die Edith gesagt, »des schaff ich schon. Des ist doch des Vernünftigste, ein Umzug ist doch viel zu teuer.« Aber geweint hat sie dabei doch. »Edith, wenn was ist, wenn ich dir helfen kann, dann bin ich fei da«, hab ich zu ihr gesagt. »Du brauchst bloß anrufen.« Sie hat mir unter Tränen die Hand gedrückt. »Ich komm schon zurecht. Pass du nur gut auf deinen Peter auf.«

Des hat mir die Edith nicht zweimal sagen müssen. Ich hab dem Peter jeden Wunsch von den Augen abgelesen. Den hab ich gepäppelt wie ein kleines Kind, dass er sogar zwei Kilo zugenommen hat. Wenn man sein Bein wegrechnet, mein ich. Aber dann ist es wieder losgegangen, und noch viel ärger als vorher. Der Krebs war dann net bloß auf der linken Seite, sondern er ist rechts auch noch gekommen. Da waren wir ganz verzweifelt. Chemo, hat der Doktor gesagt. Jetzt brauchen wir eine Chemo. Der Peter ist ins Krankenhaus gekommen, aber nach der fünften Chemo haben sie nicht mehr weitermachen können wegen der schlechten Blutwerte. Und dann haben sie auch noch einen Tumor neben der Halsschlagader gefunden. Des war der letzte Tiefschlag. Dem Peter ist es innerhalb von ein paar Wochen so schlecht gegangen, dass er nix mehr essen hat können. Sie haben ihm dann eine Magensonde gelegt. Ja, man hätt schon noch operieren können, aber es hätt vermutlich auch nix mehr geholfen. Und der Peter, der wollte dann nimmer. Er wollt bloß noch heim. »Ich will daheim sterben, tu mich halt heim«, hat er zu mir gesagt. Und ich hab ihn in den Arm genommen und hab zur Antwort gegeben: »Peter, du überlebst mich noch, ganz bestimmt.« – »Naa«, hat er gesagt, »des wird nix mehr mit mir.«

Und so war's dann auch. Ich hab ihn noch ein paar Wochen gepflegt, daheim. Ach, des ist furchtbar, wenn du zuschauen musst, wie einer immer weniger wird, und du kannst nix machen. Wenn du sehen musst, wie der andere leidet, und du kannst net helfen. Des wünsch ich keinem.

Am Schluss, da war er bloß noch Haut und Knochen, obwohl ich ihm doch immer die Beutelnahrung gegeben hab. Die meiste Zeit hat er geschlafen, des war ja gut so. Ich hab gedacht, vielleicht schläft er einfach für immer ein. Als ich dann eines Nachts gemerkt hab, dass es ihm ganz schlecht geht und dass er kaum noch Luft kriegt, da hab ich's mit der Angst gekriegt und die Rettung angerufen. Sie haben den Peter aus dem Schlafzimmer nach unten getragen, da lag er schon im Sterben. Ich war noch droben im Bad, da hör ich den Sanitäter sagen: »Der schnauft ja gar nimmer.« Drunten in der Diele haben sie dann noch Wiederbelebungsversuche gemacht. Irgendwann ist der Notarzt dann aufgestanden und hat zu mir gesagt: »Frau F., wir können nichts mehr tun für Ihren Mann. Mein Beileid.«

Ja, so ist mein Peter gestorben, am Samstag, dem 3. August 2013, um fünf Uhr früh.

Ich weiß net, wie ich die nächsten Stunden rumgebracht hab. Die vom Bestattungsinstitut haben den Peter aufgebahrt, ihm seinen besten Anzug angezogen und ihn recht schön hergerichtet, so hab ich ihn noch fotografiert. So friedlich hat er ausgeschaut. Dann haben sie ihn fortgetragen.

Ich hab mich um die Beerdigung gekümmert und alles geregelt, was man halt so machen muss mit der Versicherung und den Ämtern und der Bank. Bei der Urnenbeisetzung auf dem Südfriedhof hab ich gemeint, ich kann mich nimmer auf den Beinen halten. Ich hab die Urne angeschaut und immer bloß denken müssen: So klein is mei Peterle jetzt geworden, dass er da neipasst. Am liebsten wär ich ihm nachgesprungen in sein Grab. Viel später hat dann mein Neffe, der Charly, zu mir gesagt: »Tante Helga, ich hab noch nie einen Menschen so greinen sehen wie dich damals am Friedhof.« Beim Leichenschmaus hab ich keinen Bissen essen können. Mich hat's so gegraust davor, in des leere Haus heimzukommen.

Und als ich dann von der Beisetzung heimkomm, ist ein Brief von der Sparkasse da. Sie wollen mich informieren, dass der Peter noch ein Konto gehabt hat mit 5000 Euro drauf. Von dem hab ich überhaupt nix gewusst, von dem hat er mir nie was gesagt. Mit dem Geld hab ich die letzten Schulden, die auf dem Haus gelegen sind, abbezahlt. Jetzt hat alles mir gehört. Des war dem Peter sein letzter Dienst an mir.

Ich hab dann nimmer gewusst, wie's weitergehen soll. Mich hat nix mehr interessiert. Ich hab den Garten verlottern lassen und hab nix mehr im Haus gemacht. Ich wollt auch nimmer. Irgendwann ist halt die Kraft weg, da denkt man dann, jetzt langt's. Meine Söhne haben sich schon um mich gekümmert, aber ich wollt denen doch auch net zur Last fallen. Die haben doch ihr eigenes Leben gehabt. Und meins war mit dem Peter seinem Tod zu End. Ich hab bloß noch gewartet, dass mit mir auch alles rum ist. Dass ich dem Peter endlich nachsterben kann. So war des. Nix als schwarze Gedanken hab ich gehabt. Und wenn die Edith net gewesen wär, dann wär ich heut auch nimmer da, des weiß ich so sicher wie des Amen in der Kirch.

Ja, die Edith.
Die hab ich ganz vergessen gehabt in dieser schlimmen Zeit. Ich hab doch nimmer richtig denken können. Bei der Beerdigung vom Peter war sie da, die Buben haben sie mitgebracht. Da hat sie mich in den Arm genommen und zu mir gesagt: »Helga, jetzt musst du stark sein. Ich bin's ja auch.« Des sagt man halt leicht, stark sein. Aber wenn du jeden Früh aufwachst, und keiner ist mehr da? Wenn du 40 Jahre miteinander durch dick und dünn gegangen bist und der andere stirbt, das reißt ein Stück von dir weg. Des ist so ein Schmerz, des kann ich gar net sagen.

Aber die Edith, die hat mich net vergessen. Die hat jede Woche angerufen und gefragt, wie's mir geht. Die hat mich zum Kaffee eingeladen und mich zum Friseur geschleppt, wo ich mich selber nimmer hab aufraffen können. Die hat mich wieder aufgebaut. »Es geht immer weiter«, hat sie zu mir gesagt, »und du warst doch schon immer ein Stehaufmännle, oder net?« – »Stehaufweible«, hab ich dann zur Antwort gegeben, und da hab ich, glaub ich, zum ersten Mal nach dem Tod vom Peter wieder gelacht.

So ist dann der Frühling gekommen, und am ersten warmen Sonntag im Mai, da hab ich die Edith zum Kaffeetrinken zu mir heimgeholt. Wir sind so auf der Terrasse gesessen, die Tulpen und die Osterglocken haben geblüht, und die Sonne hat geschienen. »Schau nur, wie schön du's da hast in deinem Garten«, sagt die Edith. »Du kannst doch zufrieden sein.« – »Und du? Bist du jetzt zufrieden in deinem betreuten Wohnen?«, hab ich gefragt. »Na ja«, hat sie ganz leis gesagt, »ich bin halt versorgt.«

Des ist mir nicht aus dem Kopf gegangen. Versorgt, hab ich mir gedacht, versorgt ist ein Viech im Stall. Von da an hab ich die Edith nicht bloß am Sonntag, sondern auch noch jeden Mittwoch abgeholt. Wir sind auf den Friedhof gegangen, erst zum Rudi und dann zum Peter, und haben die Gräber gerichtet. Gottesaugen und Stiefmütterle haben wir gepflanzt, schön hat des ausgeschaut. Und danach sind wir meistens heim zu mir und haben miteinander gekocht. Eines Tages, des weiß ich noch genau, da stehen wir in der

Küche. Ich schneid die Zwiebeln, weil ich dabei weniger greinen muss als die Edith, und sie putzt den Salat, des hat sie schon immer viel sauberer hingebracht als ich. Auf einmal schaut mich die Edith so an und sagt: »Gell, Helga, des ist bald so wie früher?«

Und da hab ich gewusst, was ich machen muss. Da war mir auf einmal die Lösung ganz klar vor den Augen gestanden. Des ist doch ein Krampf, hab ich mir gedacht, ich allein in dem großen Haus und die Edith allein in dem betreuten Wohnen, wo's ihr net gefällt. »Ja, Edith«, hab ich gesagt, »tät'st du denn bei mir einziehen wollen? Ich hab doch Platz genug!« Sie hat mich ganz groß angeschaut. »Meinst du des ernst, Helga?« – »Selbstverständlich«, hab ich zur Antwort gegeben. »Ich tät mich freuen. Schau, für zwei alte Hennen wie uns, da langt doch ein Stall, oder net?«

Des vergess ich nie, wie die Edith mich auf einmal angestrahlt hat.

Ja, es geht halt doch immer wieder weiter. Man darf bloß net aufgeben. Beim Umzug haben uns die Buben geholfen, eine Freud haben die gehabt. Die Edith hat ihr eigenes Schlafzimmer gekriegt, des war vorher mein Hobbyraum. Die Reste von meiner Eisenbahn und die Schallplattensammlung, die haben wir auf den Dachboden gebracht. Im Bad und in der Küche haben wir ein bissle was umgebaut, damit es ihr auch gefallen hat. Fürs Wohnzimmer haben wir einen neuen Teppich gekauft und Vorhänge, weil die alten noch recht nach Rauch gestunken haben. Und am Schluss

Auf der Eckbank mit dem Foto der Ehemänner

haben wir ein Foto von unseren zwei Männern über die Eckbank gehängt, wie sie miteinander auf dem Bänkle im Garten sitzen und mit ihren Biergläsern anstoßen.

Die Nachbarn haben net schlecht gestaunt, weil bei mir eine Frau eingezogen ist. »Is des g'wiss Ihre Schwester?«, haben sie gefragt. »Naaa«, hab ich zur Antwort gegeben, »des ist mei erste Frau!« Die haben vielleicht geschaut. Die Edith hat's vom Küchenfenster aus gehört und hat recht lachen müssen über die dummen Gesichter.

Manchmal, da denk ich schon drüber nach, ob ich alles richtig gemacht hab. Ob des die richtige Entscheidung war mit der Operation und allem. Und dann geht mir dabei durch den Kopf, wenn mir damals einer gesagt hätt, was alles nachkommt, ich weiß net, ob ich's dann gemacht hätt. Wenn ich damals gewusst hätt, wie schwer des auch hinterher noch wird, net bloß für mich, sondern auch für die Edith und die Buben. Dass durch die Umwandlung net plötzlich des Leben zum Paradies wird, sondern dass es halt immer noch Sorgen gibt und Ängste. Dass du immer kämpfen musst. Ja, und wenn ich gewusst hätte, was des mit meiner Gesundheit macht! Dass des Nervliche, des Zittern, die offenen Bein und des alles von den Östrogenen her kommt und dass ich alle zwei, drei Jahr die Harnröhre machen lassen muss und dass ich später einen Dauerkatheder brauch. Dass ich halt doch keine Kinder kriegen kann und dass ich als Frau beim Verkehr nix spür, dass ich halt net perfekt werd. Ja, wenn mir des alles so klar gewesen wär – ich glaub, ich hätt's sein lassen. Andererseits, schau her, ich wär draufgangen. Die Edith und der Werner sagen des auch, die sagen, ich hätt des ohne die Operation net geschafft. Ich wär aus dem Leben gegangen, früher oder später. Und so, so leb ich halt schon bald fünfzig Jahr als Frau. Und ich hab des große Glück mit dem Peter gehabt.

Ja, wenn ich mir's überleg, dann komm ich heut noch net mit, was des ist mit dem Zeug in mir. Des ist für mich immer noch ein mysteriöses Phänomen. So viel Menschen kommen auf die Welt, und man glaubt gar net, dass es so viele gibt, die anders sind. Net bloß so wie ich, sondern halt homosexuell oder Transvestiten oder irgendwas zwischen-

Gemeinsam, Frühjahr 2016

drin. Ich denk, des muss auch mit der Sexualität zusammenhängen, irgendwie. Schau her, solche Sachen gibt's ja bei den Tieren genauso. Bei den Hühnern und sogar bei den Löwen. Und ob du ein Tier oder ein Mensch bist – des Anderssein sucht sich keiner mit Absicht aus. Und die Leut, die sollen doch die Menschen sein lassen, wie sie sind. Die Männer und die Frauen und die, die innerlich halt net des Gleiche sind wie außen. Horch, des is genauso mit den Zwittern, die wo auf die Welt kommen. Man darf doch die net als Kinder schon operieren lassen. Die müssen doch selber entscheiden können. So wie ich halt. Und die Kirche, die soll doch barmherzig sein. Die soll net bloß den Sündern vergeben, sondern halt auch die mitkommen lassen, die nix dafür können, wie sie sind. Die soll sich um jeden Menschen kümmern, net bloß um die, die ihr in den Kram passen.

Ja, vielleicht hätt ich mich anders entscheiden sollen? Aber Zweifel, die hat man immer. Vielleicht hätt ich bloß noch ein paar Jahre durchhalten müssen. Vielleicht wär's dann leichter geworden. Im Alter werden ja viele Dinge unwichtig, von denen man früher geglaubt hat, die machen das Leben aus. Vielleicht säß ich jetzt als Mann da, ohne das Zittern und ohne die kaputten Beine, und pieseln könnt ich auch noch selber. Aber dann hätt ich nie erfahren, wie es ist als Frau. Wie des ist, wenn des Innere und Äußere endlich zusammenpasst. Wie des ist, wenn man weiß, jetzt bin ich der Mensch, der ich immer sein wollt. Und außerdem:

Helga, Frühjahr 2016

Ich hätt ja sonst den Peter nie kennengelernt. Und ob dann die Edith heut noch neben mir sitzen tät? Ob wir des über die Jahre ausgehalten hätten miteinander, mit dem Zeug in mir? Oder ob des alles kaputtgemacht hätt?

Ich mein halt, des hat einfach alles so sein müssen.

Und jetzt schau dir meine Edith an. Dass die wieder bei mir ist! Die hat immer zu mir gehalten, so wie s' heut noch zu mir hält. Felsenfest und eisern. So tapfer war die! Was die alles mit mir mitgemacht hat! Wie die meinetwegen gelitten hat! Aber wer hat mich nie im Stich gelassen? Die Edith! Die war immer für mich da, die hat mich nie aufgegeben. Die hat unsere Söhne großgezogen, eins a. Und die hat mich gerettet nach dem Peter seinem Tod. Drum hat sich die Edith des verdient, dass sie jetzt mit im Haus ist.

Aneinander gewöhnen müssen wir uns ja nimmer, gell? Des ist alles fast so wie früher, bloß dass jetzt die Kinder groß sind. Und dass vor sechzig Jahren ein junger Bursch und ein junges Mädle miteinander auf dem Sofa gesessen sind, und heut hocken halt zwei alte Weible da. Des wenn uns früher einer gesagt hätt, dass des so nausgeht, den hätten wir für verrückt erklärt. Aber so ist des im Leben. Des hat alles seinen Sinn. Für uns hat sich jedenfalls der Kreis geschlossen, und des ist recht so. Und wenn alles gutgeht, na ja, dann haben wir miteinander vielleicht noch ein paar gute Jährle. Und vielleicht erleben wir ja noch ein oder zwei Urenkele, auf die wir dann auch wieder stolz sein können, so stolz wie auf unsere Buben.

Schau'n mer halt amal.

Glossar fränkischer Dialektausdrücke

Allmächt: Allmächtiger, Herrgott
amal: einmal
a weng: ein wenig
Bärendreck: Lakritz
Bankert: uneheliches Kind
brotzeln: maulen
brunzen: Wasser lassen; *Brunzi:* Urin
Doldi: Blödmann, Depp
einschiftig: allein
Fotzen: Schläge
Gambel: kleine Schleuder
garstig: scheußlich
Gesundheitsschatt: einfacher, runder Rührkuchen
greinen: weinen; *gegrienen:* geweint
g'scheit: echt, sehr
Guß: Abfluss
herumgogern: herumziehen
hie: hin, dahin; auch: kaputt
Hörner: Beulen
Kerwa: Kirmes, Jahrmarkt

Kleidle: Kleid
Knerzle: Brotendstück, Knust
Lätschn: trauriges Gesicht
Lederbox'n: Lederhose
Leible: Leibchen, Unterhemd
Mädle: Mädchen
Matz: lose Frau
nei: hinein
pflietschen: weinen
Quetsche: Akkordeon
Ratz: Ratte
Rotzfahne: Taschentuch
Sandler: Penner
Schesslong: Chaiselongue, Liegesofa
Schnerpfel: Stück, Wurstzipfel
Schürzle: Schürze, Kleid
schwofen: tanzen
Seidle: Halbe Bier
Speis: Speisekammer
Vesper: Imbiss
das Wastl: Sebastiansspital, Altersheim in Nürnberg, früher
  als streng bekannt
Watschn: Ohrfeige
Weckle: Brötchen
Wieberla: Küken
wurscht: egal

Balian Buschbaum
Blaue Augen bleiben blau
Mein Leben
Band 18558

»Mein Leben ist glücklich und erfolgreich, bis auf die Tatsache, dass ich im falschen Körper wohne.« Mit diesen Worten kündigt die erfolgreiche Stabhochspringerin Yvonne Buschbaum ihre bevorstehende Geschlechtsangleichung an. Für Balian, wie er sich fortan nennt, ist das der letzte konsequente Schritt auf dem Weg zu seiner wahren Identität, für den er sogar die Olympia-Teilnahme opfert. Einfühlsam und mitreißend schreibt er von seinem Leben als Mann in einem Frauenkörper und seiner Befreiung daraus. Wie kein anderer hat Balian Buschbaum erfahren, wie Frauen und Männern denken und fühlen und was sie unterscheidet.

»Mal nachdenklich bis philosophisch,
mal lustig bis entwaffnend direkt.«
Die Welt

Fischer Taschenbuch Verlag

Sabine Weigand
Die Tore des Himmels
Ein Roman über Elisabeth von Thüringen
Band 18344

Zerrissen zwischen Liebe und Glauben: die junge Landgräfin Elisabeth von Thüringen ist glücklich in ihrer Ehe. Aber sie sucht nach einem Weg, gottgefällig und einfach zu leben. Immer mehr begehrt sie auf gegen die Pracht des Hofes, widmet sich der Fürsorge für die Armen. Doch sie erkennt nicht, dass ihre rigorose Glaubenssuche die Ordnung des Reiches bedroht – und damit ihr eigenes Leben ...

Sabine Weigands Roman um die berühmteste
Frau des deutschen Mittelalters:
»Mitreißend, aufregend, sehr lebendig
und absolut überzeugend.«
Arno Udo Pfeiffer, MDR

Das gesamte Programm gibt es unter
www.fischerverlage.de

Sabine Weigand
Das Buch der Königin
Historischer Roman
Band 19701

Erbin, Mutter, Rebellin: der große Roman um Königin Konstanze, die heimliche Schlüsselfigur der Stauferdynastie. Es ist die berühmteste Geburtsszene des Mittelalters: Konstanze, Frau des deutschen Kaisers Heinrich VI., vierzigjährig, als unfruchtbar verschrien, hochschwanger. Sie bringt ihren Sohn öffentlich, auf dem Marktplatz von Jesi, zur Welt. Die Nachwelt kennt sie als Mutter des Stauferkaisers Friedrich II. Aber welcher Weg liegt wirklich hinter Konstanze von Sizilien? Wem gehört ihre Treue: ihrer Heimat Sizilien oder ihrem Mann, dessen Grausamkeit sie entsetzt?

»Meisterhaft gelingt Sabine Weigand, worum
sich so mancher Historiker vergeblich bemüht:
Geschichte erlebbar zu machen.«
Claudia Urbasek, Nürnberger Zeitung

Das gesamte Programm gibt es unter
www.fischerverlage.de